Kitsch

키치,
달콤한 독약

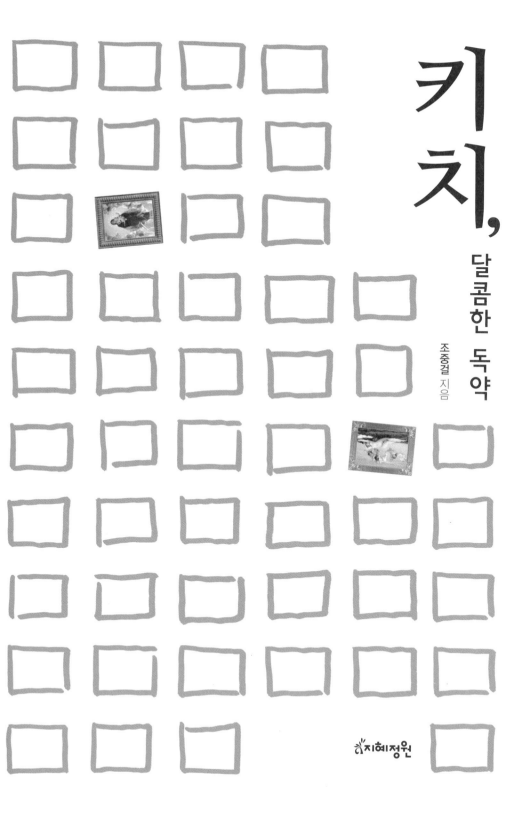

키치,

달콤한 독약

조중걸 지음

지혜정원

If thou must love me, let it be for nought
Except for love's sake only.

– Elizabeth Barrett Browning

당신이 나를 사랑해야 한다면
오로지 사랑만을 위해서 사랑해주세요.

– E. B. 브라우닝

Kitsch

나는 전작 《키치; 우리들의 행복한 세계》에서 키치를 "고급예술을 위장하는 저급예술"이라고 느슨하게 규정지었다. 이 정의가 어떤 독자들에게 혼란을 주었다는 사실을 알고 있다. 키치는 19세기 말부터 나타난 미술사의 용어로서 일말의 긍정적 요소도 지니지 않는다. 그것은 단지 "나쁜" 예술의 한 종류일 뿐이다.

키치가 매우 만연해있고 질병과 독소를 뿜고 있다고 나는 생각한다. 우리의 삶이 그럴듯한 것이 되기 위해서는 그 질병에 대한 경계가 매우 중요한 문제라고 또한 생각한다. 키치에 대한 이 새로운 에세이는 좀더 분석적으로 키치의 정체를 해부하고 그것을 극복하기 위한 것이다. 키치는 경계하여야 할 어떤 것일까? 확실히 그렇다. 19세기 말이래 철학과 예술에서의 천재들은 키치와의 투쟁에 온 힘을 다했다. 그 분투에서 얻어진 노고는 아마도 현대의 유산으로 다음 세대에 전해질 것이다.

우리 중 누군가는 요산의 결정으로 발생하는 통풍에 괴롭힘을 당한다. 이때 요산 제거제를 투입받는다면 통풍으로 생기는 통증은 사라질 것이다. 단순히 통증의 제거라면 이 투입의 양을 한껏 늘리면 될 것이다. 그러나 요산은 불가결하다. 우리가 다른 영장류의 두 배의 수명을 누리는 것은 우리가 그들보다 훨씬 많이 가지고 있는 요산과도 관련된 것으로 진화생물학자들에 의해 추정되고 있다. 요산이 활성산소를 제거한다. 우리는 통증의 제거를 위해 요산을 완전히 제거할 수는 없다.

좋은 의사는 환자에게 솔직히 말할 것이다. "나는 물론 먼저 당신의 통증 완화를 위해 애쓰겠다. 그러나 선결문제는 당신이 술과 고기를 자제하고 운동에 집중해야 한다는 사실이다. 통증은 삶의 일부이다. 통증과 더불어 사는 법을 익혀야 한다. 그러니 최소한의 요산 제거제의 투입으로 그치자. 참을 수 있는 정도의 통증이라면 그것을 견디며 천수를 누리는 것이 낫지 않겠는가?"

키치는 요산을 완전히 제거하는 의사이다. 그것은 정상적 불행을 병든 행복으로 대체한다. 병든 행복이 득세한다면 이제 생명조차도 유지할 수 없게 된다. 요산이 완전히 제거된 환자의 수명이 곧 끝나듯이. 무차별로 항생제를 처방한다면 우리의 육체적 삶과 후손들의 건강은 어떻게 되겠는가? 궁극적인 파멸이라는 나쁜 목적으로 향하는 "좋은 수단"은 용인되어도 좋은가? 좋은 목적을 향하는 나쁜 수단이 허용되지 않을 때.

우리는 갑각류가 아니다. 우리는 생물 역사의 어느 순간인가 뼈를 몸 안에 두기로 결정했다. 우리 몸은 항구적인 취약성을 갖지만, 오히려 민첩하고 민감하다. 그리고 여러 위험에도 견뎌낼 만큼 상당히 강인하다. 수없이 닥쳐드는 상시적인 상처에도 견뎌낸다. 우리 몸은 고통과 더불어 산다. 그러나 갑각류의 뼈는 일상적인 안전에도 불구하고 한 번 뚫리는 것으로 그 생명은 끝난다. 갑각류는 감염에 대한 대비가 없다. 키치는 이를테면 이 갑옷이다. 모든 솔직함과 겸허와 지혜, 그리고 무엇보다도 삶의 진지함을 그것으로 덮는다.

저급예술이란 어떠한 것이며, 고급예술이란 어떠한 것인가? 이 분류만으로 모든 예술이 열거되는가? 이 외에 다른 종류의 예술은 없는가? 저급예술과 고급예술 각각은 혹시 어떠한 하위subsidiary예술로 나뉘는가? 우리의 판단과 정의는 시대에 묶인다. 누구도 동시대에서 자유로울 수 없고 또한 누구도 다른 시대를 선택할 수 없다. 우리는 단지 동시대contemporary인일 뿐이다. 과거의 우리 조상들과 미래의 우리 후손들이 각자의 시대에 대해 그렇듯이. 우리는 19세기 실증주의 시대 이래의 분석철학의 시대에 살고 있다. 시대착오는 또 다른 키치이다. 따라서 우리는 모든 판단에 있어 우리 시대의 세계관이라는 전제를 할 수밖에 없다.

저급예술vulgar art, 통속예술popular art, 고급예술advanced art이 있다. 여기서 저급예술은 다시 유치한crude 저급예술과 오만한haughty 저급예술로 분류된다. 통속예술과 고급예술 사이의 차이는 양quantity의 차이, 즉 정도의 차이이지 질quality의 차이는 아니다. 그러나 저급예술은 통속예술이나 고급예술과는 질에 있어서 다르다. 그것은 개와 고양이가 다르듯이 다르다.

저급은 설교이고 단언이고 주장이고 주의이다. 그것은 본질essence을 실존existence에 앞세운다. 누군가가 자기 자신에 대해 생각할 때, 스스로가 될 수 있는 무엇, 스스로가 내재적으로 지닌 의미 등을 그가 현재 이룩한(혹은 이룩하지 못한) 것에 선행시킬 때 그에게서 내면적 키치가 응고되기 시작한다. 이것은 어리석음이나 오만, 혹은 그 두 개를 섞은 것이다. 그렇지 않고 그가 스스로의 실존 외에 다른 자신은 없다고 생각했다면 이제 그는 키치에서 자유롭기 시작한다. "나란 살아가고 있는 현재의 나 외에 아무것도 아니다."라고 생각한다면. 자기란 보이고 있는 자기 외에 아무것도 아니라고 생각한다면.

저급예술은, 예술이란 근원적이고 본질적인 심미적 참으로부터의 연역에 의한 것이라는 신념을 기초로 한다. 다시 말하면 실존을 본질에서 연역시키는 사유양식에 기초한다. 어떤 예술가는 자신의 작품이 어떤 심오함에 기초하는가를 말하기에 바쁘다. 그는 키치예술가이다. 공준과 거기로부터의 연역을 세계라고 보기 때문이다. 여기에는 심지어 오만의 위험성도 있다. 자신은 세계의 기초, 세계의 실재를 안다는. 이것은 실재론realism적 인식론에서 항상 발생하는 위험이다. 유명론이 야유와 냉소라는 껄끄러움을 가지듯이 실재론은 무지와 오만이라는 껄끄러움을 가진다.

유치한 저급예술은 상투적이고 근거 없는 독단이나 감상을 자기 검열 없이 받아들이는 예술이다. 이 예술의 제작자들과 향유자들은 그 근거 없는 정언적 예술을 당연한 것으로 창작하고 소비한다. 이들은 모두 극장의 우상에 잠겨있다. "유행하는 풍조가 가장 옳은 풍조이다." 그러나 이것이 본질적인 문제는 아니다. 세계는 항상 그래왔지만 그들이 미래를 손에 쥔 적은 없다. 바보들이 정신적 유산을 남기지는 않는다. 유치한 저급예술은 위험하지 않다.

비극과 공포는 오만한 저급예술에 의해 전면적으로 발생한다. 이 것이 우리의 주제인 키치이다. 놀랍게도 키치는 때때로 시대착오의 문제이다. 분투와 좌절과 자기포기 속에서 간신히 포기했던 실재, 혹은 본질을 다시 이 세계에 끌어들이려는 시도가 키치이기 때문이다. 그것은 몇 년 전에 대두되었던 여고생들의 순결운동과 같은 종류이다. 여성의 가치는 그녀가 육체적 처녀인지 아닌지의 토대로부터 연역되지 않는다. 어떤 여성이건 그녀의 삶에 대한 평가는 그녀가 현재 살고 있는 현존에 의해서만 결정된다. 어떤 사람의 가치는 동렬의 사람들과의 비교에 의한 가치 이외에 아무것도 아니다. 수학 점수는 거기에 해당하는 수학의 성취도에서 연역되지 않는다. 75점은 단지 70점, 80점 등과의 비교에 의하여 그 고유의 가치를 지닐 뿐이다.

한 명의 외과 의사와 다리가 부러진 환자를 가정하자. 만약 그 의사가 다리가 부러진 이유로부터 그 치유를 연역해 내고자 한다면 우리는 어떤 느낌을 받게 될까? 그 의사는 고집한다. 자전거 타다 다친 건지, 자동차 사고인지, 추락사고인지. "나는 원인을 알아야 치료 할 수 있다"고 고집하면서. 다른 한 명의 의사를 가정하자. 그는 오로지 X-ray와 수술에만 관심을 가진다. X-ray를 들여다보던 그 의사는 단호하게 말한다. "수술!" 환자는 물론 절망한다. 결국, 수술해야 한다.

전자의 의사가 무엇인가 선결문제해결의 오류를 범하고 있다는 사실은 확실하다. 그리고 그의 고집은 논리적으로도 잘못된 것이다. 자전거 사고라 해도 다리가 부러질 수 있고 찰과상을 입을 수도 있다. 또한, 추락에 의해서도 충돌에 의해서도 다리가 부러질 수 있다. 이러한 것을 고려할 때 원인의 탐구가 무엇이 중요하단 말인가? 거기에 "부러진 다리"라는 현존만 있을 뿐이다. 실존은 본질에 앞서듯이 증세는 병인에 앞선다. 원한다면 그 의사는 골절의 원인에 관심을 가져도 좋다. 그러나 치료가 먼저이다. 이러한 문제는 정신과의 치료에서 가장 현저히 드러난다. 우울증의 원인을 알 수는 없다. 거기에는 단지 신경전달물질의 재흡수라는 문제가 있을 뿐이다. 공준의 증명이 불가능하듯 질환의 원인은 확증 불가능하다. 단지 거기에 질환과 고통이 있을 뿐이다. 의사는 병인을 캐기보다는 고통의 경감에 주력해야 한다.

이제 결론을 위해 학문적 탐구 쪽으로 방향을 틀도록 하자. 누군가가 "나는 어떤 철학에 대한 탐구에 있어 그 철학자의 삶에 대한 탐구가 선행되어야 한다고 생각한다. 그의 철학도 그의 삶으로부터 나온 것이고 또한 그의 삶의 반영이기 때문이다. 간단히 말해 그의 철학은 그의 삶에서 연역된다." 키치는 이렇게 시작된다. 그 탐구자는 이제 전지전능한 본질을 쥐었고 그 철학자에 대해 모든 것을 정언적으로 말할 수 있게 되었다고 믿기 때문이다. 이것이 오만이다. 인간 상상력의 창조의 소산인 학문이 구차하게도 그 학자의 삶이라는 물질적 계기에서 유출되다니. 그렇다면 동성애자의 삶을 살았던 비트겐슈타인의 철학에는 동성애가 스며있고, 렌즈 깎는 일을 직업으로 삼았던 스피노자의 윤리학에는 렌즈가 들어있고, 죄수였던 보에티우스의 철학에는 감옥이 들어있고, 도망자였던 오컴의 유명론은 도망자적 철학이란 말인가? 그러나 철학은 철학자에 앞선다. 단언컨대 비트겐슈타인의 전기를 수십 번 읽는다 해도 그의 논고의 이해의 실마리조차 잡지 못할 것이다.

"명제의 의미sense는 그 명제의 참과 거짓에서 독립한다(비트겐슈타인)." 어떤 철학 체계는 그 주창자의 삶에서 독립되어있다. 악질적인 남편이었던 헨리 8세에게서 어떻게 위대한 정치가로서의 헨리 8세가 연역될 수 있겠는가? 연역은 오만한 파시즘이다. 연역의 기초는 — 만약 그러한 것이 있다면 — 이미 19세기 말에 안개에 잠겼기 때문이다.

키치는 이러한 실재론의 예술적 대응물이다. 물론 여기에서 나는 실재가 부재한다는 주장을 하고 있지는 않다. 잘못된 것은 "신념"이다. 실재 혹은 본질의 존재 혹은 부존재가 중요한 것은 아니다. 중요한 것은 거기에 부여하는 신념과 그 신념에서 비롯된 차별적 우월함의 오만이다. 따라서 키치가 "고급예술임을 주장하는 저급예술"이라고 정의될 때 저급예술은 실재의 존재와 포착에 대한 신념이며 그 표현이라고 다시 정의될 수 있다. 다시 말하면 키치는 "고급예술임을 주장하는, 실재의 포착에 대한 오만한 신념의 심미적 표현"이라고 좀 더 세밀하게 정의될 수 있다. 실재에 대한 표현일 때 그것이 진정한 예술일 수는 없다. 슬프게도 19세기 이래로 실재에 대한 신념은 신의 존재에 대한 신념과 마찬가지로 "죽었기" 때문이다.

그렇다면 실재의 포착을 포기하는 모든 예술은 고급예술인가? 그렇지 않다. 거기에는 잘 만들어진 통속예술이 있기 때문이다. 확실히 실재에의 신념을 포기하고 예술을 단지 실증적 사실의 나열로 만든 예술들이 존재한다. 만약 우리가 "와일드 빌Wild Bill"이나 "천사의 몫Angel's Share"과 같은 영화를 감상하면 그것이 이미 실재에의 신념을 포기하고 있다는 사실을 곧 발견한다. 이 두 영화 모두 도덕적이거나 교훈적이지 않다. 물론 그 반대도 아니지만. 거기에는 어떠한 종류의 주장이나 의미의 표현이 부재한다. 단지 삶의 비루하고 일상적인 양상이 지극히 차갑게 사실적으로 묘사되고 있다. 누군가가 이 영화에서 그 의미의 결여로 인한 만족감의 결여를 느낀다면, 그는 예술과 삶에서 시대착오적인 실재에의 요구를 지니고 있는 셈이 된다. 아리스토텔레스는 희곡에서 서사를 가장 중요한 요소로 본다. 서사는 의미를 포착하기 때문이다. 그러나 위의 두 영화는 스토리라 할 만한 것이 중요한 요소를 이루지는 않는다. 어떻게 보면 오히려 상투적이다. 그러나 삶은 사실 그러하다. 어디에 극적인 요소가 있는가? 아가멤논이나 오이디푸스가 어디에 존재하는가?

통속예술은 따라서 거짓된 환각 속에 우리를 가두려 하지 않는다.

할리우드의 거짓된 영화들이 사랑이나 가족애나 조국에의 헌신 등의 의미 위에 모든 것을 착륙시키려 할 때 그것은 모두 유치한crude 통속예술이다. 그러나 이것들은 사실은 통속예술도 아니다. 그것들은 단지 저급한vulgar 예술일 뿐이다. 따라서 저급한 예술과 통속예술의 차이는 단지 정도의 차이에 있는 것이 아니라, 질적 차이에 있다. 이것은 실재론과 유명론, 혹은 합리론과 경험론을 가르는 기준에 의해 완전히 다른 세계에 입각해 있기 때문이다.

통속예술과 고급예술의 차이는 단지 정도의 차이이다. 고급예술은 좀 더 포괄적이고 함축적이며 종합적이며 심미적이다. 이 두 종류의 예술은 경험론이라는 냉정하고, 실존적이고 자기포기적인 이념 위에 존재한다는 점에서 같다. 그러나 고급예술은 간결하고 우아한 밀도를 지닌다. 이것은 마치 아마추어 동호회와 프로페셔널한 전문가 운동선수의 차이이다. 누구라도 축구를 즐길 수 있다. 그러나 이 유희는 단지 자기만족적이다. 이 팀이 감히 프로선수들과의 경기에서 이길 수 있다거나 그 경지에 다다르고 있다고는 주장할 수 없다. 아마추어 축구와 프로 축구의 차이는 경기 전체에 대한 포괄적 이해력의 차이에서 먼저 드러난다. 아마추어 선수들은 자기가 돌파하거나 패스하는 데 급급하다. 그러나 프로선수들은 전체적인 경기의 국면에서 어떤 플레이가 골을 얻기 위한 가장 효율적이고 간결한 방식인가를 이해하면서 경기를 치른다. 아마추어 선수들이 자신의 플레이에만 급급할 때 프로선수들은 경기장 전체를 보며 플레이한다. 여기에서 우아함이 나온다. "어둠 속으로 몰락해 가는 숲 속에서 내가 맡은 것은 그녀의 향기였고, 내가 부른 것은 그녀의 이름이었다.(나보코프)"라고 고급예술이 표현할 때, 아마도 "어두워질 때 숲에 있으니 그녀가 더욱 그리워져서 그녀의 이름을 중얼거렸고, 그녀의 향기가 나는 듯 했다."라고 통속예술은 말할 것이다.

앤디 워홀, 로이 리히텐슈타인, 라우센버그, 나보코프, 레이먼드 카버, 리처드 브라우티건, 에릭 사티, 쇤베르크 등의 예술에서 우리가 이해하지 못할 것은 없다. 그럼에도 그들의 예술은 확실히 저급예술은 아니다. 이 고급예술은 삶의 전체국면과 관련되어 있고 그것을 가장 함축적이고 날카롭게 포착해낸다. 결국, 통속과 저급을 가르는 예술성은 주제보다는 표현에 의해 결정된다. 우리가 만약 레이먼드 카버의 소설을 읽게 되면 삶의 절망적이고 연약하고 파괴되기 쉬운 양상이 단 몇 줄의 표현으로 나타난다는 사실을 발견하게 된다. 그의 몇 줄이 우리로 하여금 한참 동안의 충격에 잠기게 한다. 이것이 고급예술이다.

따라서 통속예술과 고급예술은 사실은 같은 식구이다. 단지 한쪽이 좀 더 촌스럽고 다른 쪽이 좀 더 세련되었을 뿐이다. 통속예술에는 아무 문제가 없다. 그것은 진정한 휴식을 위해 오히려 바람직하다. 문제가 되는 것은 저급예술일 뿐이다.

오만은 가장 큰 악덕이며 겸허는 가장 소중한 미덕이다. 오만은 스스로의 삶뿐만 아니라 주변의 모든 삶을 파국으로 이끈다. 오만은 가지지 않은 것을 가졌다고 위장할 때 생겨난다. 이것은 싸움에 면한 동물들이 깃이나 털을 세워서 자신의 실체 이상의 힘을 거짓되게 드러내는 종류의 거드름이나 허세이다. 모두가 생존 경쟁에서 차별적 우월성을 과시하려 한다. 자신이 현존을 연역시키는 실재reality, realia를 쥐고 있다는 환각을 품기 쉬우며, 또한 그것을 주변에 과시하여 스스로의 우월성을 확고한 것으로 만들고자 한다. 그러나 이 허세와 거드름이 효과적인 것이 된다면 우리 모두는 겸허 대신 허세를 채용해야 하며 따라서 우리 삶은 몰락한다. 키치는 심미적 오만에 다름 아니다. 키치가 역겨운 이유는 그것이 거드름과 함께하기 때문이다. 그러나 "거드름은 두뇌의 결여를 육체로 대체한다(라 로슈푸코)."는 금언을 새길 필요가 있다. 이 새로운 에세이는 키치의 정체를 포착하여 삶에 그럴듯한 미래를 확보하고자 하는 목적을 지닌다.

마지막으로 나는 감사하고 싶다. 편집자 오승원 씨는 언제나 내 책의 첫 번째 독자였다. 그에 의해 처음으로 이해받을 수 있었고, 계속된 집필에의 용기를 얻을 수 있었다. 이 책 역시 누군가에게 칭찬받지만, 대부분의 사람들에게 안 읽히고 모두에게 잊힐 것이란 사실을 안다. 그럼에도 재정적 고려 없이 내 책의 출판에 진력해주고 그것을 또한 아름답게 만들어준 지혜정원의 사장 정현순 씨게 감사한다. 나는 빚진 사람이다. 이 책을 그 두 사람에게 바친다.

조중걸

차례

Contents

키치 Kitsch

고급예술을 위장하는 통속예술.

비천한 예술이면서 고급스러움을 가장한다는 점에서

통속예술과 다르고, 고급예술로 보이길 원하지만

저급한 내용을 지닌다는 점에서 고급예술과 구분된다.

우리는 다음과 같이 예술을 분류할 수 있다.

고전예술, 현대예술, 통속예술, 키치.

고전예술을 양의 가죽을 쓴 양이라 한다면,

현대예술은 늑대의 가죽을 쓴 양,

통속예술은 늑대의 가죽을 쓴 늑대,

키치는 양의 가죽을 쓴 늑대로……

키치 ;
진지하고 우아한 거짓말

    일상적인 개념들이 오히려 엄밀한 정의definition가 어렵다는 사실은 그리스 시대의 위대한 철학자가 이미 밝혀 놓았다. 어떤 의미로는 정의란 환각이다. 개념은 사용됨에 의해 상대적 고유성을 가질 뿐이지 내재적 동기에 의해 의미를 가지지는 않는다. 이것은 이미 소쉬르가 그의 일반 언어학에서 잘 밝혀 놓았다. 그러므로 이 에세이도 키치를 정의하지는 않는다. 문제는 키치라는 개념이 완전히 오도된 채 얼치기 예술 지망생이나 겉멋 들린 어린애들에 의해 자못 내재적 가치를 지닌 구조물로 말해진다는 사실에 있다. 키치라는 용어만큼 일상적으로 쓰이면서도, 완전히 반대되는 의미로 알려진 개념이 있을지 의심스럽다. 예술사상 키치만큼 많이 오도되고 혼돈으로 점철된 용어는 없다.

아마도 키에르케고르의 "윤작crop rotation"이나 포스트모더니즘의 "쓰고 지우기" 등의 기법, 혹은 통속적 주제를 끌어들이는 팝 아트, 패러디 등이 아마도 이러한 오해를 불렀다. 그러나 이 예술들은 키치가 아니다. 앤디 워홀의 〈메릴린 먼로〉도 리히텐슈타인의 〈행복한 눈물〉도 키치가 아니다. 그것은 오히려 레오나르도 다 빈치의 〈동굴의 성모〉에 가까운 순수예술이다.

이 예술들의 고상함은 오히려 가장 흔해빠진 이미지를 사용함에 의해 가능해진다. 날카로운 통속성과 무식한 진지함의 대비가 현대에 있어 순수예술과 키치를 가르는 경계선이다. 이 외견적 통속성은 키치가 아니라 키치로부터 가장 멀리 있는 것이다. 문제는 이 예술가들의 통속적 주제가 키치로 오인된다는 사실에 있다. 키치에 긍정적인 의미가 부여된다. 즉 대중적이고 통속적이면서도 무엇인가 의미가 있어 보이는 예술을 키치라 부른다. 그러나 키치가 긍정적인 것도 아니고, 위의 두 예술가의 작품이 키치인 것도 아니다. 키치는 우리의 허위의식과 무지, 그리고 기만을 자양분으로 번성하는, 자못 진지한 예술임을 가장하는 거짓되고 감상적인 예술일 뿐이다. 근대 말의 예술과 현대예술의 거의 모든 양식이 이 키치와 부정적인 관계를 맺으며 전개되어 왔다. 키치를 극복하는 것이 의미 있는 예술의 선결 조건이 되었다.

키치는 사소하고 보잘것없는 개념은 아니지만 긍정적으로 그렇지는 않다. 그것은 우리 내면에 자리 잡은 어떤 비겁과 무지에 기생하여 번성하고, 우리 자신과 우리 영혼을 거짓된 베일로 둘러친다. 우리를 기만 속에서 살고 거짓 속에서 죽게 한다. 우리는 이 세계가 무의미에 불과하다면 그것을 무의미한 것으로 받아들이고, 우리 삶이 절망이라면 그것을 절망으로 받아들이길 원한다. 무의미한 세계에 덧칠을 하고 절망적인 우리 삶에서 눈을 돌리기를 원하지 않는다. 그러나 키치는 솜사탕과 거짓 위안을 제공한다.

물론 통속적 주제를 계속 채용하고 또 방법론적으로 그것들을 소비함으로써 오히려 삶과 우주를 냉소할 수는 있다. 이것은 방법론적인 methodological 것이다. 그러나 그런 행위가 통속성에 어떠한 가치나 진지함을 부여하는 것은 아니다. 이는 포스트모더니즘의 근본적인 가정 가운데 하나이며 자신에 대한 가혹한 냉소이다. 그러므로 통속성에 긍정적인 의미를 부여한다면 그것은 야유와 냉소를 위한 통속성을 긍정적인 어떤 것으로 오도하는 것이다. 이것은 키치와는 전혀 상관없다.

키치의 첫째 특징은 바로 기만적이라는 것인데, 이는 남을 속인다는 점뿐만 아니라 자기 자신을 속인다는 점에서 그러하다. 그러므로 '자칭' 키치라는 말은 있을 수 없다. 스스로가 자신을 키치라고 일컫는 순간 마법은 풀리고 키치라는 옷은 벗겨진다. 마치 잘못의 고백에 의해 죄인의 가장 커다란 죄가 용서되듯이. 그리고 모든 진지함이 유희로 변화하듯이. 그러므로 당당하게 제시되는 통속성을 주제로 삼는 예술은 키치가 아니다. 통속예술도 키치는 아니며, 통속성을 채용하는 예술도 키치는 아니다. 키치는 그렇게 솔직하지 않다. 키치는 좀 더 내밀하고, 좀 더 치밀하고, 좀 더 진지하고 엄숙하다. 그것은 영혼의 공허함을 가시적 거드름으로 채운다.

우리 삶은 많은 거짓된 진지함에 포위되어 있다. 그러한 문화구조물들은 모두 키치이다. 왜냐하면 그것들은 철저한 감정이입을 요구하며 우리 삶이 그와 같이 유치한 낭만을 입어야 한다고 주장할 뿐만 아니라 자신이 자못 심오한 의미를 지니고 있다고 말하기 때문이다. 그중에서도 과거 영광의 잔류물들이 지니는 엄숙함은 구토를 부른다. 그것들은 한때 의미 있었던 예술들의 역겨운 잔류물들이다. 기와로 지붕을 얹은 독립기념관이나 안일하고 아름다운(?) 음악으로 가득 찬 뮤지컬은 조선 시대나 몰리에르의 시대였더라면 그 주제가 의미 있었을지 모르고, 모차르트와 텔레만의 시대였더라면 그 음악이 일말의 의미가 있었을지 모른다. 잔류물로서의 키치는 기생적이며 대중을 시대착오로 이끌고 간다.

이러한 문화는 우리를 피폐하게 만들고 우리 머리와 가슴을 부패시킨다. 어떻게 이러한 문화가 호소력을 지닐 수 있을까? 이렇게 명백한 거짓이, 이렇게 유치하고 구역질 나는 쓰레기들이, 우리를 끝없이 전락시키고 우리를 끊임없이 비참하게 만드는 이 가식이 어떻게 허영과 허위의식에 젖은 유치한 예술 애호가들의 호응을 얻을 수 있을까?

키치kitsch라는 용어는 비교적 현대적인 기원을 지니고 있다. 19세기 말경부터 이 용어가 예술비평에 쓰이기 시작했고 20세기 중반에 들어 널리 퍼지게 되었다. 이제 키치는 특정한 종류의 예술 작품을 지칭할 뿐만 아니라 하나의 삶의 양식을 가리키는 용어로도 쓰이고 있다. 그것은 이제 하나의 세계관, 하나의 삶의 양식이 되었고, 가장 융성하는 정크 푸드가 되었고 심지어는 아마도 가장 아방가르드적인 예술양식을 일컫는 용어가 되었다.

예술은 네 개의 범주로 나뉜다. 첫 번째가 고전예술로, 이른바 클래식이라고 불리는 예술이다. 이 범주에 속하는 예술은 우리가 공히 그 가치를 인정하는 품위 있고 격조 높은 예술로서, 우리는 이 고전예술을 이미 검증이 끝난 시대적 유산으로 알고 있다. 인류의 가장 탁월한 천재들이 이 분야에서 분투했고, 그 유산은 인간이라는 종이 격렬한 분투와 좌절의 경계선에서 무엇을 산출할 수 있는가를 보여준다. 따라서 이 예술의 감상을 위해서는 상당한 수준의 훈련과 교양과 정신적 긴장이 요구된다. 이 예술은 저절로 감상되지 않는다. 심지어는 이 예술에 대한 식견과 감상 능력이 교양의 척도이다.

두 번째 범주는 통속예술이다. 이 범주의 예술은 대체로 교양 수준이 낮고 예술을 하나의 새로운 긴장이라기보다는 휴식으로 생각하는 계층을 위한 것이다. 이 예술의 감상을 위해서는 어떠한 예비적인 교육이나 훈련이 필요하지 않다. 이것들은 단지 소비되기 위한 예술일 뿐이다. 이 예술에는 양식이나 변화가 없다. 민요는 언제나 구전이며 따라서 과거 위에 기초하지 않는다. 그것은 계속 과거에 속한다. 이 예술의 이러한 특징이 이 예술을 무가치하게 만들거나 비심미적으로 만들지는 않는다. 단지 이 예술은 고전예술이 지닌 엄정함과 지적요소를 결할 뿐이다. 벤저민 브리튼에 의해 수집된 엘리자베드조 이래의 영국 민요는 통속적이지만 아름답고 서글픈 서정성을 가진다. 그것들이 윌리엄 버드나 존 다울런드의 마드리갈madrigal이 지니는 음악적 요소에 미치지 못하는 것은 단지 깊이와 지적구성의 결여, 지나친 단순성에 있을 뿐이다.

세 번째 범주는 현대예술이다. 현대예술은 매우 난해하다. 여기에는 두 가지 이유가 있다. 우선 현대예술은 전통적인 — 르네상스로부터 인상주의에 이르기까지 — 표현기법을 사용하지 않고, 그러므로 그 외면적 양식이 상당히 낯선 예술이기 때문이다. 현대는 전통적인 "모방"을 "창조"로 대치하고, 표상representation을 요청demand으로 대치하며 개시됐다. 근대의 몰락("서구의 몰락"이라고 보통 말해지는)은 연역적 사유의 불가함에 의해 본격적인 것이 된다. 몰락과 절망과 분노, 새로운 가능성 등에 대해서는 이 에세이의 다다이즘과 실존주의 편에서 자세히 다뤄질 것이다.

현대예술의 난해함의 두 번째 이유는 현대예술은 감각에 호소하기 보다는 이념에 호소하기 때문이다. 세계관을 그 주된 표현의 주제로 삼는다는 점에서 현대예술은 이전 시대와 확실한 선을 긋는다. 그러므로 현대예술은 우리가 바라보고 느끼는 그 이상의 것 — 사유와 통찰 — 을 요구한다. 현대는 지성뿐만 아니라 감각조차도 세계의 실재reality에 이르지 못한다는 좌절감을 원인으로 한다. 우리 시대의 개시는, 거기에 실재는 없었고 — 엄밀히 말하면 실재가 무엇인지 모르고 — 우리가 바라보고 묘사한 것은 단지 우리 얼굴뿐이었다는 실망감을 배경으로 한다. 이때 세계에 대한 우리의 묘사가 세계의 실재라고 말할 근거는 어디에도 없다. 우리가 바라본 것은 우리의 프리즘을 통과한 "우리의 세계"였을 뿐이다. 과학 교과서는 세계의 물리적 실재에 대한 것이 아니라 실재라고 믿어지는 것에 대한 우리의 구조화된 기호의 병렬일 뿐이다. 따라서 현대예술은 이 기호적 병렬을 심미적으로 구성함에 의해 가능해진다. 현대예술의 이러한 양상은 전통적 예술에 익숙해 있는 감상자에게는 매우 낯설고 불가해하게 느껴진다. 이것이 현대예술이 지극히 난해한 이유이다. 그러나 현대예술 역시 삶에 대한 깊이 있는 통찰과 예술에 대한 사변적 태도에 있어 고급예술이라고 할 수 있다.

마지막 네 번째 범주가 우리의 주제인 키치이다. 키치는 가장 적절하게는 "고급예술을 위장하는 비천한 예술"이라고 정의될 수 있다. 키치를 주의 깊게 감상하지 않을 경우, 그리고 거기서 몰정신적인 저급성을 포착해내지 못할 경우, 거기에는 고급예술이 일반적으로 지니는 품격과 고귀함이 있다는 느낌을 우리는 받게 된다. 키치가 고급예술과 다른 점은 그 품격과 고귀함이 독창성과 함께 하는 것이 아니라 상투성과 함께 한다는 점이다. 키치는 '모방된 고급스러움'이며 '상투적인 고급스러움'이라고 정의될 수도 있다. 이것이 우리가 키치를 바라볼 때 거기에서 허영과 허위의식을 보게 되는 이유다. 즉 키치는 아름다움이나 진실을 추구하기보다는 아름답게 보이거나 진실인 것처럼 보이기를 추구한다. 일단 이러한 측면으로만 바라보아도 키치는 역겨운 예술이다.

키치는 어떠한 예술이기에 이러한 특징을 가질까? 키치의 유행은 다분히 현대적이고 또 키치가 조성하는 감상자와의 내재적 관계에는 매우 독특한 어떤 것이 있다. 우리가 불행에 빠진 어린아이를 지켜보며 동정과 공감을 품고 또 눈물까지 흘렸다고 하자. 그것은 아마도 인간적 아름다움의 최선의 모습이라고 할 수 있다. 그러나 똑같은 모습이 어떤 경우 인간적 허위의식이라는 최악의 양상을 보여주는 경우도 있다. 불행에 빠진 어린아이에 대한 연민에서 시작하여 어느덧 연민하는 자기 자신에 대해 연민을 느낄 때가 바로 그런 경우다. 즉 대상으로부터 그 대상이 조성하는 어떤 다른 표상으로 감정의 전이가 일어나는 것을 키치적 정서라고 할 수 있다. 우리가 어떤 음악을 듣고 감상이나 행복에 젖을 때 음악 그 자체의 미적 가치 때문이 아니라 그 음악이 그(혹은 그녀)에게 불러일으키는 환각적 회상 — 예를 들면 첫사랑의 오솔길이나 이제는 사라진 젊은 시절 등 — 때문일 경우 우리는 키치적 정서에 몰입되어 있는 것이고 이러한 점에서 키치는 '이차적 눈물The Second Tear'이라고 할 수 있다. 즉 대상 그 자체에 대한 일차적 정서가 아니라 그 일차적 정서가 조장하는 다른 정서에 몰입될 경우 우리는 이차적 눈물을 흘리게 된다. 이러한 견지에서 키치는 작품 그 자체의 문제일 뿐 아니라 우리 자신의 태도의 문제이기도 하다. 우리가 삶 본연의 의미보다는 자기 자신의 허구적 모습에 현혹되어 살아갈 경우 우리는 속물로 전락하며 동시에 키치적 삶을 살게 된다.

키치는 먼저 자기 자신임을 배반한다. 첫 번째 진실, 그러나 획득하기에 가장 어려운 진실은 먼저 "스스로가 된다는 것"이다. 이것은 "벌거벗은 임금님"이 주는 교훈대로이다. 그것을 소리친 사람만이 스스로였다. 예술에서뿐만 아니라 학문에 있어서도 성취의 첫 번째 요건은 스스로의 눈, 스스로의 감성, 스스로의 지성으로 세계를 대하는 것이다. 그러나 이것은 쉽지 않다. 이러한 경향은 어린아이에게도 있다. 그들은 스스로의 눈으로 세상을 보기보다는 "어른들은 내가 어떻게 보기를 기대할까"를 고려하여 세상을 보는 경향이 있다. 어른의 경우에는 "내가 어떻게 하면 품격 있는 사람으로 보일까"를 "진정한 품격은 어떻게 얻어지는가"보다 먼저 고려한다. 품격 있는 사람이 되기보다는 품격 있는 사람으로 보여지는 것이 속물들에게는 더 중요하기 때문이다. 이때 이러한 기만이 자기 스스로에게까지 적용될 경우 키치의 토양은 완성된다.

두 명의 자기가 있다. 실존적 자아와 외연적 자아. 실존적 자아는 진실하고 따라서 고투한다. 그 자아는 스스로의 개선을 위한, 그리고 허구적 솜사탕의 육박에 대한 반항으로 매우 고달프다. 실존적 삶이란 계속되는 건설과 파산에 처한다. 우리에게 연역적 토대를 제공했던 최초의 단순자들은 확증되지 않기 때문이다. 이때 외연적 자아는 스스로를 속이기로 작정한다. 위안적이고 안일한 이념으로 실존적 고달픔을 대체한다. 그리고 거기에 의미를 부여할 뿐만 아니라 의미 가운데 처하는 스스로를 대견해한다. 키치는 이렇게 완성된다. 실존적 자아는 사라지고 영원히 회복되지 않는다. 고통을 겪는 동포에 대한 공감과 연민이 그 공감과 연민을 지니는 스스로에 대한 자기만족으로 변질될 때, 그리하여 관심이 동포로부터 스스로에게 옮겨질 때, 인간은 이제 이차적 눈물을 흘리게 된다. 그러므로 이차적 눈물 그리고 키치는 자기연민에서 성장을 위한 비옥함을 발견한다.

키치는 언제나 자기중심적이다. 그것은 새로운 천동설이다. 세계가 자기를 중심으로 돈다. 학문, 예술 그리고 삶에 있어서의 성취는 먼저 일시적인 뿌리 뽑힘을 전제한다. 예술에 대면할 때 좋은 감상자들은 몰아의 심적 태도에 처한다. 거기에 자기는 없고 세계에 대한 심미적 요청이 있을 뿐이다. 진실은 언제나 몰아를 요구한다. 감상자는 오로지 작품에만 집중한다. 문제는 거기에서 자신을 제거하지 못할 때 발생한다. 스스로가 세계 전체보다 중요하고 모든 진실이나 미보다 소중하기 때문에 예술에 자신을 몰입시키기보다는 예술을 자신에게 몰입시킨다. 그러고는 자신과의 계기만을 매개로 예술을 감상한다.

어떤 소설가가 외로운 이방인의 삶을 묘사할 때, 감상에 젖은 키치적 독자는 오로지 외국여행 때 잠시 길을 잃고 헤맸을 때의 자신의 당황과 공포에 소설을 대입시키고는 한 걸음도 나가지 않는다. 거기에 소설가가 묘사하는 언어는, 그리고 그 언어가 불러오는 무사무욕한 예술적 요소는 증발해 버린다. 그러한 감상자에게 예술은 이차적이다. 그것은 단지 자기연민이나 자기 환희를 환기하기 위한 것으로 전락한다. 스스로만이 일차적이기 때문이다. 이차적 눈물은 스스로에 대한 감동이다.

이러한 자기연민의 충동은 예술에서 준엄과 진실을 구하지 않는다. 그러나 진정한 예술은 감상자의 자기연민을 배려하지 않는다. 그것은 의연하고 초연하다. 따라서 키치적 인물들은 진정한 예술이 이차적 역할을 거부할 경우 그것을 오만이라 매도하고 자신의 가치를 찬양해주는 그러나 자못 유의미를 가장하는 예술을 구하게 된다. 왜 이들은 통속예술에서 위안을 구하지 않을까? 확실히 이들은 통속예술을 매도한다. 이들은 이차적이다. 즉, 진정한 자신은 증발했고 자기기만적인 자신만이 남아 있다. 그러나 통속예술은 자기기만을 충족시키지 않는다. 그것을 즐기는 자신은 스스로에게 창피하다. 자신은 자못 품격 있는 사람이다. 따라서 키치는 이중으로 역겹다. 허위의식과 자기연민의 이중악덕.

왜 키치가 갑자기 나타났으며 왜 우리의 삶이 때때로 키치적이게 되었을까? 예술사상 존재하지 않았던 키치가 왜 19세기 말과 20세기에 접어들어 유행하게 되었을까? 키치는 "허구적 환각" 혹은 "고급을 가장한 저급"이라고 간단히 정의될 수 있다. 위의 의문에 답하기 위해서는 왜 우리가 환각을 요구하게 되었는지를 먼저 알아야 한다.

세계와 삶의 의미를 세계와 삶 그 자체가 줄 수는 없다. 이것은 어린아이의 삶이 스스로에 의해 규정되기보다는 어른들의 규범에 의해 규정되는 것과 같다. 즉 어린아이가 스스로에 대해 스스로의 기초가 될 수는 없다. 우리 존재의 궁극적인 의미, 기원, 종말에 대한 포괄적인 설명은 세계 밖에서 우리에게 주어져야 한다. 이 설명이 인간 지성에 의해 가능하다고 믿는 것이 인본주의이다. 역사적으로 그리스 시대와 르네상스 시대와 계몽주의의 인본주의가 각각의 고유한 특징을 가진다 해도 일단 이러한 '인간 이성에 대한 신뢰'라는 주제를 제외하고는 설명이 되지 않는다. 중요한 것은 이러한 이성이 신이나 다른 어떤 세계 밖의 의미를 유추해낼 수 있느냐 없느냐 하는 문제다.

"유한한 인간의 이성이 무한한 신을 이해할 수는 없다"는 최초의 주장은 중세 말에 오컴을 비롯한 일련의 유명론자들에 의해 처음 제기되고, 16세기의 종교 개혁에 의해 지배적인 사상으로 자리 잡는다. 그러나 '이성이 신을 포착할 수는 없다'는 몇몇 사상가들의 주장은 그 궁극적인 의미에서 인간 이성 속에서 퇴락해 가는 신을 구해 우리 이성의 능력 밖 어딘가에 놓고자 하는 시도였다. 신을 이성의 영역 밖에 놓는 시도에 의해 신이 죽었다고 판단하는 것은 어리석다. 신이 어디에 존재하고 우리와 신의 관계는 어떠한 것이 되어야 하느냐는 점에서 각각의 이념이 서로 다를 뿐이다. 칸트도 비트겐슈타인도 신의 의미나 그 존재를 부정하지 않는다. 그들은 단지 신은 우리 이성의 문제는 아니라고 말할 뿐이다.

이해할 수 있는 신이 물러가고 이해할 수 없는 신이 들어온다. 즉 신은 우리의 세속적 삶과는 무관해진다. 이제 신을 알기 위해서 이성을 정련하는 것은 아무 소용없는 일이 되고 만다. 직관, 영혼, 은총 등이 우리가 신을 알 수 있는 매개체가 된다. 그리하여 지구는 이제 우리에게 맡겨진 것이 되고, 궁극적으로 우리는 한 행성의 책임자가 된다. 과학혁명과 계몽주의와 이중혁명(산업혁명과 정치혁명)으로 이어지는 일련의 변화는, 한편으로 우주에 대한 합리적이고 기계론적 설명을 가능하게 하는 대신에 다른 한편으로 신을 멀리 변방으로 밀어낸다. 이것이 "이중진리설the doctrine of twofold truth"이다. 신에 관한 진리는 믿음의 문제이고 세속에 관한 문제는 이성의 문제이다. 인간 이성의 놀라운 역량과 폭발적인 생산성의 증가는 신 없이 삶을 사는 것도 가능할 것이라는 신념을 인간에게 심어준다. 종교 대신에 과학과 법규가 우리 삶을 떠맡는다. 신은 죽었고 이성이 새롭게 대관되었다.

이러한 신념은 만약 그 만족스러움이 계속되었더라면 아직까지도 붕괴되지 않았을 것이다. 결정적인 파국은 양차 세계대전이었다. 인간의 합리적 이성과 윤리학은 인간이 지닌 어리석음과 잔인성을 막을 수 없었다. 인간이 인간에게만 의존할 경우 파국은 불가피하다는 생각이 싹트고, 다른 한편으로 인간 삶의 궁극적인 의미를 묻는 질문이 다시 한 번 수면으로 떠오른다. 왜냐하면 이성이 제시한 합리주의가 실패했기 때문이었다.

놀랍게도 이 불가해하고 무표정한 우주는 우리 삶의 궁극적인 의미에 관한 한 그 자체로 불가지 이외에 아무것도 아니었다. 우리 이성은 알 수 없는 것을 알고 있다고 우리를 기만해 왔다. 우리 세계는 세계보다 더 본질적인 차원에 의해 설명될 수 있고, 그 기반은 환원적 단순자 the simples라고 이성은 말해 왔다. 그러나 단순자는 확증되지 않거나 확증된다면 그 참임이 증명될 수 없는 것이었다.

유클리드 기하학의 경우 우리의 현존은 정리theorem에 의한다. 우리의 정리에 대한 신뢰는 그 환원적 기초인 공준에 기초한다. 인간이성은 그 공준은 자명self-evident하다고 말해왔다. 그러나 증명되지 않는 참은 단지 독단일 뿐이다. 물리학의 경우 현존하는 물질은 분석에 의해 모든 물질의 토대가 되는 소립자에 기초한다고 말해 왔다. 그러나 그 소립자는 어쩌면 정체조차 알 수 없는 미지이다. 이렇게 우리의 현존은 확증될 수 없는 기초에 입각해 있었다. 여기에서 실존주의까지는 한 걸음이다. 본질essence은 없고 실존existence만이 있다는 것이 실존주의이다. 키에르케고르의 예언은 비극적으로 스스로를 실현하고 만다. 양차 대전과 함께한 실존주의의 물결은 거대한 것이었다. 그것은 단지 철학뿐만 아니라 예술과 생활양식까지도 지배하게 된다.

　실존주의는 간단히 말해 실존의 의미를 묻는 우리와 그 의미에 대해 무심한 세계가 대립하고 있다는 '부조리'에 기반을 둔다. 만약 세계 밖의 무엇인가가 세계에 의미를 부여한다면 우리는 그 질서 가운데 한 자리를 차지하며 우리의 모든 노력과 분투는 의미를 얻게 된다. 그렇지 않을 경우 우리는 '내던져진forlorn' 존재가 된다. 신을 세계 밖으로 내쫓고 이 지구를 우리가 떠맡은 결과는 이와 같은 것이었다. 의미라는 견지에서는 궁극적으로 쫓겨난 것은 우리였다. 이데아의 죽음과 함께 고대가 몰락하고, 신의 죽음과 함께 중세가 몰락하고, 본질의 죽음과 함께 근대가 몰락하고 있었다.

　키치의 토양은 이와 같다. 의미 없는 것으로 드러난 삶에 거짓 의미를 덧붙여 우리 삶이 짐짓 의미 있다고 위장한다. 모든 죽음은 의미의 상실이다. 본질의 죽음은 근대의 의미 상실이다. 본래 모든 문화구조물은 자체 내의 형식 때문이 아니라 그것이 지닌 실천적 의미 때문에 가능하다. 성당의 스테인드글라스나 프레스코 벽화의 실천적 의미는 분명한 것이었다. 당시의 감상자가 거기에서 어떤 미학적 감동을 느낀다 해도 그것은 신앙심에 부수적인 감동이었다. 의미가 박탈된 세계에서는 각각의 문화구조물이 스스로의 존재 이유 가운데만 가능하게 된다. 즉 예술은 '예술을 위한 예술'로 변해가게 된다. 그리고 인간의 삶도 살아간다는 것 외에 무엇도 아니게 된다. 만약 의미가 존재한다면 모든 문화구조물과 인간 활동은 그 의미를 중심으로 정렬된다. 그러나 의미의 죽음은 해체와 후퇴와 수렴을 부른다.

사르트르가 인간에게는 자신을 창조할 자유가 있다고 말하고, 앙드레 말로나 생텍쥐페리가 행동 이외에 우리가 살고 있다는 것을 보여줄 방법은 없다고 말한다거나, 카뮈가 자유와 반항과 열정만이 우리 삶을 가치 있게 만드는 요소라고 할 때 의미하는 것은 이와 같이 우리 삶은 우리 자신에게 맡겨진 것이며 삶은 살아가는 나의 실존 이외에 아무것도 아니라는 '삶을 위한 삶'의 교의를 말하고 있다.

이러한 삶과 예술은 강인하고 자기포기적인 결의를 전제한다. 삶에는 어떤 주어진 의미, 어떤 궁극적이고 포괄적인 의미도 없다고 할 때 이것을 견뎌낼 스토아주의자가 되기는 진정 어렵다. 우리는 "규약 agreement"이라는 새장에 갇혀 있다. 우리의 삶은 새장 안을 선회할 뿐이다. 그러나 우리에게는 새로운 새장, 곧 새로운 세계를 창조할 "자유"가 있다. 우리는 더 이상 운명의 노예가 아니다. 거기에는 오이디푸스가 받은 신탁 따위는 없다. 물론 새로운 새장도 연역적 기초를 결하고 있다는 점에서 다른 차원의 새장은 아니다. 그것은 새로운 새장에 의해 곧 교체될 운명의 잠정적 규약일 뿐이다. 우리 삶은 그와 같다. 새로운 건설과 새로운 파산이 우리의 운명이다.

우리는 매번 뿌리 뽑힌다. 갱신만이 우리의 삶이다. 새롭게 뿌리 뽑히고 새롭게 뿌리 내림의 연속이 삶이다. 그렇지 않으면 우리 존재 자체가 뽑혀 나가며 소멸된다. 연속된 파산만이 우리가 살아있다는 증거이다. 세계는 우리 외에 누구의 것도 아니다. 그것은 우리 창조의 소산이다. 세계를 창조할 자유보다 더 큰 자유는 없다. 우리는 대지에서 쫓겨났다. 그러나 새롭게 유영의 자유를 쥐게 되었다. 문제는, 이 삶은 가혹한 스토아주의자의 결의를 요구한다는 데 있다. 한순간의 태만, 한 번의 타협, 한 번의 자기만족도 없어야 한다. 무엇인가를 딛고 섰다고 믿는 순간 이미 타락은 시작된다.

이러한 새로운 윤리가 또한 키치의 토양이다. 이 가혹한 존재조건에서 약한 인간들은 언제라도 거짓 의미를 만들어 거기에 몸담기를 원하게 된다. 다시 말하면 새장의 기초를 조작하고는 기존의 새장을 항구적으로 존속할 의의를 가진 것으로 만든다. 이때 스스로에 의해 만들어진 거짓 기초, 즉 거짓 의미가 바로 키치이다. 거짓 의미는 참된 의미에 대칭적이지 않다. 참된 의미는 형용모순이기 때문이다. 무슨 의미건 간에 의미란 존재하지 않는 것이다.

우리는 예술을 감상할 때 예술 작품 그 자체에만 집중해야 한다. 이것은 우리 삶이 새장 안에만 한정되어야 하는 것과 같은 이유이다. 우리는 예술에서 단지 "예술을 위한 예술"만을 봐야 한다. 거기에 의미는 없어야 한다. 문학은 단지 언어의 문제이고, 회화는 단지 점, 선, 면과 색채의 문제이다. 그것을 벗어나는 의미는 모두 키치이다. 거기에서 예술 외적 의미를 구할 때 우리는 예술 작품을 단지 자기 의미를 조작하기 위한 하나의 기회로 만들고 있고, 따라서 키치를 만들어내는 것이며, 작품의 입장에서 그러한 것을 전제하고 있는 예술작품이 곧 키치가 된다.

이렇듯 키치는 이차적 작용을 자기 존재의 이유로 가진다. 그러므로 통속적이고 노골적인 예술은 키치가 아니다. 통속예술은 예술 감상을 위한 필수 조건인 '심리적 거리psychical distance'를 요구하지 않기 때문이다. 그러나 키치는 거리를 요구한다. 단지 그 거리가 감상자와 예술 작품 사이에 존재하지 않고, 감상자와 그 감상자가 조작해낸 환상 사이에 존재한다. 키치에 절은 감상자에게는 심리적 거리의 철폐라는 솔직성도 없고, 진정한 가치를 지니는 냉담한 예술도 없다. 따라서 그들은 자신과 자신의 허위의식 사이의 끈적거리는 거리만을 가진다.

이 에세이는 크게 다섯 장으로 나뉘어 있다. 1장은 먼저 키치에 대한 선명한 분석적 통찰을 위해서 형이상학적 인식론을 도입한다. 독자는 이 장을 통해서 이 책 전체를 일관하는 키치에 대한 폭로의 지적 분석을 이해할 것이다. 2장은 키치에 대한 설명이며 정의이다. 3장에서는 키치의 범람에 부딪힌 예술가들이 그것을 극복하기 위해 예술사상 어떤 시도를 해 왔는가를 서술한다. 4장은 현대예술이 어떻게 키치와의 대립 속에서 성장했는가에 대한 설명이다. 특히 4장은 난해한 현대예술이 어떤 형이상학적 필연성을 가지는지를 드러내고, 현대에 창작되는 예술 작품의 진정한 가치에 대한 하나의 시금석을 놓고자 하는 시도이다. 마지막 결론으로, '키치, 철학으로 돌아보기'는 이 에세이 전체의 내용이 어떠한 철학적 고찰에 입각한 것인가를 간략하지만 포괄적으로 보여준다.

슬프게도 많은 현대예술가들은 진정한 의미에서 예술적이지도 '현대적'이지도 않다. 그들의 모든 작업은 통속적이거나 키치적이거나이다. 이것은 4장의 내용을 통해 드러난다. 어떤 예술이 통속적이라는 사실은 그 예술에 대한 비난은 아니다. 통속적인 창조 행위에 몸담고 있는 예술가들도 나름의 존재 이유를 가진다. 고급예술은 잘 훈련된 예술 감상 능력을 지닌 소수의 사람들에게만 의미 있을 뿐이기 때문이다. 그러나 대중도 나름의 취미판단을 향유해야 한다. 통속예술은 중요한 오락거리이다.

이 에세이가 오늘을 사는 우리에게 어떤 실천적인 판단을 제시한다면 그것은 현재 창조되고 소비되는 우리 예술이 어떤 요구 위에 기초하며 그 효용은 무엇인가를 명확히 보여준다는 점에 있다. 문제가 되는 것은 단지 이러한 통속예술의 창조자들과 비평가, 그리고 감상자들이 짐짓 고급스러움을 가장 한다는 데에 있다. 이때 그들은 솔직함이란 중요한 미덕을 잃는다. 이렇게 되어 새로운 키치의 담당자들이 탄생한다. 나는 그들에게 묻고 싶다. 언제까지 값싼 거짓 낭만과 역겨운 기만적 행복 속에 몸을 담그고 있을 것이냐고. 나는 병든 행복보다는 건강한 불행을 권고한다. 왜 그래야 하는지는 유감스럽게도 잘 모르겠다. 나는 단지 그것이 옳다는 말밖에는 다른 어떤 말도 못 하겠다. 외로움과 소외가 힘들고 두렵더라도 이 키치처럼 더러운 것은 아니라는 말밖에는.

I

인식론

지적 탐구의 노고는 "패턴의 발견the discovery of pattern"에 의해 보상받는다. 패턴에의 탐구에서 자유로운 학문은 없다. 만약 어떠한 지적 기술description에 패턴의 서술이 없다면 그것은 어떤 것이든 학문이라고 할 수 없다. 현재까지 진행된 예술사적 탐구가 엄밀한 의미에서 하나의 학문이라기보다는 "이야기"일 뿐이라는 사실은 그 예술사가 어떠한 패턴도 결여한 도상학이나 양식사에 그치기 때문이다. 투키디데스의 《펠로폰네소스 전쟁사》가 헤로도토스의 《역사》보다 본격적인 역사서인 이유는 전자는 패턴을 다루지만 후자는 단지 이야기들만을 기술하기 때문이다.

　　물론 어떤 탐구와 그 탐구의 결론, 혹은 어떤 관찰이나 그 기술

description이 패턴을 결여한다고 해서 더 열등하거나 더 따분한 것은 아니다. 패턴의 추구가 주는 힘겨움은 그 발견에 의해 즐거움으로 바뀔 수 있고, 또한 그 즐거움은 (어떤 사람들에게는) 궁극적인 것이기도 하다. 이것은 그러나 단지 취향의 문제이다. 어떤 사람들은 패턴의 발견에 대해 격렬한 희망을 품는가 하면 어떤 사람들은 단지 한가롭고 수월하게 전개되는 이야기에 매혹된다.

뉴턴은 사과가 지표면에 떨어지는 것과 지구가 태양을 도는 것에는 같은 패턴이 존재한다는 사실을 발견하고는 일반적 패턴general pattern을 설정하고 거기에 준해 여러 태양과 행성 사이의 운동법칙을 확립시킨다. 또한 그는 운동하는 모든 물체의 순간 속도는 동일한 패턴 — 순간 변화율이라고 말해지는 — 에 준한다는 사실도 발견한다. 전자는 과학적 법칙, 후자는 수학적 법칙이라고 불렸다. 다른 한 종류의 패턴을 생각해 보기로 하자. "끓는 물에 손을 넣으면 덴다." 이러한 패턴 역시도 "질량을 가진 두 물체 사이에는 끄는 힘이 존재한다."와 같은 종류의 패턴일까?

패턴의 자격에 대해 생각할 필요가 있다. 패턴은 일반화된 대상 사이의 관계가 항상 일정해야 한다. 이것은 수학의 함수와 같은 성격을 가진다. 예를 들어 우리가 피고용인의 x와 그 생산개수 사이의 관계에서 x → y의 패턴을 발견했다고 하자. 이때 우리는 이것을 $y = 5x$라고 표현한다. 이 함수는 정확히 사실을 반영하는가? 우리는 곧 의문을 품는다. 채용인원이 열 명일 때도 생산물은 50개일까? 일반적으로는 그렇지 않다. 어느 정도까지는 규모의 경제가 작용하지만 임계점을 지나면 반규모의 경제(한계 생산성 체감)가 작용한다는 사실을 우리는 안다. 그러므로 이 인과율은 그 보편성과 일반성에 있어서 의심스러운 것이 된다. 그러므로 패턴의 확립은 간단한 문제는 아니다. 아마도 채용인원과 생산량 사이를 규정짓는 패턴은 매우 복잡한 함수가 될 것이다. 아무튼 일단 여기에서도 패턴의 확립이 가능하다고 가정하자.

다른 하나의 예. "태양은 동쪽에서 뜬다."라는 명제는 이를테면 일출의 패턴(혹은 인과율)에 대한 것이다. 이 명제가 참인 근거는 무엇인가? 유감스럽게도 그 근거는 수상스러운 것이 된다. 왜냐하면, 이것은 일출에 관한 과거의 경험과 관련된 것이지 미래의 일출까지도 포괄한 것은 아니기 때문이다. 이것은 미래에 태양은 동쪽에서 뜨지 않는다는 이야기가 아니다. 단지 과거와 현재의 경험이 미래까지도 포괄하는 패턴을 규정할 수는 없다는 이야기이다. 인과율은 상식의 문제이지 논리적 확실성의 문제는 아니다. "현재의 사건에서 미래의 사건을 추론할 수는 없다(비트겐슈타인)."

패턴의 기초는 따라서 상식이며, 상식의 자연과학적 표현은 단지 확률함수이다. 패턴은 과거의 사건들의 인과율이며, 이것의 참임은 단지 확률의 문제일 뿐이다. "끓는 물에 손을 집어넣으면 덴다."라는 명제를 생각해 보자. 이것은 "끓는 물에 손을 집어넣는다."라는 원인과 "덴다."라는 결과가 결합한 인과율의 한 예이다. 이 명제에 대한 우리의 태도는 이중으로 작동한다. 우리는 먼저 이 명제가 참이라는 주장을 경계해야 한다. 이 명제가 참에 관한 것은 아니다. 이것은 단지 "이 명제의 참"과만 관련되어 있기 때문이 아니다. 참인 명제는 논리학의 분석적 명제 외에는 없기 때문이다. 참인 논리적 명제 외에 어디에도 참인 명제는 없다. "참"이라는 언사는 매우 엄격한 것이고 까다로운 것이기 때문이다. "끓는 물"과 "데는 손"의 관계는 과거의 누적된 참에도 불구하고 그 인과율의 내재적 동기에 의해 참일 수는 없다. 그러므로 "끓는 물"과 "두 물체 사이"와 관련한 패턴의 성격에 본질적인 차이는 없다.

이 명제에 대한 두 번째 태도에 대해 생각해 보자. 이 명제는 확실히 보편성과 필연성을 확보하고 있지 않다. 보편성과 필연성은 논리적 분석 명제 외에는 없기 때문이다. 예를 들어 F라는 명제가 f와 q의 논리곱logical product이라고 하자. 이때 f와 q가 각각 참이라면 F는 무조건적으로unconditionally 참이다. 여기에는 "참"이 존재한다. 논리학에는 이와 같은 성격의 참이 존재한다.

자, 명제의 참의 성격이 이와 같다고 하자. "끓는 물에 손을 넣으면 덴다."라는 명제는 이러한 위의 의미에서 참이라고 말해질 수는 없다. 여기에서 중요한 의미가 대두된다. 이 명제가 보편적 참(참이라는 주장 자체가 보편적인바)을 확보하지 못한다고 해서 끓는 물에 손을 넣는 시도를 하는 사람은 아마도 없다. 왜냐하면, 확률적으로 손을 델 확률이 거의 무한대로 높기 때문이다. 우리는 과거의 누적된 경험에 준하는 심적 "경향"을 가진다. 이것은 절대로 간단한 문제가 아니다.

결론은 다음과 같다. 어떤 명제고 참임을 보장받지 못한다는 사실과, 따라서 그 명제에 반하는 행동을 해도 된다는 사실은 전적으로 다르다. 원한다면 반하는 행동을 할 수도 있다. 다시 말하면 상식에 어긋나는 행동을 할 수도 있다. "살인하면 안 된다."라는 명제 역시도 그 보편적 참임을 확보할 수는 없다. 생명의 존엄성에 준하다거나 신의 강령에 준해 이 명제가 참임을 보증받을 수는 없다. 그것은 독단이다. "존엄성"이나 "신" 등은 실증적인 것이 아니다. 그럼에도 이 명제가 준수되어야 할 행위의 준칙인 이유는 살인이 허용될 경우 사회는 살만한 곳이 못될 확률, 혹은 문명이 몹시 지체될 확률, 그 삶이 불안하면 비용이 높게 들 확률이 대단히 높아지기 때문이다. 기독교는 순교자를 칭찬한다. 기독교의 이러한 칭찬은 사실은 고귀한 신의 피조물인 인간을 파괴했다는 점에서 논리적 모순에 처한다. 기독교는 기독교라는 스스로의 이념이 순교에 의해 받아들여질 확률이 높아졌기 때문에 이 행위를 칭찬할 뿐이다. 생명의 존엄성은 버려지고 만다. 결국, 순교(생명의 비존엄성) 역시도 확률적 참의 문제일 뿐이다.

마지막 예를 들어보자. 교과서는 거기에 존재하는 모든 명제가 참임을 전제한다. 그렇지 않다면 그러한 정언적인 명제를 사용할 수는 없다. "질량을 가진 두 물체"와 서로 "끄는 힘"은 인과율에 의해 묶이며 따라서 하나의 패턴이다. 그러나 이 패턴은 교과서의 저자가 생각하는 그러한 참은 아니다. 말해진 바대로 이 명제는 과거의 누적된 경험의 패턴일 뿐이기 때문이다. 미래의 어떤 두 물체 사이에선 끄는 힘이 존재하지 않을 수도 있다. 그러나 명제에 대한 이러한 고찰에도 불구하고 누구라도 이 패턴이 잘못된 것일 수도 있다는 전제하에 이 패턴에 어긋나는 행위를 하지는 않는다. NASA의 과학자들은 이 패턴에 준해 우주왕복선을 설계한다.

어떤 학생인가 매우 명민하여 부모에게 다음과 같은 주장을 한다고 하자. "교과서에서 말해지는 모든 이론은 사실상 미래의 사건까지도 포괄하지는 못한다고 생각합니다. 그것은 과거의 경험이 화석화된 채로 저장된, 생명력이 결여된 통조림 지식이라고 생각합니다. 저는 생생한 경험을 원합니다. 이쪽이 필연적 참이라는 보증조차 못 받는 학교지식을 배우는 것보다 낫다고 생각합니다. 따라서 교과서의 명제들은 제 스스로의 검증을 거쳐야 하고 또한 그것이 참이 아닐 수도 있는지의 경험도 원합니다. 저는 먼저 학교를 떠나 생생한 삶을 살기를 원합니다." 어떤 부모인가가 아이의 요구를 수용한다고 해도 그것은 아이의 자율성에 대한 존중 때문이지 그가 앞으로 살아갈 삶에 대한 동의 때문은 아니다. 그 아이는 매우 낮은 확률의 가능성에 준해 그의 삶을 파괴할 무한대의 가능성에 처하기 때문이다.

명제에 대한 위의 두 가지 전제는 많은 사실을 말한다. 하나는 독단을 주장해서는 안 된다는 것이며 다른 하나는 누구라도 확률에 준해 행동할 자유를 지닌다는 사실이다. 우리 행동은 확률 이외의 다른 확신은 없이 진행되며 그렇기 때문에 우리 사유는 겸허를 기초로 작동한다. 그렇지 않으면 오만이다. 베르그송의 진화에 관한 생철학의 주장을 수용한다면 진화는 자동적인 인과율의 문제가 아니라 "생의 약동 élan vital" 에 의한 것이다. 많은 어류가 양서류가 될 엄청나게 작은 확률에 매달렸고 대부분은 어류로서의 생존능력도 양서류가 되지도 못한 채로 몰락했을 것이다. 아마도 거의 무한소에 가까운 개체가 양서류로의 도약을 했을 것이다. 이것은 기적이라 할 만한 작은 확률의 문제이다. 이제 새로운 삶의 패턴이 창조된다. 과학혁명도 이와 같은 패턴(패러다임)의 변경이다. 그러나 이것은 수십억의 인류 중 단 한 명에게만 가능했던 기적이었다. 수십억분의 1 때문에 패턴을 야유할 수는 없다. 그러나 그와는 반대로 그 예외를 염두에 둔다면 누구도 패턴에의 확고한 신념을 말해서는 안 될 터이다.

패턴의 선험성과 필연성에 대한 신념이 곧 패턴의 참의 근거를 그 패턴의 "내재성"에 돌리는 것이고, 이것이 또한 그 패턴에의 "의미 meaning"부여이다. 만약 엄밀한 논리학적 견지에서 패턴이 보편적 참을 획득할 수 없다면 그것은 그 패턴의 내재적 의미를 확보할 수 없다는, 즉 응고화된 의미를 확보할 수 없다는 ─ 심지어는 그 존재 혹은 부재 자체도 ─ 이야기를 하는 것이다. 의미의 소실은 우리의 세계에서 확실성을 앗아간다. 결국, 패턴의 확실성의 부정은 우리가 의미의 결여 위에, 확실성의 결여 위에 산다는 것을 의미하게 된다. 이때 의미는 "가치 value"로 전환되게 된다. 하나의 패턴은 단지 다른 패턴과의 비교에 의해 고유성을 획득할 뿐이고 이것은 실증적 경험에 기초할 뿐이다. 그리고 경험의 성격이 그러하듯 패턴은 과거와 현재의 사실에 관한 것이다. 그것이 미래의 패턴이라고 주장할 근거는 없다. 하나의 패턴은 그것과는 다른 가치와의 차이에 의해서만 스스로의 독자성을 가지며 따라서 여러 선택의 가능성에 매우 수동적인 입장에 있게 된다. 물론 앞의 예에서 본 것처럼, 선택된 패턴의 적용은 강력한 영향력을 가지며 그 패턴에서의 탈출은 모험을 의미한다. 자연과학에서의 천재들은 패턴을 벗어난 성취를 이룬 기적의 소산이다. 이 기적 이외의 다른 패턴이 성공적인 패턴일 확률은 없다.

이제 우리는 패턴과 관련하여 동시에 두 종류의 심적 태도를 가지게 된다. 먼저, 패턴은 충분히 존중받을 가치를 지닌다. 그것은 일단 다른 패턴에 비해 우월한 가능성을 지니며, 확률적으로 거의 무한대라고 할 만한 확실한 실천적 적용 가능성을 지니며, 어떤 태도보다도 삶과 사회와 과학의 세계를 안정되고 평탄하게 유지되게 한다. 우리는 사실상 이 패턴의 참을 인정하는 삶 — 그것이 관습적 삶인 바 — 을 살게 된다.

다음으로, 그럼에도 불구하고 우리는 이 패턴에 일반성이나 필연성, 혹은 선험성을 부여하면 안 된다는 사실이다. 이 패턴에 대한 신념은 심지어 그 신념을 가진 사람의 단순한 무지와 오만을 말할 뿐만 아니라 그 사람의 믿음은 심지어 미신(Aberglaube; 비트겐슈타인)이라는 사실을 말한다. 이것은 실증적 세계에 대해서 — 물론 다른 세계에 대해서도 — 정언명제를 구성하게 된다. 이 세계에 정언성은 없다. 물론 이러한 의심은 상식common sense을 벗어난 것이다. 그러나 논리학은 상식에 관한 것이 아니라 지적 탐구의 엄밀성에 관한 것이다.

필연성의 상실은 그러나 이러한 실증적인 세계와만 관련되지는 않는다. 우리 지식과 관련하여 거기에 세 개의 세계가 있기 때문이다. 이 세계는 먼저 "말해질 수 있는 세계what can be said", 다음으로는 "보여져야 하는 세계what must be shown", 세 번째로는 "침묵 속에서 지나쳐야 하는 세계what must be passed in silence"이다.

지금까지 진행된 명제의 정언성에 관한 논의는 기껏해야 첫 번째의 실증적 세계에 국한된 논의였다. 그러나 정언성은 인간의 첫 번째 지식에만 관련하여 논의될 성격의 것은 아니다. 이해하기에 가장 어려운 두 번째 종류의 명제를 먼저 살펴보자. "보여져야 할 것"은 명제의 논리공간logical space이다. 우리는 이를테면 수학점수를 50점 받았다고 누군가가 자신에 대해 말한다면 우선 그 점수구간이 당연히 0점에서 100점까지라고 생각한다. 아니면 누군가는 점수구간의 최소점과 최대점에 대해 물을 것이다. 이것이 점수의 공간이라 할 만하다. 개별적 점수는 먼저 점수 공간을 전제한다. 그러나 점수 공간은 개별점수 없이도 존재가 가능하다. 이러한 예는 우리 명제의 논리공간을 설명하는 것이다. 우리 언어는 고유의 논리를 따른다. 모든 언어는 논리를 전제한다. 우리가 무엇인가 뜻sense이 있는 언어를 말한다는 것은 우리의 언어가 논리공간 안에 있다는 사실을 의미한다. 누군가가 "하마와 코끼리가 곱해져서 마리아나 해구이다."라는 언급을 한다면 우리는 곧 이것은 논리공간을 벗어나 있다는 것을 알아챈다. 따라서 이 언급은 명제가 아니다. 그러나 우리 명제 전체를 물들이고 있는 이 공간 자체는 설명될 수 없는 것이다. 왜냐하면, 무엇에 대한 설명은 언제나 그 무엇의 외부에서의 조망을 의미하기 때문이다. 논리공간은 우리 스스로를 의미한다. 즉 그것은 우리 자신 자체이고 우리는 그렇게 생겨 먹었을 뿐이다. 따라서 그것은 발화되는 언어에 의해 "보여지는 것"이지 그 자체가 설명될 수는 없는 것이다. 이것은 이를테면 아리스토텔레스의 형상form이며 칸트의 카테고리이고 쇼펜하우어의 충족이유율이다. 논리공간은 무조건이다. 철학사는 이 논리공간의 설정과 작동원리의 설명에 관한 것이다.

세 번째의 "침묵 가운데 지나쳐야 할 것"은 심각하고 논의의 여지가 많은 주제를 포함하고 있다. 그것은 신앙, 도덕, 형이상학 등을 포함한다. 이 영역이 침묵의 대상인 이유는 그것이 실증적 세계가 아니기 때문이다. 우리는 심지어 그러한 세계가 존재하는지 부존재하는지조차 모른다.

플라톤의 위대함은 세계에 대한 이해가 개념에 기초한다는 사실을 포착하고는 그 체계에 준한 세계상을 구성했다는 사실에 있고, 데카르트의 위대성은 세계의 이해가 패턴에 입각한다는 사실을 알아채고 패턴의 선험성을 가정했다는 사실에 있다. 또한, 소피스트들의 의의와 명민함은 개념의 실재성에 대한 의문을 품었다는 데에 있고, 데이비드 흄의 위대성은 패턴(그의 표현으로는 인과율)의 보편성(실재성과 같은 말인바)을 의심했다는 사실에 있다. 결국, 고대철학과 중세철학은 보편개념을 둘러싼 논쟁의 역사이고, 근대철학과 현대철학은 패턴(흄의 용어로는 인과율, 칸트의 용어로는 지식)의 보편성을 싸고돈 논쟁의 역사였다.

만약 우리가 개념, 혹은 패턴에 실재성을 도입한다면 거기에 "말해질 수 없는 것What cannot be said"이나 "침묵 속에서 지나쳐야 할 세계"는 존재하지 않게 된다. 적절한 사유(플라톤이 말하는 지혜)에 의해 얻어진 개념은 실재하는 것이며 따라서 그것은 개념에 대응하는 대상의 존재를 말해주는 것이기 때문이다. 우리 사유 속에 있으면 세계 속에도 있는 것이다. 이 경우 실증주의, 혹은 경험론은 도입될 여지가 없다. 먼저 실재의 가정에서 경험론적 사유와 충돌하기 때문이다. 그러나 앞에서 말한 바대로 경험론은 "침묵 가운데 지나쳐야 할 것"은 경험할 수 없는 것들이라고 주장한다. 그것은 실증적인 것이 아니기 때문이다. 신앙이나 윤리학, 또는 미학 등이 여기에 속한다. 중세 말의 경험론자 오컴Ockham이 교황청의 분노에 의해 이리저리 도피해야 했던 이유는 여기에 있다.

현대는 경험론적 인식론을 받아들였다. 흄 이래 세계관은 그가 제시한 길을 따라 전개되었다. 앞에서 제시한 세 종류의 지식은 비트겐슈타인의 지식에 대한 견해를 명료화한 것이다. 비트겐슈타인 역시 경험론이 제시한 길을 따라 논고를 저술하게 된다. 세계는 명제이며 그 골조는 논리학(보여져야 할 것)이었다. 모든 철학은 결국 문법에 관한 것에 지나지 않았다.

우리는 물론 과거에 대해 공정해야 한다. 현대가 진보의 정점에 있고 과거는 현대의 통찰을 위해 봉사한다고 믿는 것처럼 어리석은 역사

철학도 없다. 역사학의 목적은 현재의 이해와 미래에의 여명이 맞다. 그러나 그것은 현대는 과거 시대들과의 차이에 의해 규정지어질 뿐이지 누적된 진보의 결과로서는 아니다. 각각의 시대는 그 시대라는 전제, 그리고 다른 시대와 비교되어 지니는 독자성에 기초한다.

여기서 전개되는 일반화는 단지 현대에서 규정지은 양식에 기초한다. 과거에 대한 이해와 과거 속에 사는 것은 같은 것이 아니다. 현대 외에 우리가 선택할 수 있는 시대는 없다. 현대의 인식론은 실증적인 사실, 현재 발생하는 사건만을 인식의 대상으로 고려할 수 있는 모든 것으로 본다. 우리의 감각인식에 호소하는 것 외에 무엇도 지식이 될 수 없다. 거기에 과학명제가 있다면 그것은 "우리가 경험하는바"라는 전제 하에 작동된다. 그러므로 여기에 비실증적인 명제들을 위한 자리는 없다. 중요한 점은 현대의 경험론은 이 비실증적 세계에 대해, 즉 신과 윤리, 형이상학적 세계에 대해 그 부재나 무의미를 말하고 있지는 않다는 사실이다. 물론 그 존재와 의미를 말하고 있지도 않다. 경험론은 그 세계는 단지 우리가 안다고, 심지어는 모른다고도 말할 수 없는 세계라고, 즉 침묵 속에서 지나쳐야 할 세계라고 규정할 뿐이다.

인식론적으로 정의할 때, "키치는 그 확실성을 보장할 수 없는 개념, 혹은 패턴에 먼저 실재성을 부여하고 그것을 기초로 작동하는 활동"을 뜻한다. 따라서 엄밀하게는 키치는 단지 예술에만 국한될 문제는 아니다. 그것은 19세기 말이래 세계를 물들이고 있는 하나의 심적 태도이고, 그 심미적aesthetic 발현이 키치로 규정될 뿐이다. 다시 말하면 키치는 시대적 세계관에 묶인다고 할 수 있다. 그 세계가 실재론적이라면 거기에 키치는 없다. 이 경우는 올바른 실재를 찾기 위한 경쟁이 만연하고, 그 실재는 결국 수학으로 귀결된다. 이것이 플라톤과 데카르트가 각각 수학을 사유의 확고한 출발점, 즉 세계의 실재로 본 이유이고 아리스토텔레스가 "예술은 자연을 닮는다"고 말한 이유이다.

키치는 실재에 대한 신념과 양립한다. 그러나 경험론적 입장에서는 실재란 확인될 수 없는 것이다. 누군가가 "개란 충실한 동물이다."라는 언명을 했다고 하자. 이때 경험론자는 묻는다. "너는 모든 개와 미래의 개를 보았는가?" 또한 "네가 충실다고 할 때 그것은 어떤 실재에 대한 것인가?" 또한 "네가 동물이라고 일반화된 명사를 사용할 때 너는 그것을 확인했는가?" 경험론적 인식론에서는 보편자란 사물의 뒤에 있는 이름이다.Universalia sunt nomina post rem. 그것은 "사물에 앞서 존재하는 실재Universalia sunt realia ante rem"는 아니다.

따라서 이 언명은 키치이다. 키치는 거드름과 뗄 수 없다. 위의 "개는 충실한 동물이다." 라는 언명은 허세다. 거만을 내포하고 있다. 그 언명에는 "확률적으로", 혹은 "내가 보아온바", 혹은 "내가 현재 보고 있는 바" 등의 조건이 붙어야 한다. 그렇지 않다면 그것은 보편명제이고 따라서 우리는 과학적 키치와 더불어 살고 있는 것이 된다. 키치라는 용어는 이러한 심적 실재론의 예술적 대응물일 뿐이다. 모든 보편명제는 단지 확률과 상식에 관한 것이다. 그것을 확고하고 보편적인 것으로 만들

때 키치적 삶이 시작된다. 예술은 그 보편명제를 "심미적 의미aesthetic meaning"로 고착화한다. 물론 보편적 도덕률이나 보편적 신학이나 정치철학은 모두 키치적 태도를 기반으로 한다. 이것이 파시즘이다. 그러나 의미의 감동에의 요구도 파시즘이다. 예술에 심미적 의미를 도입하고 거기에 대한 감동을 요구하거나 강요하는 것은 모두 파시즘이다. 키치는 파시즘의 기초이다.

다음과 같은 논리학을 가정해 보자. 명제 P, Q, R, S를 가정하자. 이때 [P; p라는 사람은 (실재에 대해) 모른다], [Q; q는 모른다], [R; r은 모른다], [S; s는 모른다] 라고 각각의 명제를 정의하자. 경험론은 단연코 이 명제들의 논리곱이 참이라고 가정한다. 즉 P, Q, R, S가 참이다. 모든 사람이 실재에 대해 모른다. 이것은 닫힌 집합이다. 모두가 "실재에 대해 모른다"라는 등거리equidistance에 있게 된다. 그것은 논리적 기호로 P · Q · R · S이다. 반면에 실재론자들은 ~(P · Q · R · S)를 가정한다. 이는 닫히지 않은 집합이다. 닫힌 집합의 여집합은 아는 사람과 모르는 사람들의 많은 경우의 수이다. 위의 명제를 단 p, q라는 두 사람에만 한정시키면 이 논의는 매우 분명해진다. 경험론자는 세계를 p · q로 가정함에 의해 "모두가 모른다"로 규정한다. 실재론자들은 ~(p · q)를 가정함에 의해 {~p, q}, {p, ~q}, {~p ~q}의 세계 모두를 그들의 세계로 본다. 이때엔 "누구는 알고, 누구는 모른다"의 경우의 수가 모두 포함된다. 이제 세계는 위계화된다. 누구는 알고 누구는 모르기 때문이다. 실재론자들이 "안다"고 할 때 그들은 무엇을 안다고 말하는 것인가?

그 무엇은 "실재"이다. 실재론은 이 실재에 대해 아는 사람들이 불러들인 파시즘의 세계에 속하게 된다. 이것은 물론 현대에 있어 그렇다는 것이다.

따라서 키치는 심미적 의미 위에 착륙한다고 주장하는 파시즘적 예술가들의 소산이다. 이제 예술가들처럼 시끄러운 사람들이 없게 되었다. 플라톤이 말하는바, "손으로 잡을 때까지 계속 울려대는 꽹과리"와 같은 사람들이 되었다. 모두가 키치를 불러들이기 바쁘기 때문이다. 이 사람들은 신이 죽은 이상으로 미가 죽었다는 사실을 모르기 때문이다. 거기에 추구할만한 미는 없다. 미는 "침묵 속에서 지나쳐야 할 것들What should be passed in silence."에 포함된다. 예술품은 "미를 위한 미의 추구"의 가능성밖에 없다. 예술품은 그 추구의 불가피한 흔적일 뿐이다. 누가 예술 일반, 혹은 자기 예술에 대해 말할 수 있는가? 19세기 말 이래 인간은 실재와는 분리된 채로 "모른다"는 닫힌 집합에 속하게 되었다. 이때 "자기는 안다"고 말하는 사람들은 의미 위에 착륙하는 오만을 저지른다. 서슴지 않고 정언적 명제 ― 이를테면 "개는 충성스런 동물이다."와 같은 ― 를 예술에 적용시킨다. 이것이 키치이다.

누군가가 윤리적 정언명제를 말하면 그것은 도덕적 키치이고, 사회 조직의 보편적 원리, 즉 정치철학에 대해 말하면 사회적 키치이고, 신과 신앙에 대해 말하면 그것은 신앙의 키치이고, 미의 일반원리에 대해 말하면 미학적 키치이고, 예술작품 자체에 창작의 의의를 두면 그것이 우리의 주제인 "키치"이다. 도덕도 마찬가지이다. 거기에는 단지 법과 종교(신앙이 아닌)만 있을 뿐이다. 법과 종교는 하나의 규약일 따름이다. 실재에 대해 말할 수는 없다. 그것에 대해서는 침묵해야 한다. 키치는 단지 "침묵 속에서 지나쳐야 할 세계"에 대한 정언적 명제 — 그것이 무엇에 관한 것이건 — 이다. 만약 과학교과서가 조건적 겸허를 지니지 않는다면 그것 역시도 키치이다. 심지어 이것은 기술과 관련해서도 마찬가지이다. "이렇게 황화수소를 얻는다."는 언명이 키치적이지 않기 위해서는 거기에 "현재는"이라는 조건을 붙여야 한다. 거기에 겸허가 없다면 이제 키치가 번성한다. 모든 실재론적 언명이 현대에 언급된다면 그것은 키치이다.

키치가 우리 삶에 얼마나 만연해 있는가! 우리를 둘러싼 모든 것이 키치이다. 뫼르소는 키치적 사회에 대한 매우 바람직하지 않은 양식으로, 테레즈 데케루는 잔인한 방법으로, 키에르케고르는 버려진 삶으로, 차라는 반항과 분노로, 현대 과학자는 과학적 가설의 도입을 우연으로 치부함으로 저항했다. 그럼에도 키치는 번성한다. 현대를 살기가 매우 어렵다. 냉정함과 겸허와 초연함과 자기포기가 이렇게도 어렵다.

"키치를 벗어나는 길"이라는 표현은 사실 논쟁의 여지가 많은 언급이다. 거기에 길은 없다. 길은 걷기 위한 것이지만 키치를 다른 종류의 세계관으로 전환시키기 위해서는 도약이 필요하기 때문이다. 키치를 벗어난 삶은 타협과 정도의 문제가 아니다. 키치적으로 살든지 그렇지 않든지이다. 제3의 길은 없다. 경험론의 세계에 살아야 하며 그 세계를 체화해야 하기 때문이다.

이것은 물론 허세와 거드름과 투쟁해야 한다는 사실을 의미한다. 실재론에는 위계가 있다. 집합이 "닫혀있지 않기" 때문이다. 지금 여기서 논의되는 모든 주제는 고도의 예술철학과 관련되어 있다. 누군가가 매우 순진한 실재론을 아직 가지고 있다고 하자. 그는 전통과 위계의 잔류물에 처한다고 하자. 즉 실재론적 위계의 가장 아랫부분에 위치한다고 하자. 이 사람의 취미판단은 단순하고 즉각적인 것이다. 그는 예술의 소비자이다. 그러나 그 예술은 실존에 관한 것은 아니다. 그에게 주어진 것은 매우 전통적이고 따라서 통속적인 예술이다. 누군가가 순진한 마음으로, 혹은 현실도피적으로 고전적 예술을 즐긴다고 하자. 이때 이 사람에게는 죄가 없다. 그가 돌을 맞을 이유가 없다. 그에게는 단지 어리석다는, 따라서 현대의 세련된 세계관을 받아들일 능력도 의지도 없다는 무능력의 이유밖에는 없다. 누구에게나 유희가 필요하고, 유희의 전제 조건은 백일몽daydream이다. 운동장에서 벌어지는 게임도 실제의 싸움에 대한 백일몽일 뿐이다. 그러므로 실재론 자체가 키치는 아니다. 그것은 때때로 어리석을 뿐이다. 소박한 믿음, 조촐한 예술의 향유가 키치는 아니다. 그것은 단지 그들 자신에게로 수렴되는 통속일 뿐이다. 실재론은 키치의 가능성이며 키치의 필요조건일 뿐이다. 무지가 죄는 아니다. 그러나 고전예술을 감상하며 무슨 고상한 일을 하고 있다고 거드름을 피우면 그것은 키치이다.

키치는 말한 바대로 자기 신념, 자기 심미안에의 "의미부여"에 의해 필요해진다. 이것이 오만과 허세이다. 키치는 일단 실재론적 신념을 토대로 가진다. 그렇다고 모두가 키치는 아니다. 여기에 의미를 부여하고, 또한 그 의미의 포착으로 스스로가 탁월한 사람이라는 거드름을 피울 때 키치가 발생한다. 그것이 어떠한 것이건 실재론적 신념에 기초하는 예술은 저급한 것이다. 키치는 이러한 저급에 거드름을 더할 때 생겨난다. 키치는 고급예술임을 "자처하는" 저급예술이다.

이러한 정의에 따를 때, 초현실주의적 주제를 삶의 근원으로 보는 예술은 모두 키치이다. 거기에 현실주의적 실재가 없는 것처럼 초현실주의적 실재도 없기 때문이다. 프로이트는 초현실주의적 가능성을 제시했다. 그것은 무의식의 세계, 특히 이드id의 세계이다. 그 세계는 상징으로 가득 차있다. 어떤 예술가들은 이 상징을 의미로 삼고는 그 위에 하나의 세계를 건설했다고 주장한다. 모든 예술가가 연역의 근거가 되는 기초를 자의적으로 설정한다. 이들에게는 이것이 심오함이다. 그러나 세계에 대해서는 키치에 지나지 않는다. 살바도르 달리, 마르크 샤갈, 르네 마그리트의 예술이 키치인 이유는 여기에 있다. 그들은 사실은 누구도 확신을 가질 수 없는 세계에 실재reality라는 옷을 입히고는 거드름을 떤다. 칸딘스키, 말레비치, 몬드리안, 워홀 등이 키치가 아닌 이유는 미를 의미 위에 착륙시키지 않았기 때문이다. 그들의 작업은 미를 위한 미의 과정이며 그 흔적이기 때문이다.

길게 늘어진 시계나 몽환적인 하늘과 땅이 예술일 수는 없다. 심지어 그것은 거짓말이다. 시계는 무엇인가 ― 세월, 노쇠, 죽음의 시간 ― 의 상징일 수 있다. 그러나 프로이트의 세계에 늘어진 시계는 없다. 프로이트는 물론 왜곡을 그의 정신분석에서 말한다. 그러나 이 왜곡은 하나의 심적 태도를 다른 종류의 상징으로 드러내는 왜곡이지 사물 자체를 괴상하게 일그러뜨리는 왜곡은 아니다. 자신을 방문한 달리에게 프로이트가 "당신은 무의식을 왜곡하고 있다"고 말한 이유는 여기에 있다. 더구나 프로이트가 말하는 무의식의 세계 자체도 인간의 실재reality는 아니다. 그것은 다시 말하지만 언제고 "침묵 속에서 지나쳐야 할 것들이다." 프로이트의 세계 역시도 실증적인 사실의 탐구이다. 그것이 우리 자신의 실재를 해명하는 기초가 될 수는 없다. 그에게 있어 무의식의 세계는 뉴턴에게 있어 만유인력의 법칙과 같은 것이다. 만유인력의 선험적 참은 말해진 바대로 동의될 수 없는 바이다. 마찬가지로 프로이트의 가설 역시도 이제는 확률상의 문제로 남아있을 뿐이지 인간의 물리적 행동에 관한 일반적 참은 아니다.

이것이 살바도르 달리나 마르크 샤갈이 키치 예술가인 이유이다. 그들은 프로이트를 왜곡했을 뿐만 아니라 실증적인 세계를 왜곡했다. 이들은 이중의 키치작가이다. 더구나 샤갈은 자기 작품에 감상을 섞어 놓는다. 감상은 시큼한 키치sour Kitsch이며, 따라서 통속예술이다. 어쨌건 그는 키치작가이다. 그는 결국 미술사에서 다뤄지지 않게 될 예술가이다.

음악의 세계에 있어 조성체계는 오랫동안 음악적 실재를 반영하는 것으로 알려져 왔다. 마니에리즘 시대에 기존의 조성체계가 의심받고 상당한 정도의 새로운 조성체계로의 혁신이 있었다고 해도 이것은 기존의 음악 세계가 새로운 대위법과 화성학을 채용하여 더욱 풍요로워졌다는 것을 의미할 뿐이지 기존 조성체계의 붕괴를 의미하는 것은 아니었다. 몇 개의 조성은 마치 몇 개의 공준이 기하학의 세계를 연역시키듯이 모든 음악을 연역시키는 것이었다.

확실한 것으로 보였던 — 다른 선택은 없었던 것으로 보였던 — 기존의 조성체계에 최초의 전면적인 도전을 한 사람은 쇤베르크이다. 그는 알반 베르크, 안톤 베베른과 더불어 음악적 세계에 있어 새로운 장을 연다. 물론 그들은 기존의 조성체계의 문제점을 지적해서 혁신을 불러오지는 않았다. 리만은 다른 종류의 공준을 설정했을 때에도 기하학적 체계는 얼마든지 가능하다는 사실을 입증했다. 리만의 업적은 사실상 실재의 반영으로서의 공준의 이념을 붕괴시킨 데 있다. 마찬가지로 쇤베르크는 조성 없이도 음악이 가능하다는 것을 보였을 뿐만 아니라 조성이 실재의 반영이라는 기존의 음악미학도 무용한 것으로 만든다. 여기에서 존 케이지의 "4분 33초"까지는 한 걸음이다. 무조음악atonal music은 어떤 것이 음악이고 다른 것은 음악이 안 되는가의 구분을 없애게 된다. 어떤 공준이든지 자의적으로 선택될 수 있었다. 공준이 실재가 아니기 때문에. 마찬가지로 어떤 조성도 선택될 수 있었고 심지어는 조성 없이도 음악이 가능했다. 여기에 소리만 존재할 뿐이고, 우리는 단지 그중 어떤 소리의 체계를 음악으로 선택한다. 거기에 조성과 조성으로부터의 연역은 없다. 단지 현존과 기호musical sign만 있을 뿐이다. 따라서 음악에 있어서는 기호taste만이 있을 뿐이다.

리하르트 슈트라우스나 구스타프 말러의 음악이 키치인 이유는 여기에 있다. 그들은 무조의 시대에 안일하고 태연자약하게 실재론의 시대를 일관했던 기존의 조성체계에 입각한 음악을 작곡한다. 슈트라우스는 거기에 허장성세를 섞고 말러는 감상을 섞는다. 그들은 지동설이 도입되어야 하는 시점에 계속해서 천동설을 주장하여 많은 사람을 만족시키며 그 사람들을 시대착오에 머물게 만든다. 누군들 지동설을 믿기가 쉽겠는가? 자기가 끊임없이 운동하는 물체 위에 있다는 사실, 자기가 창조의 목적이 아니라는 사실, 지구도 다른 천체와 마찬가지로 신에서 등거리에 있다는 사실 등을 받아들이기는 어려웠다. 그러나 요동과 운동은 우리의 안일하고 죽은 듯한 삶에 무엇인가 잘못된 것이 있다고 말한다.

마찬가지로 확고하고 익숙해 있는 기존의 조성체계가 사실은 음악의 중심이 아니고 한때 기호taste에 의해 선택된 것이며 우리가 "이것이 음악"이라고 확고하게 말할 무엇인가는 없다고 누군가가 말할 때, 슈트라우스나 말러 등은 20세기적 참이 아닌 기존의 조성체계를 사용했다. 이것은 매우 슬픈 이야기이다. 미술에 있어 키치를 알아보는 사람들도 상대적으로 더 추상화된 음악에서 그것을 간파하기는 쉽지 않기 때문이다. 그러나 진정한 현대인이라면 로큰롤이나 헤비메탈에서 진실성을 볼망정 이 두 작곡가의 음악에 대해서는 아니다.

키치는 결국 본질과 실존, 혹은 실재와 현존의 문제 중 본질과 실재가 선택될 때 발생한다. 키치가 오만으로 포장되는 이유는 그것들이 예술가들이 스스로에 대해 본질과 실재의 대변자라고 말하기 때문이다. 그러한 예술가들은 자신의 작품에 대해서보다는 그 작품이 자신의 어떤 본질로부터의, 또한 어떤 실재의 반영으로서의 것인가에 대해 말하기 바쁘다. 만약 그들의 작품이 예술의 사회에 받아들여지지 않으면 이번에는 관계자들의 몰이해와 무지에 대해 말하기 바쁘다. 확실히 그럴 수 있다. 많은 예술가가 몰이해에 고통받았다. 그러나 예술은 계속해서 진실한 세계에 대한 미적 표현 이어왔다. 자신이 생각하는 "세계의 미적 표현"의 판결은 그러나 예술가의 몫은 아니다. 그것은 세계의 문제이다. 본질에 대한 주장은 스스로를 오만 속에 가둔다. 그들의 현존이 빛나지 않을수록 이 오만은 증가한다. 그러나 그들이 생각하는 스스로의 본질과 현존에서의 그들의 모습 사이의 산술적 차가 오만이다. 누군들 스스로의 본질적 가치가 정확히 자신의 현존의 평가와 일치한다고 생각하겠는가? 자신의 본질은 자신의 성취 위에 있다고 생각하지 않겠는가? 예술이 실재의 표현의 문제가 아니라 하나의 세계의 창조라고 할 때 자신에 대한 스스로의 평가가 모호해지지 않겠는가?

베르메르와 렘브란트의 회화는 화가 자신이 말하지 않아도 즉각적으로 인정된다. 그것은 이데아의 표현이기 때문이다. 누가 그 이데아를 더 섬세하게 그리고 심오하게 표현했는지가 예술가의 가치를 결정짓는다. 그러나 우리 시대에는 그러한 것은 없다. 이데아가 사라졌기 때문이다. "인간은 하나의 행성을 떠맡았다(에드가 모랭)." 이제 예술가가 진정한 미적 호소력을 지니는가 그렇지 않은가는 단지 현존에 의해 결정될 것이다. 이것은 미술시장art market에서 결정된다. "비싼 예술이 좋은 예술"이다. 이것이 예술가의 실존existence이다. 그리고 실존은 본질에 앞선다. 누군가가 본질을 실존에 앞세워 자신의 작품을 스스로 선전한다면 그는 곧장 키치의 세계로 진입하는 것이며, 감상자들을 수단·방법 가리지 않고 자기만족적인 키치의 세계로 가두려는 시도이다. 작품 그 자체 외에 예술가가 할 수 있는 일은 없다. 많은 예술가들이 본질을 본 적도 없으면서 — 누군들 보았겠는가? — 그것을 빌려 실존에서의 우위를 점하게 되었다. 적어도 나는 그렇게 생각한다.

나는 그러나 이 비싼 예술 중 많은 것들 — 많은 것이라고 말하지만 사실은 대부분의 것들 — 이 키치로서 우리 삶을 위선적으로 만들고 우리 세계를 궁극적인 파멸로 이끈다고 생각한다. 다시 말하면, 현재의 예술가치의 패턴(실존)이 오도되어 있다고 생각한다. 이것은 16세기에 들어서도 천동설이 활개를 치는 것과 같다. 물론 정의가 강자의 이익인 것처럼 "좋은 예술이 비싼 예술의 이익"이라는 사실을 인정한다. 이 책의 내용은 일종의 투쟁이다. 즉 현재의 예술시장의 패턴이 어떠하든 나는 자신이 믿는바, 새로운 패턴을 대두시킴에 의해 기존 가치체계의 전복을 원한다. 그리하여 내가 믿는 바의 새로운 "실존"을 불러들이고자 한다. 이 책 전체는 물론 현재의 예술적 실존의 많은 부분이 키치에 잠식되어 있다는 사실을 주목하고 있다. 그것을 고발하는 것이 예술이론가들의 할 일이다. 이에 대해 진정한 예술가들은 단지 진실한 예술 "그 자체"로서 대응해야 한다. 키치 예술가들이 떠벌이기 바쁠 때, 진정한 예술가들은 아틀리에에 있어야 한다. 몬드리안은 지하실에서 작업했고 길 위에서 살았다. 스스로의 예술에 대해서는 입조차 열지 않았다. 그리고 위대한 예술세계를 구현했다. 우리 시대 역시도 어쩌면 몇 명의 몬드리안을 갖고 있을 것이고 노숙자의 삶을 살게 하고 있을 것이다. 그들과 그들의 예술이 우리의 심미적 삶이 되어야 한다. 쓰레기가 비싼 예술이 되는 것을 허용하지 말아야 한다. 적어도 우리에게 싸울 자유는 있다.

II

키치란 무엇인가?

고급예술

고급예술과 관련하여 우리는 맨 먼저 고전적 예술을 떠올린다. 보통 클래식이라고 말하는 이 고전예술은 분명히 고급예술이긴 하지만 고급예술 전체가 클래식은 아니다. 왜냐하면 현대예술 가운데에도 분명히 저급한 예술과 상대되는 개념의 고급예술이 있기 때문이다. 예를 들면, 앤디 워홀이나 리히텐슈타인 등의 예술은 분명히 고급예술의 범주에 들어간다. 그러나 포괄적인 의미에서 고급예술을 정의하기는 매우 힘들다. 사실은 '예술이 무엇인가?'라는 매우 근본적이고 간단한 질문에조차도 답변하기 힘들다.

정의定義가 어렵다는 것을 가장 재기발랄하고 도전적으로 보여준 사람은 소크라테스이다. 그는 아테네 시민들이 모두 안다고 믿고 있는 개념들을 정의해보라고 그들을 다그친다. 그는 엄밀하게 변증을 해 나갈 경우, 정의가 가능한 것은 하나도 없다는 사실을 밝힌다. 그러고는 큰소리친다. "너희는 모르면서 안다고 믿지만, 나는 적어도 모른다는 사실 정도는 안다." 물론 현대적 이념이라는 견지에서 소크라테스는 전적으로 오류에 찬 사람이었다. 그는 아테네인들이 믿고 있는 개념들이 미신적 믿음이라고 비판하면서 새로운 미신을 끌어들인다. 이데아의 존재에 대한 확신 자체가 하나의 미신이다. 사실 엄밀한 정의는 환각이다.

엄밀한 정의가 어렵다는 점에서는 예술도 별다르지 않다. 우리는 어떠한 것이 '예술'인가를 정의할 수 없다. 모든 것은 하나의 사물로서의 내재성이 밝혀짐에 의해 존재하게 되지 않는다. 내재성 같은 것은 없다. "세계는 사물의 총체가 아니라 사실의 총체이다 The world is the totality not of things but of facts." 그것들은 단지 기술됨be described에 의해 존재를 얻게 된다. 따라서 우리는 예술이 무엇인가라는 물음을 제기할 수 없다. 이제부터 다루고자 하는 주제와 관련해 우리가 알 수 있는 것은 기껏 '좋은 예술'과 '나쁜 예술'이 있다는 것, 그리고 이 두 가지를 구별하는 어떤 일반적인 특징이 있다는 것 정도일 뿐이다.

진정한 예술이 공통으로 지니는 중요한 가치는 인간과 삶과 우주에 대해 진실하고 깊이 있는 통찰을 보여준다는 데 있다. 좋은 예술과 나쁜 예술을 가르는 기준은 여러 가지고, 또 그 둘이 제시하는 심미적 즐거움의 차이가 모호하다 해도 일단 이 가치를 제외하고 그 둘의 차이를 논할 수는 없다. 예술가가 하는 일은 이 점에 있어 실험실의 과학자나 서재의 철학자가 하는 일과 다르지 않다. 모두가 삶 — 이해하기 어렵고, 때로는 희망을 주는 듯하지만 전체적으로 무의미하고 적대적인 — 에 대한 이해의 증진이며, 인식 속에서의 휴식이다. 예술은 단지 '미'를 매개로 하고, 심미적 안목으로 삶을 바라본다는 것이, 개념을 매개로 하고 지적 측면으로 사물을 보는 과학과 다를 뿐이다. 다시 말하면 과학은 보편을 통해 개별자를 "해명"하고, 예술은 개별자를 제시하여 보편을 "느끼게" 한다. 어느 경우에나 문제는 보편에 대한 이해와 통찰과 직관이다.

'좋은 예술'은 이러한 탐구의 와중에 어떤 안일한 타협도 거부하며, 어떤 기만적 해결도 거부한다. 그리하여 진지한 예술의 미는 엄격하고 준엄하며 초월적이다. 그것은 "이 무한한 공간의 영원한 침묵"(파스칼) 속에서 인간이란 존재는 무엇이며, 무엇을 위해 삶을 꾸려가는 존재인가 하는 의문에 양보 없이 육박하며, 진실을 얻어내기 위해 어떤 노고도 마다하지 않는다. 또한 삶에 대한 이 탐구의 도중에 삶과 피치 못하게 얽혀 있는 그 무한한 공간 — 혹은 세계, 타자, 우주 — 에 대해서도 의문을 품는다. "별이 빛나는 하늘과 내 마음속의 도덕률"(칸트)에 대한 미적 탐구와 해석이 진정한 예술이 공통으로 지닌 특징이다.

우리 삶을 조용히 응시해보자. 누가 감히 살 만한 가치가 있다고 말할 수 있을까. 오히려 우리 인식은, 우리가 미망과 덧없음에 고통받는, 살기보다는 그저 존재할 따름인 무의미라는 것을 말해준다. 그러나 진지한 예술은 우리 존재의 덧없음과 부조리함에서 도피하지 않는다.

오히려 정면으로 그것을 바라보기를 원하며, 고통과 의연하게 맞선다.

어떤 예술은 지극히 경박하고 도전적이라는 느낌을 준다. 앤디 워홀의 켐벨 수프 통조림이나 뒤샹의 화장실 변기, 리히텐슈타인의 만화 등이 그런 느낌을 준다. 그러나 그 외연적 양식이 아무리 경박하고 무분별해 보인다 해도, '좋은 예술'은 결국 미지의 영역에 대한 진지한 응시이며 극적인 통찰이다. 만약 이들이 진지한 재현에 몰두했다면 그것이 오히려 사이비 예술이다. 현대예술에게 경박한 재현이나 추상abstraction 이외에 다른 것을 요구할 순 없다. 현대예술가가 무엇인가를 재현한다면 그것은 "지워질" 것을 전제한다. 그러나 그 재현이 자못 진지하다면 그것은 자기부정을 거부하는 것이 된다. 이것은 용납될 수 없다. 현대예술의 재현의 대상은 따라서 가장 흔하고 통속적인 주제에 한정된다.

과거의 예술은 이데아의 심미적 재현, 즉 "자연의 모방"에 몰두했다. 예술가들은 "무엇이 이데아이며, 무엇이 그 심미적 표현인가"하는 의문과 분투했다. 현대예술가들은 반대로 이데아가 몰락한 이유를 밝히는 데, 혹은 이데아를 대체할 새로운 세계를 창조하는 데 몰두한다. 위대한 예술은 바로 이러한 분투의 와중에 태어난다. 우리 삶과 우주는 잠정적인 화해를 하기도 하고, 오히려 그 간극이 더 벌려지기도 한다. 그래도 어느 순간 예술가의 갈등이나 통찰은 가시적인 형식 속에 마치 기적같이 응고되기도 한다. 작품이 탄생한다. 우주와 인간, 영원과 무상, 지혜와 미망迷妄의 갈등은 잠정적인 해결책을 갖게 되고 거친 노고로 고통 받았던 예술가들은 그 가운데 일시적인 휴식과 만족을 얻는다. 그들에게 '괜찮은 정도'로 만족스러운 성취란 이렇게 기만과 자기만족 없는 노역 끝에야 맛볼 수 있는 것이다. 그러므로 진정한 예술은 먼저 '진실'해야 한다.

그리스 고전주의 시대의 비극작가들은, 인간이란 가련하게도 운명과 신탁의 노리개에 지나지 않는다는 사실과 그렇다고 해도 이 무상한 인간의 용기와 결단이 궁극적 가치를 부른다는 사실을 비길 데 없이 힘차고 당당하게 표현한다. 그들의 작품에는 운명이 지니는 전체주의적인 폭력성과 무기력하게 희롱당하는 인간의 대비가 마치 저무는 태양의 낙조처럼 아름답게 빛난다. 그리스인들에게 삶의 의미는, 세계란 이와 같이 비극적인 것이고 또 그들의 숙명은 피할 수도 없는 것이지만 그 가운데서도 인간의 자율적인 의지는 그것이 비록 절망적인 것이라 한들 섬광과 같은 빛을 낸다는 것이었다.

오이디푸스는 신탁의 예언을 벗어날 수 없었다. 그는 아버지를 살해하고 어머니와 결혼하여 아이를 얻을 운명이었다. 이러한 비극은 운명이 정한 것이고 무상한 인간은 이것을 벗어날 수 없다. 그러나 오이디푸스는 스스로 눈을 찌르고 방랑의 길을 떠난다. 그는 한편으로 운명에 희생당했지만 다른 한편으로 인간으로서 구원받을 수 있다. 스스로를 처벌하고 스스로를 추방함에 의해 그에게 가능한 최대의 분투를 다했기 때문이다.

서사와 그 의미가 좋은 예술과 관련되지는 않는다. 그것은 우리에게 교훈과 의미로 작동하지만 그것이 좋은 예술의 전제 조건은 아니다.

▲ 오귀스트 르누아르, [오이디푸스 왕], 1895년, 스스로 눈을 찔러 장님이 되는 비극의 순간

아이스킬로스나 소포클레스의 위대성은 위대한 서사를 택한 데에 있는 것이 아니라, 그 서사를 위대하게 표현했다는 데에 있다. 아이스킬로스의 《오레스테스》 3부작은 많은 부분에서 시적 정련의 경지에 다다르며, 소포클레스의 《오이디푸스 왕》의 피날레는 세상에서 가장 불쌍한 가족을 주인공의 절규와 탄식을 통해 가슴 아프게, 그렇지만 감동적으로 보여준다. 여기에서 우리는 예술이 우리에게 어떤 종류의 감정이입을 가능하게 하는가를 느낀다. 인상주의는 예술이 지녀야 하는 이러한 요소를 극적으로 보여준다.

인상주의 미학만큼 진지한 예술이 지니는 의미를 극적으로 보여준 예는 없다. 19세기의 인상주의자들은 인간이 지닌 관념적 편견이 온갖 사이비 예술의 근원이라고 생각했다. 그들은 우리 지성이 인간을 자연으로부터 유리시켰고, 우리의 관념적 인습이 가식적인 문명을 창조했다고 믿었다. 세계의 실재는 지성만으로 포착될 수 없다. 지성은 생명현상의 하나의 국면, 하나의 방출물에 지나지 않는다. 결과가 원인을 포괄할 수는 없다. 따라서 인상주의자들은 지성의 세계에서 직관의 세계로 후퇴해 들어간다. 지성은 세계를 분절articulation하고, 개념을 돌출시켜 입체화하고, 3차원의 공간을 도입한다. 그러나 직관은 사물 사이의 경계를 철폐하고, 세계를 연속시키고, 세계를 평면화한다. 그것은 지성의 세계가 아니라 직관의 세계이다. 그 세계에서 지성은 더 이상 적극적인 인식도구가 아니다.

부르주아에게는 유감이었겠지만, 그래도 이것은 사실이었다. 부르주아들은 지성이 구축한 세계에서의 우월성에 의해 부르주아일 수 있었다. 이집트인들은 자기 눈에 충실하기보다는 자기의 생각을 그려냈다. 즉 시각 그 자체를 따라가기보다는 오히려 시각을 자신의 관념에 일치시켰다. 물론 이것은 지적 인본주의에 기초한 것은 아니다. 그것은 단지 지배계급의 관념일 뿐이었다. 르네상스 이래 자연주의적 예술은 이 관념적 편협성에 준하는 예술을 추방하려 했지만 이집트 양식은 단지 잠복한 것에 지나지 않았다. 인상주의자들은 이 "숨어 있는 이집트인"(곰브리치)을 자신들의 예술 창조에서 배제시키기를 원했고, 철두철미 감각에 충실하고자 했다. 인상주의자들의 준엄한 자연숭배는 적어도 한 가지 진실을 드러냈다. 인간은 모두 속물이며 허위의식에 가득 차 있다는 것을.

진정한 예술이 이러한 임무를 수행하는 것은 '자연'이 지니는 의미를 파악해내는 것에 의해서다. 예술이란 결국, 자연 그 자체를 묘사함으로써 자연 — 우리를 포함한 — 이 지니는 미적 진실을 드러내는 것 이외에 무엇이겠는가. 물론 현대예술에 있어 전통적으로 말해지던 자연은 소멸했다. 거기에 더 이상 모방할 자연은 존재하지 않는다. 현대예술가들은 자기가 바라보는 것이 전통적인 자연이라고 믿을 만큼 순진하지는 않게 되었다. 전통적인 예술가들이 자연을 본다고 믿을 때, 그들이 바라본 것은 스스로의 감각이었다. 그들은 자연을 본 것이 아니라 자기의 얼굴을 본 것이었다. 그러나 이것이 자연을 예술세계에서 배제하지는 않는다. 그것은 이제 모방의 대상에서 요청demand의 대상으로 바뀌었을 뿐이다. "자연은 예술을 모방한다"(오스카 와일드).

예술가가 하는 일은 실험실의 과학자가 하는 일과 다르지 않다. 그는 알고자 하며 진실을 드러내기를 원한다. 물론 '미'라고 하는 매개체를 통하여. 그러므로 진정한 예술이란 무엇보다도 자연과 인간과의 소외의 지양이다. 그들은 분투 가운데에서 불안을 떨쳐내고, 진실 가운데에서 잠깐의 만족감과 휴식을 얻는다. 진실은 그 분투에 걸맞은 값어치가 있으며, 그 만족감은 천상적인 것이 된다.

키치Kitsch는 먼저 이러한 고급예술에 반대되는 예술이다. 하루의 노고에 지쳐 식당에 앉은 사람에게 뛰어난 요리사의 진정한 요리가 무슨 의미가 있겠는가. 뛰어난 요리사는 훌륭한 미감을 지닌 미식가들에게 최선의 요리를 제공하고자 한다. 그러나 그것은 미식에 기대를 지닌 사람들에게나 의미 있는 것이지 탈진과 배고픔 때문에 무엇인가를 먹고자 하는 사람들을 위한 것은 아니다. 그들은 미각에 적극성을 부여하지 않는다. 그렇지만 이 잘난 사람들은 소박한 식당을 택하지 않는다. 그들은 고급식당에 앉아 음식 자체에 집중하기보다는 식당과 요리사의 아우라Aura 가운데 있기 원한다. 그것은 마치 "허공에 걸린 스핑크스"(보들레르)이다. 그러나 고객은 비밀을 풀고자 애쓰지 않고 스핑크스는 해석을 강요할 권력이 없다. 권력은 오히려 고객의 손에 있다. 그는 그저 멋진 시각적 기교와 거창한 이름이 달린 음식을 원한다. 그들은 스스로를 자랑스러워한다. "난 유명하고 비싼 식당에서 멋진 이름이 붙은 음식을 먹는 사람이다." 고급예술의 딜레마는 허위의식에 젖은 사이비 미식가에게 진정한 요리를 감식시키려는 자부심 넘치는 요리사의 곤혹스러움이다.

일반적인 속물들, 그중에서도 키치적 속물들은 예술을 하나의 허영의 소비 대상으로 바라볼 뿐 그것이 삶에 대한 통찰을 증진시키거나 삶을 변화시킨다고 생각하지 않는다. 그들은 통찰에 가치를 부여하지 않고 내면적 삶의 존재 자체를 모른다. 그들에게 삶은 하나이다. 자기만족적 삶. 이 이외에 다른 삶은 없다. 그러므로 그들의 삶을 변화시킬 수는 없다. 진정한 예술은, 긴장 해소의 계기에 새롭고도 더욱 고달픈 긴장을 내걸고, 소비의 자리에 새로운 창조를 가져다놓는다는 패러독스 paradox를 지닌다. 대부분의 속물들이 요구하는 이완과 오락의 재충전이 아니라 새로운 긴장을 요구하는 예술이다. 그리고 그것은 심층적이다. 감상자가 그 이해를 위해서는 겹겹이 싸인 막을 뚫고 본질에 육박해야 한다.

렘브란트의 〈명상 중인 철학자〉는 다층적인 후경後景을 지니고 있다. 우리가 그 풍부한 함의에 접근하기 위해서는 삶에 대한 깊이 있는 이해와 현상을 통해 이면을 보는 통찰력이 있어야 한다. 게다가 그것은 삶과 진리에 대한 적극적인 자세를 요구하고 엄격한 자기비판과 반성을 요구한다. 그것도 매우 이해하기 어려운 어법을 통해서 그렇다. 순수예술도 자기의 몫을 주장한다. 하루하루의 삶을 무기력하게 지쳐서 꾸려

가는 것이 하나의 진실이라면, 혹은 자기만족과 허위의식 속에서 번성하는 것이 하나의 삶의 양식이라면, 자기 존재의 궁극적 의미를 살피는 것은 왜 또 하나의 진실이 되지 못하겠는가.

자기 합리화가 불가능할 정도의 바보는 없다. 마찬가지로 합리화란 자기만족을 위한 것이지 자기 개선을 위한 것은 아니라는 사실을 알 정도로 지혜로운 사람도 없다. 그렇지 않다면 마키아벨리로부터 프로이트에 이르는 심리적 폭로주의자들이 겪은 고초는 무엇이겠는가. 소피스트들, 쇼펜하우어, 니체, 마키아벨리, 프로이트 등은 인간이 얼마나 많은 허위의식을 지니고 살고 있으며 그 허위의식을 어떤 도덕률로 위장하는지 가차 없이 밝혀낸다. 그들은 거짓과 자기기만이 인간 조건이며 키치가 범람하는 것이 삶의 피치 못할 국면이라고 말한다. 그들은 우리가 어떻게 고상한가에 대해서가 아니라 어떻게 저열한가, 그리고 그 저열함을 어떤 이상화된 거짓으로 덮는가를 폭로한다.

마키아벨리에서 시작된 근대의 역사는 천재들의 폭로와 위선자들의 자기방어의 역사이다. 천재가 위선자를 이길 수는 없다. 위선자가 다수이고 권력도 위선자의 손에 있다. 어떤 측면에선 위선자들이 옳다. 삶을 이만큼이나마 만족스럽게 만들어주는 것은 진리도 참된 신앙도 통찰도 아니다. 슬픈 노릇이지만, 어리석음·자기만족·자기 합리화 같은 것들이 그나마 인생을 견딜 수 있게 만들어준다. 진지한 예술은 그러한 세계에 대해 이렇게 공격한다. "네가 몸담고 있는 세계는 거짓의 장막을 덮고 있고, 네가 느끼는 편안함은 기만적이다. 너의 충족은 자기만족에 지나지 않는다. 이것이 전부가 아니다. 네가 생각하는 너 자신도 거짓말이고 오만이다. 고대의 한 철학자도 말하지 않았는가. 아무것도 아닌 주제에 뭐나 된 듯이 생각한다."고.

키치의 전제 조건은 심미적 몰취미와 의미 추구의 결합이다. 거기에 의미는 없다. 의미는 과학이 죽을 때 따라 죽었다. 의미 추구의 공언이 역겨움이고 "구토"이다. 의미 없는 삶을 사는 법을 배워야 한다. 이것만이 키치적 삶을 모면할 길이다.

▼ 렘브란트, [명상 중인 철학자], 1632년

우리가, 무엇이 진실한 세상이고 어떻게 거짓을 버릴 수 있는지 물을 수 있는 사람이었더라면. 그러나 우리는 그러한 사람들이 아니다. 새로운 진실 위에서 다른 삶을 꾸려갈 수 있다는 생각은 들지 않는다. 우리는 우리 만족스러운 현존의 거짓 기초를 세운다. 현존은 거기에서 연역되었다. 기초도 없고 연역도 없다는 사실을 우리는 모른다. 아니 모르기보다는 인정하고 싶지 않다. 우리 세계는 그저 "우연히" 존재하게 되었고 따라서 언제라도 새로운 우연에 의해 교체될 것이다. 새로운 교체를 향한 갱신의 노력만이 유일하게 가능한 삶이다. 그러나 우리에겐 새롭게 건설되는 세계는 보이지 않는다. 우리의 세계가 붕괴되는 것만 보인다. 우린 어리석게도 세계의 확고한 기초를 구하고 거기에 필연성을 부여한다. 여기에서 허위의식이 시작된다. 모든 필연은 허위의식이기 때문이다.

우린 우리 세계가 무너지는 것이 두려울 뿐이다. 우리는 허위의식을 벗어나서 진정한 자기 자신으로 존재한다는 것의 의미를 모른다. 영원한 파산에 대해 모른다. 오히려 자기기만과 자기만족 속에서 거짓된 삶을 살기를 더욱 원한다. 편안할 뿐만 아니라, 자기 위안을 가져다주기 때문이다. 이것은 병적인 행복이다. 우리는 병이 낫기를 두려워한다.

순수예술이 환기하는 불안과 불온과 불편의 요소는 여기에 있다. 이해와 감상을 위해 높은 긴장도와 상당한 정도의 훈련이 요구될 때, 그리고 끊임없는 자기부정과 자기비판이 있을 때, 우리의 삶이 모든 안정성을 잃고 잠정적인 것이 될 때, 이러한 예술은 누구에게도 호소력을 지니지 못한다. 받아들이려고 애쓰고, 위안을 떨치고, 가혹한 자기검열에 스스로를 맡기기보단 짜증스럽게 내던지는 것이 오히려 마음 편하다. 소외는 결국 상대적이다. 우리가 예술을 소외시키면 된다. 우리가 권력자이다. 요구되는 것은 뻔뻔스러움일 테지만.

물론 이러한 예술만 예술은 아니다. 비길 데 없이 그 창조가 용이하며, 훨씬 더 많이 찬사받고 인기를 끌고 더 높은 생산성을 보장받지만, 그 대가로 하루살이의 삶을 감수해야 하는 예술이 있다. 이들은 예술작품 클럽의 회원권을 끊임없이 탐내왔지만 19세기에 이르러서야 그 자격이 주어진 예술들로, 소위 '통속예술'이라고 하는 것들이다.

통속예술과 키치

통속예술은 '최대 다수의 최대 행복'을 보장한다. 이 예술은 고급예술이 지니는 교만한 요소도 없고, 이해하기 어려운 측면도 없다. 그리고 무엇보다도 손쉬운 위안을 준다. 이것은 '자아 폐하Your Excellency the Ego'가 은밀하게 희망해 온 모든 꿈을 손쉽게 이루어준다고 속삭인다. 통속예술의 역할은 가장 저급한 양식의 현실 도피이다. 그것은, 참혹하고 희망 없는 현실에서 모든 것이 가능한 백일몽의 세계로 감상자를 안내한다. 아름답게 흐르는 시냇물과 고요한 호수와 백년설이 걸쳐진 산봉우리가 언제라도 당신 것이 될 수 있다고 유혹한다. 당신은 곧 아름다운 부잣집 딸과 결혼하고 대단한 사회적 출세를 하며 모든 사람의 선망의 눈길을 받게 된다. 당신은 이러한 행운들을 마지못한 듯이, 혹은 어쩔 수 없이 받아야만 하는 운명의 여신의 총아이다. 통속예술 속에서는 이러한 것들이 가능하게 된다.

이러한 피상적이고 저급한 환상 충족의 예술은 산업혁명 이래 조성된 일상적 삶의 조건과 연결되어 있다. 현대적 삶의 가장 두드러진 특징은 탈진할 정도의 근로이다. 인류는 산업혁명의 폭발적 생산력을 휴식보다는 더 많은 물질적 풍요를 위해 사용해 왔다. 더 나은 물질적 생산력이 우리에게 더 많은 휴식과 자유를 주리라는 기대는 인간이 얼마만한 탐욕과 물질적 요구를 가지고 있는지에 대한 무지에서 비롯된다.

오늘날의 평범한 중산층 가정도 고대세계의 입장에서 보았을 때 엄청난 수의 노예를 부리고 있다. 그것도 거의 공짜에 가까운 저비용으로 유지한다. 세탁기, 에어컨, 냉장고, 승용차 등의 도구는 노동력 그 자체이다. 그러나 도구의 이러한 높은 생산성이 우리에게 자유를 주지는 못한다. 구르는 눈덩이와 같이, 탐욕의 충족은 더 많은 욕구를 부르고, 확장된 생산력은 더 큰 생산력을 촉구한다. 어느 라틴 시인이 "돈은 탐욕을 부채질할 뿐, 그것을 충족시키지는 못한다 Pecunia avarum irritat, non satiat"라고 말한 것처럼, 끊임없이 조장되는 우리의 소비 욕구는 "언젠가는 충족되겠지" 하는 헛된 기대를 비웃는다. 이것은 마치 "이번 프로젝트만 끝마치면 휴식이 있겠지" 하는 위안 섞인 기대와 똑같다. 더 힘들고 더 오랜 노역이 기다리고 있다. 도시인들은 일하고, 일하고, 또 일한다. 이제 자기 존재는 어디론가 사라지고 일하는 기계만 남게 된다. "나는 일한다. 고로 나는 존재한다." 그들에게는 휴가조차도 다른 종류의 근로이다. 평소에 미뤄두었던 일 — 가족과의 여행이나 독서나 집안의 수리 — 을 처리해야 한다. 이를 재충전이라고 한다.

일의 망령에 사로잡힌 도시인들은 한시도 가만있지 못한다. 그들은 공허하고 무의미한 활동욕에 사로잡혀 있으며 무엇인가 하고 있어야 한다는 초조감에 시달린다. 무위도식은 최대의 부도덕이다. 그리고 견뎌내지도 못한다. 무언가를 해야 한다. 그래야만 자기가 쓸모 있는 사람이라고 위안할 수 있고, 또 삶의 덧없음도 잊을 수 있다.

그들은 말한다. 이러한 초조감은 개인적 문제가 아니라 사회적 문제라고. 그렇지 않은 삶은 패배를 부른다고. 이것은 물론 맞는 얘기이다. 그러나 패배해서 안 되는 삶을 불러들인 것은 스스로이다. 돈과 상품을 동시에 쥘 수는 없다. 결혼과 출산은 단지 생식을 위한 엄청난 돈을 요구한다. 우리는 채무자로서 우리 삶을 시작한다. 이것은 누구 책임인가? 결혼과 출산이 천부의 권리인가?

산업혁명 이전 시대는 이것을 천부적 권리로 보지 않았다. 산업혁명의 생산성과 정치적 민주주의가 모든 인간의 출산을 당연한 것으로 만들었다. 그러나 이것은 엄청난 노역을 의미한다. 끝없이 일하지 않는 한 일상의 지출조차 감당할 수 없다. 이것이 이번에는 산업사회의 유지를 가능하게 한다.

산업사회에 내재한 이러한 성격이 근대에 들어 통속예술이 폭발적으로 증대한 배경이다. '일하는 기계'들의 무위와 공허를 채워주어야 한다. 그들에게 긴장이 요구되는 고급예술을 제공하는 것은 어불성설이다. 고급예술이 지니는 엄격함과 난해함과 준엄성은 일종의 독침이고, 오락거리들은 이 독침이 모두 제거된 채로 제공되어야 한다. 예술이란 모름지기 그 감상이 용이하고 그 향수가 편안해야 한다. 혹은 광란적인 도취와 센세이셔널리즘이 있든지. 그것은 마땅히 목가적인 것이 되어야 하고, 기만적인 것이 되어야 하며, 자기만족적이고 비천해야 한다. 누구도 긴장이 요구되는 고귀함을 원하지 않는다. 존재의 고달픔과 진실을 은폐해주어야 한다. 우주와 대면한 인간 존재의 부조리함뿐만 아니라 사회현실의 부조리함에도 마법의 장막을 덮어주어야 한다. 모든 쓰레기를 황금으로 덧칠해야 한다. 할리우드 영화가 그 일에 전문가이다. 쓰레기더미에서 장미 한 송이를 피워낸다. 천박한 화려함과 싸구려 향기를 지닌 장미. 모든 고달픔을 거짓된 싸구려 감상으로 치장한다. 쿠엔틴 타란티노의 영화에서처럼.

다른 상황도 통속예술의 범람을 도와준다. 15세기 화폐경제의 성립 이후로 모든 가치는 돈으로 환산할 수 있게 되었다. 이제 '돈이 만물의 척도'가 되었으며, 돈으로 구매할 수 없는 것은 없게 되었다. 이해할 수 없다면 연표를 살펴볼 일이다. 경이로운 문명의 진보 운운하는 것들은 모두 돈으로 구매할 수 있게 된 것이 목록에 하나 더 첨가되었음을 달리 말하는 데 지나지 않는다. 가치의 금전적 환산이 뜻하는 바는 "모든 가치가 소비대상이 된다"는 사실이다. 현대의 어느 철학자가 탄식하는 바와 같이, 존재를 위해 애쓸 필요가 없게 되었다. 소유하고 소비하면 된다.

르네상스로부터 전성기 근대로의 전환은 존재의 몰가치화와 계량화되는 물질적 생산성의 중시에 의해 특징지어진다. 이러한 전환은 먼저 존재의 내재적 의미를 몰락시키고 물질의 외재적 가치를 고양한다. 고대와 중세는 변화와 운동을 존재에 귀속시켰다. 변화는 존재 속에 내재한 현실태actuality를 충족시키고자 하는 내적 충동에 의한 것이고 운동 역시 존재에 내재한 위치의 현실태를 찾아가기 위한 것이었다.

데카르트가 세계를 연장extension과 운동movement만으로 가정했을 때, 그는 존재에게서 모든 내재적 의미를 박탈하고 그것을 단지 공간성만으로 규정시켜 운동에 쓸려 들어가는 수동적 물질로 전락시키게 된다. 이것은 그의 고유의 발명품인 수학적 함수에 있어 명백하게 보여진 바, 거기에서의 독립변수는 고유한 존재라기보다는 몰존재화된 하나의 추상성으로 변화한다.

A라는 사람이 하루에 다섯 개의 호미를 만든다고 하자. 그는 호미의 제작 공정 모두에 자기 자신을 대입시킨다. 그 다섯 개의 호미는 온전히 그의 것이다. B라는 사람에게 있어서도 동일하고, C라는 사람에게 있어서도 동일하다고 하자. 이러한 상황에서는 호미와 근로는 가깝고, 호미와 돈은 상대적으로 멀다. 그 호미들에는 제작자들의 삶이 담긴다. 제3자가 이들 셋을 채용하여 호미를 만드는 공장을 설립한다고 가정하자. 이때 공장주의 관심은 존재로서의 호미 제작자나 호미 자체에는 쏠리지 않는다. 쏠린다고 해도 근원적인 관심은 아니다. 호미 제작자에 대한 관심은 기껏 생산도구에 대한 관심에 지나지 않고, 호미에 대한 관심

은 일정 품질검사의 대상으로서이다. 공장주의 관심은 호미의 양에 쏠리게 된다. 따라서 여기서 중요한 것은 존재로서의 제작자가 아니라 독립변수로서의 제작자이다. 이제 제작자는 변수 x로 취급되게 된다. 만약 제작자 수 x와 호미의 수 y 사이에 y=7x의 관계가 성립한다고 하자. 공장주에게 중요한 것은 7이다. 그것이 그의 공장의 생산성을 나타내는 법칙이기 때문이고 따라서 돈을 의미하기 때문이다.

함수는 (f)x → y로 정의된다. 여기서 중요한 것은 f이다. 데카르트가 운동에 부여하는 가치는 그의 함수에서 명백히 드러나게 된다. 데카르트의 인본주의는 여기에서 고대와 르네상스의 인본주의와의 차별성을 갖게 된다. 고대와 르네상스의 인본주의는 존재의 내재적 의미를 이해하는 인간 역량에 기초한 것이라면, 다시 말하면 개념을 포착하고 개념을 설명하는 능력에 기초한 것이라면, 데카르트의 인본주의는 인간의 지성이 몰존재화된 개념을 그 변수로 하는 "운동법칙"의 포착을 가능하게 한다는 데에 있었다. 데카르트의 이 f는 장차 과학자들에 의해 자연법으로, 흄에 의해 인과율로, 칸트에 의해 종합적 선험지식synthetic a priori knowledge으로, 비트겐슈타인에 의해 사실fact로 불리게 될 것이었다. 결국 근대와 현대는 "f의 총체, 곧 사실fact의 총체가 세계"라고 말하게 된다.

데카르트의 세계의 몰존재화 그리고 운동법칙의 중시는 과학에 있어서는 케플러에 의해 결정적인 것이 된다. 코페르니쿠스의 지동설은

▲ 데카르트, 1596~1650

▲ 케플러, 1571~1630

충격적이긴 했지만 행성의 운동을 엄밀하게 설명하고 있지는 않았다. 행성의 궤도 자취가 원으로 가정되었기 때문이었다. 당시 사람들은 회전운동을 하는 물체가 원 이외의 다른 궤적을 그린다는 것을 가정할 수 없었다. 지동설은 고대와 중세의 세계관에서 완전히 이탈한 새로운 천문학이었지만, 행성의 운동이 그 행성 외부의 어떤 다른 종류의 독립변수에 의할 것이라는 가정이 르네상스인들에게 떠오를 수는 없었다. 그들은 여전히 존재의 내재적 성질에 운동을 귀속시키고 있었다. 그들은 그만큼은 중세인이었다. 회전운동을 하는 행성은 내재적으로 "완벽한 원의 궤도"라는 현실태(혹은 이데아)를 향하는 엔텔레케이아를 지니고 있었다. 이것이 지동설이 멈칫거린 이유였다. 코페르니쿠스가 말하는 바와 같이 태양을 고정시키고 행성을 회전시킬 때 천체의 운행이 더 경제적으로(간결하게) 묘사될 수가 있었다. 그러나 이 가설과 이 가설을 승인했다는 전제하에 시행된 관측기록은 서로 들어맞지 않았다. 근사적으론 들어맞았지만 엄밀하게 계산하면 미세한 오차가 계속 발생했다. 이때 티코 브라헤의 평생에 걸친 관측 자료는 케플러에게 매우 중요한 것이 된다.

케플러의 타원궤도는 단지 가능한 여러 궤도 가운데 하나는 아니었다. 그것은 새로운 세계로의 한 걸음이었다. 르네상스인에게 원이 아닌 궤도는 상상할 수도 없는 것이었다. 새로운 형태의 궤도는 존재의 내재성이 아닌 다른 충력을 가져야 하기 때문이다. 케플러가 이것을 한다. 그는 타원궤도를 도입하여 그의 새로운 가설과 브라헤의 관측기록과의 일치를 확인한 다음 그의 새로운 궤도의 운동을 행성에 외재적인 어떤 동기로 설명한다. 그것은 행성과 항성 사이의 거리였다. 타원궤도의 내재적 동인은 설명될 수 없었다. 그러나 "어떻게" 타원궤도가 되는가는 설명될 수 있었다. 행성의 회전 속도는 항성으로부터의 거리에 반비례 관계에 있었다. 이제 회전의 패턴이 구해졌고 행성의 위치와 운동량이 예견될 수 있었다.

케플러의 새로운 천문학은 두 가지 점에 있어 르네상스를 극복하고 바로크의 시대, 곧 전성기 근대 — 기계론적 합리주의를 그 이념으로 하는 — 로의 진입을 알린다. 하나는 "존재의 내재성"에 대한 탐구에서 "운동법칙"에 대한 탐구로의 관심의 전환이고, 다른 하나는 세계의 "원인causa prima"에 대한 탐구에서 세계의 "양태"에 대한 관심으로의 전환이다. 세계에 필연성은 없다. 행성은 우연히 타원궤도를 그리게 되었다. 이 원인은 탐구의 가치가 없다. 알 수 없는 것을 탐구할 필요는 없다. 데카르트와 케플러에 의해 "왜"에서 "어떻게"로의 전환이 이루어진다. 데카르트의 함수의 f는 케플러의 경우 항성과 행성 간의 "거리"이다.

이제 더 이상 물품의 가격도 거기에 내재한 것에 의하지는 않게 되었다. 중세인이 생각하는 적절한 가격은 그 물품의 제조에 투입된 것에 기초한 것이었다. 원자잿값, 인건비, 유통비용, 이윤 등의 합이 그 물품의 가격이었다. 그들은 이 가격에 미치지 못하면 거래를 정지시켰다. 그러나 바로크 시대로부터 시작된 새로운 가격시스템은 이와는 전적으로 다른 체제였다. 새로운 시스템에서의 가격은 물품에 내재한 것에 의해 정해지지 않고 물품에 외재한 메커니즘에 따라 정해지게 되었는바, 이것이 수요공급의 법칙이었다. 데카르트가 존재를 단지 연장extension이라는 비생명적 물질로 전환시켜 존재 각각의 고유성을 소멸시키고 그것을 단지 운동법칙의 추상화된 변수로만 치부했듯이, 또한 거기에보다는 새롭게 대두된 운동법칙에 중요성을 부여했듯이, 경제활동에 있어서도 물품은 각각의 고유성에서 탈락되어 수요공급의 법칙에 지배되는 하나의 변수로만 취급되게 되었다.

17세기에 시작된 이러한 새로운 세계관은 현대에 이르기까지 계속될 예정이었다. 20세기에 새롭게 일어난 변화는 이러한 운동법칙도 선험적이고 보편적인 것이 될 수는 없다는 새로운 좌절이었다. 그러나 비트겐슈타인이 "세계는 사물의 총체가 아니라 사실의 총체"라고 말할 때 그는 데카르트의 f에 사실fact이라는 새로운 명칭을 부여하고 있을 뿐이다.

노동으로부터의 소외는 마르크스가 가정하는 바와 같이 착취에 의해 발생한 것은 아니다. 그 소외가 자본주의 발생과 함께한다는 점에선 자본론의 주장이 맞다. 그러나 그것의 이유는 자본가의 착취는 아니다. 착취는 사유재산이 있는 모든 곳에 있다. 착취와 피착취는 인간의 운명이다. 착취 없는 세계란 사유재산 없는 세계이기 때문이다. 고대의 노예들이 착취당하고, 중세의 농노와 도제들이 착취당하듯 근대의 노동자들이 착취당한다. 소외는 착취의 문제가 아니다. 소외의 원인은 오히려 인식론적 탐구의 대상이다.

말해진 바와 같이 각각의 노동자가 존재로서의 의미에서 탈락하여 단지 하나의 독립변수라는 무차별성에 속하게 되었을 때 노동으로부터의 소외가 심각해진다. 그들은 단지 하나의 추상적 연장extension에 지나지 않는다. 이때 누구도 노동에 자기를 실현할 수 없게 된다. 중요한 것은 공장의 생산성이지 노동자가 아니다. 노동자는 f를 실현시키기 위한 하나의 도구이다. 그들은 단지 함수의 무차별적 x의 하나일 뿐이다.

새로운 시대에서 영혼은 증발한다. 그것은 기계와 물질과 생산과 소비의 시대이다. 노동자는 생산하는 가운데 소비된다. 예술도 이에 준하는 운명을 겪는다. 이들에게 예술은 그 본래의 의미에서는 존재하지 않는다. 예술은 심미적 측면으로의 세계에 대한 통찰이며 느낌이다. 그것은 본래 우리 삶 그 자체였다. 그러나 소외는 그들과 예술 사이에서도 발생한다. 예술은 더 이상 내재적 의미에 처하지 않는다. 예술품은 있어도 예술은 사라진다. 그것은 공장에서 찍어내는 소모품이고 하나의 소비재이다. 여기서 예술품은 다른 상품과의 차별성을 잃는다. 소비자들 역시 예술로서의 예술품을 원하지 않는다. 그들은 생산성을 위한 근로에 탈진되어있다. 이들은 고급예술의 감상을 위해 요구되는 훈련에도 충실할 수 없고, 또 그 감상을 위한 몰입에도 충실할 수 없다.

통속예술은 소비를 위한 예술이다. 예술의 기원적 의의는 우리 삶의 일부로서, 존재의 의미를 현현하기 위한 것이었다. 깊은 산중에 남겨진 최초 예술의 흔적들 — 신비스러운 아름다움을 지닌 동굴 속의 그 채색된 동물들 — 은 현생인류의 꿈과 염원이었을 뿐만 아니라 이미 그 꿈이 실현된 것이었다. 크로마뇽인들이 동굴 벽에 그림을 그릴 때에는 거기에 소와 양이 현존한다는 것을 의미했다. 그들에게 예술은 곧 현실이었다. 그것은 소비되기보다는 더불어 살기 위한 것이었다.

그러나 이제 먹기 위해 음식이 필요하고, 이동을 위해 차량이 필요하듯이, 위안과 손쉬운 쾌락을 위해 예술이 요구되었다. 다른 문화구조물과 예술은 더 이상 차별화되지 않는다. 그리고 이것은 예술가를 위해서는 몰라도 예술을 위해서는 비극이다. 마치 성적 쾌락만을 위해 요구되는 여성이 비극적 운명을 겪듯이. 물론 그 여성이 고상하려 애쓰는 여성일 때.

통속예술의 요구는 이와 같은 필연성을 지닌다. 사회적인 긴장과 무료한 시간이 해소된다. 그러나 통속예술이 지니는 필연성은 이뿐만이 아니다. 인간은 어차피 유희하는 동물이다. 무목적적이고 무상적인 활동은 그것이 새로운 경제적 활동에 다시금 나서기 위한 것이라면 방종하고 유치한들 수용될 수밖에 없다. 그것은 심리적·생리적으로 도움이 된다. 규율과 규제의 잠정적이고 광란적이고 감상적인 폐기는 그러한 사회적 요구들을 새롭게 받아들일 심리적 토대가 된다. 그러나 순수예술은 이것을 제공하지 않는다. 이것이 극히 소수의 사람들에게 최선의 자기 충일감과 "존재의 의의 있는 무거움"을 준다고 해도 일반적인 사람들에게 필연성을 지니는 것은 아니다. 그런 것 없이도 살 수 있다. 뻔뻔스러움만 있다면. 결국 순수예술은 감상의 자격이 있는, 즉 높은 정신적 긴장도를 유지할 수 있으며 교양 교육의 혜택을 받은 사람만을 위한 것이 된다.

키치는 '뻔뻔스러움의 자리에 허위의식이 자리 잡은 통속예술'이다. 그것이 자기기만적이고 자기만족적이며 그 감상이 용이하고 무엇보다도 피상적이며 사이비예술인 것, 그리고 감상자에게 아첨하고 거짓된 예술인 것은 통속예술과 같다. 그러나 순수예술에 기생한다는 점에서 키치는 통속예술과 다르다. 즉, 키치는 고급예술 혹은 진지하고 세련된 예술로 받아들여지길 원한다. 통속예술과 자기기만이 함께할 때 그것은 키치가 된다. 키치는 심지어 심적 태도의 문제이며 세계관의 문제이다.

통속예술은 적어도 솔직하다. 그것은 자신들이 고급예술의 한 자리를 차지할 수 있다거나, 삶에 대한 깊이 있는 통찰에 몰두하고 있다거나, 스스로의 완결성을 우선적 문제로 본다거나 하는 식으로 소비자를 기만하지 않는다. 통속예술이 기만하는 것은 우리의 감상벽이지 자신의 의의에 대해서는 아니다. 예술 감상 교육과 훈련을 받지 못했거나 학창 시절의 시험만을 위한 교육을 받은 감상자층에게만 호소력 있는 미술·음악·회화·조각 등의 통속적 예술품들은, 자신들이 진지하고 품위 있는 예술작업의 과정에서 생겨난 것이라고 주장하지 않으며 고급예술로서의 영원한 생명력을 내세우지도 않는다. 이것들은 산업적인 대량생산 시대의 소비재 중 한 종류라는 운명을 감수하며, 예술의 한 이름으로 취급되기를 요구하지 않는다. 간혹 정신이 약간 나간 얼치기 예술가는 이런 요구를 하기도 하지만.

그러나 키치는 그 감상이 지극히 피상적인 인식에 기초해 있고 어떤 긴장도 요구하지 않는 안일한 통속적 예술작품임에도 순수예술의 한 자리를 요구한다. 그리하여 이중의 악덕을 지니게 된다. 하나는 통속예술 고유의 악덕, 다른 하나는 기만이라는 악덕이다. 어떤 경우에는 제3의 악덕까지 있다. 키치의 생산자가 자기 작업의 사기성을 알면서도 고급예술임을 위장하는 경우이다. 이때에는 거짓과 위선이라는 새로운 악덕이 추가된다.

키치의 악덕은 여기에 그치지 않는다. 키치가 가진 혐오스러운 위험성은 그것이 현실 옹호적이라는 데 있다. 우리 삶의 철학적·사회적 전제조건은 끊임없는 존재의의의 탐구와 현실개선이다. 우리는 두 종류의 실존 가운데에서 분투한다. 하나는 개인적이고 실존적인 것으로, 우리 삶의 의의에 대해 묻는 것이다. 다른 하나는 정치적이고 집단적인 것으로서 우리의 사회적 삶이 법적·제도적·경제적으로 어떠해야 하는가에 대해 묻는 것이다. 그러나 삶의 의미를 밝히기 위한 모든 사적史的 노력은 수포로 돌아갔고, 우리의 사회적 삶을 규제하는 규율들은 정의롭지도 공평하지도 못하다. 존재의 이러한 조건에 처해 우리는, "능산적能産的 자연"(스피노자)으로서의 우리와 "소산적所産的 자연"으로서의 우리를 대비시키고 우리의 열린 미래를 닫힌 과거와 대비시킨다. 다시 말하면 우리는 현재의 삶이 지난 삶의 결과물로서 결코 의미 있다고는 할 수 없어도(소산적 측면), 미래에는 새로운 시도에 의해 우리 삶을 개선시킬 수 있다(능산적 측면)고 믿는다. 그러나 키치는 "열려 있다"는 기만 속에서 미래를 닫아버린다. 그것들은 개선을 이야기하지만 실제로는 현실 옹호적이며, 한쪽 눈을 날카롭게 뜬 척하지만 다른 쪽 눈은 감아버린다. "한 눈으로는 눈물을 흘리고, 다른 눈으로는 웃음 지으며."(셰익스피어)

키치는 본래 예정 조화적이다. 존재하는 모든 것은 옳으며 — 혹은 옳은 것만이 존재하며 — 부당함은 잠정적인 것이라고 말한다. 우리에게 주어져본 적이 없는 만족과 행복과 충일성이 짐짓 있는 듯이 꾸며대고, 그리고 그 안에서는 모든 것이 쉽게 해결된다고 말한다. 자연과의 조화는 가능하거나 이미 실현되어 있는 것이며, 꿈과 지복은 이미 눈앞에 있고, 고객들은 이 현실적 삶에서 곤경과 고역을 겪을 이유가 없다고

부게로, [비너스의 탄생], 1879년

말한다. 그것도 꿀을 칠한 입술로 입에 발린 소리를 하면서, "아아, 인생은 아름다워라" 하고.

물론 이것은 먼저 통속예술의 문제이다. 그러나 우리 모두는 그것을 진지한 삶의 문제로 받아들이지 않는다. 우리 모두는 알고 있다. 그것이 솜사탕임을. 소비되고 잊힐 것임을. 오늘의 사랑과 내일의 망각이 그 운명임을.

키치는 스스로가 진지하다고 말한다. 그러나 그것은 위장된 진지함밖에 가지지 않는다. 그러므로 그것은 이를테면 달콤한 좌절이고 위장된 감상벽이다. 그러나 키치의 달콤함은 쉽게 싫증 난다. 모든 진정한 예술은, 자연과 인간과의, 의미와 무의미와의, 영원과 덧없음과의 갈등을 거짓 없이 드러내놓고 그 해소를 위해 애쓴다. 삶의 부조리로부터 등을 돌리는 것을 용인하지 않으며 피를 흘리면서 분투한다. 그리고 이 부조리가 극복·승화되는 때에만 일시적인 만족감을 가진다. 물론 그러한 승화는 다시 상투성으로 변하게 되고, 우리는 또 파산해야 한다. 우리는 결의로서 그 운명을 수용해야 한다. 그러나 키치는 간교하고 기만적인 수단을 사용하여 이 긴장을 허구적으로 해소한다. 그것은 자기비판 및 통렬함으로 이끄는 대신 소극적이고 도피적인 만족을 준다. 거기에서는 환상과 현실이 쉽게 교류할 수 있으며, 모든 갈등과 투쟁은 평화롭게 해결되고, 가난과 부는 언제라도 소통한다. 그리고 이것은 실재reality이다.

키치의 근대적 토양

산업혁명 이후 일관 작업대와 분업적 생산양식이 보통의 시민들에게 부과한 비극은 이제 어떠한 종류의 창조적 작업도 그들에게 불가능하게 되었다는 사실이다. 스스로 노동을 자연에 가하여 무엇인가를 변화시키고 얻어낼 때, 인간은 극단적인 소외의 고통을 겪지는 않는다. 그의 역량이 아무리 미약한 것이고, 그의 창조력이 아무리 빈곤한 것이라 해도 일하고 있는 한 그는 한 명의 창조자이며, 이 점에서 그는 작곡 중인 베토벤과 다르지 않다. 위대한 예술들과 비교될 수 없다고 해도 그의 작업이 그 본질적인 성격을 달리하지는 않는다. 농부의 생산물과 베토벤의 교향곡 사이의 차이는 적어도 소외의 극복이라는 측면에서는 양적인 것일 수는 있어도 질적인 것은 아니다. 이 둘의 노동 모두 자기 창조적인 전체성을 지닌다. 이는 노동이 고도의 전문성을 지녀야 한다는 뜻은 아니다. 농부는 최초의 밭갈이에서 추수까지 작업의 전 과정을 전체적으로 주도한다. 베토벤이 음의 세계의 전 과정에 자기를 투사시키듯이.

그러나 일관 작업대에서 이루어지는 변화 없고 파편화된 작업은 그를 노동으로부터 철저히 소외시킨다. 이미 정해진 4성부 음악의 테너부에 정해진 음악적 기호를 기입하는 베토벤을 상상해볼 노릇이다. 인간이란 본래 노동하는 동물일 뿐 아니라 노동에 의해 형성되기도 하는 동물이다. 근대의 노동자는 한 인간으로서 전체성을 노동으로부터 얻어내지 못한다. 현실적 운명이 이와 같음에도 불구하고 그는 인간으로서 전체성과 자기표현을 원한다. 인간 본성이 지닌 특질 중 하나는 자아의 실현을 포기하지 않는다는 것이다.

한편에 노동을 통한 자아의 실현이 불가능하다는 운명과, 다른 한편에 자기표현을 요구하는 자아가 있다. 그 간격은 물건을 소비하는 것으로 메워진다. 그는 일관 작업대에서의 무의미한 노역을 통해 창조력을 희생시키지만, 그 반대급부로 소비할 수 있는 돈을 얻게 된다. 이제 자아의 실현은 소비를 통해 달성되는 수밖에 없게 된다. 그가 창조력과 개성을 발휘할 여지의 영역은 바로 여기다. 소비야말로 그의 전 존재를 채우는 것이며, 그의 개성을 한껏 보증해주는 것이고, 노동의 덧없음을 잊게 해주는 것이다.

▲ 찰리 채플린, [모던 타임즈], 1936년

다시 말하지만 그가 생계를 위하여 발휘해왔던 노동은 이제 기계에 의하여 대체되었고, 그의 노동력은 어떤 창조적 의미도 지니지 못하게 되었다. 시골의 농부들이 자신의 밭과 작물에 가했던 창조적 변주들을 생각해보라. 그것이 아무리 보잘것없는 것이었다 한들 그에게는 의미와 보람과 삶의 의의를 보증해주는 것들이었다. 그러나 현대에는 이와 같은 것이 없다. 아무리 창조적인 직업을 지니고 있다고 해도 거기에 창조성은 없다. "노동은 자아실현"이라는 산업사회의 금언이 진실이라면 근로자는 곧 부속품으로 실현된 자아를 발견하게 된다. 자신의 작업이 가장 창조적인 자율성을 보장받으리라고 믿었던 사람들조차도 그의 작업현장에서 당황한다. 그는 소비 가능한 상품을 산출해야 한다. 대학교수는 그의 지식을 소비 가능하도록 말끔하게 정형화해야 하며, 작곡가들은 그의 음악이 잘 팔리도록 만들어야 하고, 소설가들은 그들의 언어를 형용사와 부사로 끈적거리게 만들어야 한다.

현대인들은 그것들을 소비한다. 그들은 이제 지식을 소비하며 음악을 소비하고 여행을 소비한다. 모든 것이 소비되기 위한 상품이다. 여행상품, 금융상품, 예술상품 등, 이 상품목록은 끝없이 증식한다. 그리고 얼치기 교육을 받은 소비자들은 그 소비에 있어 안목과 개성을 한껏 자랑한다. 지게를 짊어진 시골 농부의 자부심에는 관대하던 마음이 백화점에서 안목을 자랑하는 여인네에게는 신랄해지는 이유도 여기에 있다. 어떤 사람들은 자신이 디자인과 색조를 보는 능력이 매우 뛰어나다는 자부심을 가진다. 복식 디자이너 희망생들이 거리에 넘쳐나는 것은 바로 그 때문이다. 그러나 가소로운 키치적 안목은 창조적일 수 없다. 그들의 소비는 어떠한 창조적 작업도 아니며 어떠한 고결성도 지니지 못한다. 단지 키치를 위한 토양을 만들어줄 뿐이며, 키치가 허구적이고 기만적인 것과 마찬가지로 그들 역시도 허구적이며 기만적인 삶을 살아가게 된다.

자부심이 제거된 예술품 소비는 적어도 필요악이다. 극장이 메워지는 것은 식당이 메워지는 것과 같다. 여기서 우리는 자신이 대중의 차별화되지 않은 일원임을 인정하며 단지 저급한 환각, 싸구려 꿈으로 우리 거친 삶을 잠시 대체한다. 시험공부에 지친 수험생이 나이트클럽에서 고단함을 해소하듯이. 우리는 그만큼의 돈을 지불했다. 어두웠던 극장 문을 나서며 우리는 무엇을 보았는지조차 잊는다. 그것은 삶과 우주의 근원에 대한 것은 아니었다. 그랬다면 큰돈을 지불하고도 어떤 만족스러운 환각조차 얻을 수 없었다. 작은 돈과 작은 환각의 교환 — 이것이 통속예술이다.

키치는 거창한 환각을 제법 비싸게 판다. 문제는 그 환각이 거짓이라는 데 있다. 우리는 솔직한 통속성은 용서한다. 오히려 재밌어하기도 한다. 그러나 위선과 허위의식을 용서할 수는 없다. 키치는 이를테면 윤리의 허위의식이 예술로 이사 온 경우이다. 가장 저열하고 감상적인 예술이 짐짓 엄숙성과 유의미를 가장한다. 그 의미는 억지로 부여된 것이다. 원래는 없는 의미를 그 제작자가 꾸며냈다.

진정한 예술은 우리 바깥쪽에 존재하며 그 엄격하고 초월적인 미 때문에 소비계층을 곤혹스럽게 만든다. 그것은 우선 자기부정과 포기를 요구하며 자기로부터 벗어나 작품에 집중하기를 요구한다. 그러한 예술은 현대인이 처한 끝없는 근로와 예속을 고려하지도 배려하지도 않는다. 사람들이 고급예술에 대해 반발과 모욕감을 느끼는 것은 바로 이 때문이다. 상대성이론의 이해를 위해서는 관성계와 상대주의라는 예비 개념을 알아야만 한다. 또한 엄청난 정신적 집중력과 몰입이 있어야 한다. 예술도 마찬가지다. 만약 그것이 고급예술이라면 우리는 마땅히 무아지

경 속에서 예술에 몰입해야 하고 거기에서 심미적 쾌를 끌어낼 수 있어야 한다.

그러나 키치는 민주적이고 중간적이고 조촐한 것, 즉 프티 부르주아petit bourgeois적인 것이다. 그것은 프롤레타리아를 위한 것은 아니다. 그들은 키치의 구매자가 되지 못한다. 키치는 제법 비싸다. 키치는 단지 적당한 부를 가진 얼치기 애호가들의 예술이다. 그것은 이들의 숫자만을 고려하는, 절대다수의 적당한 교육을 받은 사람들을 위한 민주적·공리적 예술 양식이다. 그것들도 과연 예술이라고 할 수 있다면 그렇다. 고도의 집중과 오랜 훈련을 요구하는 고급예술과는 반대로 키치는, 감상자의 마음에 스미며 그 달콤함(때로는 시큼함)으로 그에게 추근댄다. 그 객관적 가치가 뭐 그리 중요하겠는가. 구매자의 비위를 잘 맞추어주지 않는가. 키치는 이와 같이 독창성과는 반대되는 예술 양식이고, 탁월함에 대한 범용함의 승리이며, "천재에 대한 재능의 승리"(에드가 모렝)이다. 독창성을 위장하는 경우에도, 현대의 가소로운 가식적 전위성들이 그러하듯이, 감상자가 쉽게 접근할 우회로를 열어놓는다. 만약 이 같은 성격이 없다면 그 예술이 어떠한 종류의 것이라 해도 팔리지 않는다. 그리고 팔릴 작정이라면 구매자의 속물근성과 무식에 아첨해야 한다. 돈을 가진 사람들은 그들이다.

키치의 달콤함과 끈적거림은 감상자에게 아첨하기 위한 도구이다. 전제군주들에게 아첨하던 환관宦官들이 온갖 종류의 사탕발림을 창의적으로 사용하듯, 현대예술가들 역시 소비자 계층에게 다채로운 아첨

[슬픔의 아테나], BC460년

의 언사들을 사용해야 한다. 인기 있는 예술가의 재능은 아부의 재능이다. "이 작품은 당신의 심미안을 만족시켜줄 것이다. 당신은 예술의 가치를 알아보는 안목을 가지고 있지 않은가. 이것은 한정된 수량밖에 없는 것이고, 당신은 이것을 소장한 몇 안 되는 사람이다. 얼마나 바라보기 편안하고 쾌적한가. 이것이 나타내는 이념은 얼마나 쉽고 만족스러운가."

누가 〈슬픔의 아테나Athena Pensive〉의 낯설고 무표정한 냉정함에 감동하겠는가. 오히려 모자母子상이나 연인상, 또는 골프클럽을 잡은 품위 있는 여성이 그려진 도자기에 훨씬 더 만족스러워하지 않겠는가.

이차적 눈물

순수예술이 통속예술과 다른 점 중 하나는 '거리'이다. 이 거리는 예술이 감상자를 차갑게 떼어놓는 데서 시작된다. 의미 있는 예술이 감상자에게 요구하는 첫 번째 자세는 심리적 거리를 유지하라는 것이다. 싸구려 예술이 감상자에게 추파를 던지며 치근덕거리는 것은 그 존재의 전제 조건이 소비된다는 것인 반면, 고급예술이 독립적이고 그 자체로 하나의 완성된 전체를 구성하기를 원하는 것은 스스로의 심미적 · 사변적 가치에만 관심이 있기 때문이다. "취미판단에는 구속력이 없는 것"(칸트) 이상으로 순수예술은 감상자의 취미판단을 애원하지도 않고 이해를 구걸하지도 않는 자족적 세계를 구성한다.

순수예술의 이러한 자율성은 창조 과정에 선행하거나 의도된 것이라기보다는 순수예술이 지니는 내재적 성격의 필연적인 결과이다. 예술가의 모든 역량은 작품의 내재적 가치추구에 집중되기 때문에 감상자에 대한 배려의 여지가 없다. 이것이, 통속예술은 외연적 속성을 지니지만 순수예술은 자신만을 생각하고 거기에 집중하는 — "부동의 동자 Primum Mobile Immotum"(아리스토텔레스)가 그렇듯이 — 내관적 요소를 지니게 만든다. 속된 감상자들이 창의적이고 혁신적인 예술에 부딪혔을 때 느끼게 되는 소외감과 모욕감의 근거는 그 예술의 이러한 성격에 기인한다. 감상자에 대한 아부나 배려 없이, 그리고 자기가 감상 되어야 한다는 소비적 측면에 대한 고려 없이 의연하지만 오만하게 존재하는 예술은 정신주의적 요소만을 의미 있게 다룸으로써 일반의 취미판단으로부터 독립된다는 자유를 누리지만, 감상자를 소외시킨다는 죄 때문에 이번에는 스스로가 소외당하고 만다.

그러나 이것은 예술만의 문제는 아니다. 얼마나 많은 사람들이 자기 삶에 충실하다는 이유로 비난받는가를 생각해보라. 각자는 다른 각자가 지니는 내면적 가치를 살피지 않는다. 자기 자신이 되고자 하는 시도보다 더 많은 사회적 벽에 부딪히는 삶의 양식도 없다. 프랑수아 모리악의 《테레즈 데케루》에서 데케루는 삶의 무의미와 덧없음을 벗어나기 위한 시도로 남편을 살해하려 한다. 그녀에게 남편은 관습과 구태의연함 및 감옥을 의미했다. 벗어날 길은 그것밖에 없어 보였다. 결국 그녀는 발각되고 처벌받는다. 그녀는 자기 자신으로서의 삶을 살고자 했다. 《프랑스 중위의 여자》의 사라 우드러프는 찰스라는 귀족을 유혹하고 사라져버린다. 자신이 어떤 충동에 의해 그를 원했지만 그 역시 구태의연하고 무의미한 양식적 삶의 대변자였다. 그녀는 자신에게 어떤 운명이 기다리고 있는지, 또 자기가 원하는 것이 무엇인지도 모르는 채 떠나갔다. 스스로의 삶을 꾸려 나가기 위해.

이 여성들이 받아들일 수 없었던 것은 키치였다. 그녀들의 남자들이 몸담고 있는 세계는 이를테면 인습적 키치였다. 자기 자신이 된다는 것은 무엇일까? 통속예술과 고급예술은 자기 자신이 되기를 요구한다. 거기에는 예술과 감상자 사이에 어떠한 제3의 벽도 존재하지 않는다. 키치는 자기 자신일 수 없다. 그것은 어리석음과 허영을 배경으로 한다. 키치는 자기 자신일 수 없는 사람에게 호소력이 있다. 감상자는 예술을 바라보지 않는다. 감상자가 예술을 보고 있다고 믿을 때 사실은 그는 예술을 보는 자기 자신을 보고 있다. 이때 자기 자신을 보고 있는 다른 자기가 예술을 보는 자신을 대체한다. 이렇게 키치는 이차적이다. 그러므로 키치는 이차적이기를 요구하는 예술작품이며 그 감상자는 기꺼이 이차성을 수행하는 사이의 감상자이다.

이것은 단지 예술과 감상자 사이의 문제만은 아니다. 그것은 삶의 양식이며 하나의 이데올로기이다. 키치는 실존적 자아가 부재한 삶의 양식이며 사회적이고 속물적인 자아가 전부인 독특한, 그러나 만연한 삶의 양식이다. 실존적 자아의 결여를 못 견디는 드문 사람들이 있다. 그들은 사회에 의문을 품는다. 사회는 규약적인 것이다. 그러나 실존적 자아는 이 규약이 기초를 가지지 못했음에도 거기에 기만적 의미가 부여되어 있다는 사실을 견디지 못한다.

하나의 예를 들어 보자. 상당한 부가가치를 창출하는 노동에 종사하는 남편을 둔 부인네들의 모임을 가정하자. 그 부인네들은 전업주부이다. 한쪽이라도 사회적 부가가치가 높은 노동에 종사하게 되면 곧 가정에서도 노동의 분화와 전문화가 발생한다. 맞벌이 부부는 동질적이며 각각의 생산성은 낮고 노동이 미분화된다. 둘 다 상대적으로 낮은 임금으로 있기에 둘 다 가사노동과 육아에 참여해야 한다. 그러나 한쪽이 상당한 정도의 부가가치가 있을 경우 다른 한쪽은 곧 가사에만 집중하게 된다. 그것이 더 효율적이기 때문이다. 이제 두 사람은 이질적으로 되어가며 그들의 노동은 분화된다.

이 분화된 노동의 가사 쪽 일을 맡은 부인들이 소위 전업주부이다. 이들의 하나의 생활양식을 가정해 보기로 하자. 아침에 식사를 마련하고 남편을 출근시키고 아이들을 등교시키면 자기 노동의 상당 부분이 행해진 것이다. 이제 파출부가 오게 되며 자신은 같은 입장에 처한 다른 부인네들을 만나러 나간다. 어떤 종류의 여흥이나 문화센터의 안일하고 질 낮은 교양교육을 위해 점심식사와 수다 떨기를 함께한다. 거기에서의 얘기의 주제들은 남편과 시댁과 아이들 교육문제이다. 아이들 하교 시간이 되면 모두가 신성한 의무를 수행하기 위해 헤어진다. 아이들을 태우고 학원에 데려가야 하며 다음으로 남편의 저녁 식사를 준비해야 한다.

그 구성원 중 한 부인이 여기에 지겨움을 느낀다고 한다. 저녁이면

역겨움과 불편함을 편두통과 더불어 겪는다. 이 부인은 무엇인가 잘못되고 있다고 느낀다. 삶이 이와 같아서는 안 된다고, 세 자매의 주인공처럼 "삶을 이렇게 지속할 수는 없어"라고 느낀다. 이 부인은 자신은 단지 거기 있는 그들과 안 맞는다고 생각한다. 그러나 문제는 이러한 자기 기분의 포착에 의해 해결될 수 없다. 안 맞는다는 것의 의미와 그 이유를 알아내야 한다.

이 부인은 확실히 자기 동료들이 정한 규약에서 무의미와 허영을 본다. 중요한 것은 그것이 아니다. 삶의 의의와 우주의 의미에 대한 탐구, 반성적 삶 등의 결여는 차라리 머나먼 문제이다. 자기에게 직접적으로 닿는 문제는 그들의 이념의 주제가 구토증을 부른다는 사실이다. 이 구토증의 근거는 무엇인가? 그 근거가 바로 키치이다.

이들은 자기네의 삶의 양식의 본질essence을 암묵적으로 명시하며 규정하고 있다. 그중 하나는 아마도 좋은 삶의 본질을 경제적 풍요와 자기 삶의 안락, 그리고 신성 가족holy family에 놓는다는 사실이다. 문제는 이러한 본질은 그들이 자기 자신으로서 스스로의 삶을 규정해 나갈 때 생긴 것은 아니라는 사실이다. 그것은 사회적으로 주어진 것이다. 그들은 이것을 어떠한 검증 없이 받아들였다. 그러고는 거기에서의 경쟁에 모든 것을 걸고 살고 있으며, 그 경쟁에서 자기가 얼마서 우월한가를 자랑하는 데에 모든 정열을 기울이고 있다. 그들은 자기 자신일 수 없다. 그럼에도 그들은 자신만만하다. 사회 전체가 자기편이니까. 이때 그들은 실존적 자아를 사회적 자아로 대치한다. 즉 관심이 실존에서 사회적 존재로 옮겨진다. 이것이 "이차적 눈물"이다. 인간이라면 누구라도 먼저 실존적 삶을 살아야 한다. 그러나 일차적 삶은 그들에게 없다. 그들에게는 단지 이차적 삶이 있을 뿐이다.

　이것이 키치의 토양이다. 그들은 예술을 스스로의 눈으로 보지 않는다. 그들은 그럴듯한 사람들이 좋은 예술이라고 말할 때 그 기준에 자기 시지각을 맞춘다. 다른 한편 그들은 자기가 유의미하고 고상한 취미 판단을 가졌다는 사실을 인정받는 데에만 관심을 가진다. 여기에는 스스로를 제외한 모든 것이 있다. 바로 그 "제거된 자기 자신"의 자리에서 키치가 자라난다. 자신이 대견해진다. 이러한 "대견한 자신"이라는 만족이 이차적 눈물이다. 만약 그들이 예술 그 자체에 집중한다면 거기에는 단 하나의 자신만이 존재한다. 많은 경우 그 자신과 자신의 조건은 방법론적으로 잊힌다. 몰아의 상황에 들어가기 때문이다. 그러나 예술을 감상하는 하나의 자신을 다른 하나가 바라보며 만족스러워할 때, 혹은 거지에게 돈을 건네주며 돈을 건네주는 스스로에 대한 기쁨 때문에 눈물 흘릴 때, 이것이 이차성이며 따라서 키치이다. 거기에서 진정한 예술과 진정한 자선은 사라진다.

　통속예술은 소유되기를 원하고, 키치는 도망치는 듯 소유되기를 원하지만, 순수예술은 이해와 공존과 개선을 원하고, 감상자와 심리적 거리를 유지하기를 원하며, 하나의 세계관으로서 존중받기를 원한다. 그러나 대부분의 감상자들은 익숙해 있는 통속적 예술 소비의 양식

▲ 베첼리오 티치아노, [우르비노의 비너스], 1538년

을 순수예술에도 들이민다. 이 순간은 정신적 요소가 물화Verdinglichung 되고 폭력이 감성의 자리를 차지하고 나타나는, 그리고 무엇보다도 '거리'가 폐기되는 순간이다. 어떤 감상자가 〈우르비노의 비너스〉에서 단지 성적 욕구의 대상만을 볼 때, 말하자면 르네상스의 한 화가가 색조와 분위기를 통해 달성해놓은 심미적 가치보다도 거기에서 단지 자기 욕구의 자극만을 볼 때, 그럴 경우에는 그의 몰이해와 무지가 순수예술을 통속예술로 전락시키는 순간이 된다. 즉, 예술이 예술이기 위해서는 감상자 측의 소양이 요구된다. 속된 사람들은 영혼의 의미를 모르며 심지어는 영혼의 부재 하에 있다. 이들에게는 육체적이고 물질적인 직접성만

이 삶의 전부이다. 이것이 야만이다.

　이것보다 좀 더 나은 상황이라면, 감상자는 작품과 반성적 거리를 유지한다. 그 작품을 자신의 직접적인 이해관계나 욕구의 대상으로 바라보지 않는다. 한 냉소적인 철학자가 말한바, "강을 건너야만 할 대상으로 바라볼 때, 예술은 없다."(쇼펜하우어) 이와 똑같이 샤르댕의 정물에서 식욕을 느낀다면 이 경우에도 예술은 없다. 감상자가 작품으로부터 "의지에서 해방된"(쇼펜하우어) 심미적 거리를 유지할 때, 진정한 예술 감상의 첫걸음을 뗀다.

　이것은 단지 예술의 문제만은 아니다. 심리적 거리의 문제는 우리 삶의 모든 곳에 스며있다. 누군가가 기독교를 동네의 타락한 목사를 기준으로 판단할 때 그는 이미 기독교와 자기 사이의 심리적 거리를 폐기하고 있다. 기독교는 나사렛 예수의 문제이다. 또한 누군가가 과학자나 철학자의 사적 삶에 관심을 기울일 때 역시 심리적 거리가 폐기되고 있다. 그것을 단지 어떤 개인의 가십거리로만 본다면 그는 통속적인 사람이다. 그러나 그것을 통해 그 과학자나 철학자의 가장 소중한 업적과 연관 지었다면 이번엔 키치를 하고 있다. 사생활과 새로운 거리를 설정하지만 그것은 이미 목표를 벗어난 거리이다.

　거리를 유지한다는 점에서는 키치도 순수예술과 다르지 않다. 키치 역시도 감상자의 직접적인 욕구의 대상은 아니다. 그랬다면 그것은 통속예술이다. 키치는 그 정도까지 유치하거나 솔직하지 않다. 키치가 키치인 이유는 그것이 대상에 대한 직접적인 욕구를 불러일으켜서가 아니라, 예술 감상의 정서가 작품 그 자체로부터 감상자의 내면으로 옮겨가도록 조장하기 때문이다. 어떤 예술 애호가들은 예술이 주는 감동 때문이 아니라 자신이 예술을 감상하는 고상한 행위에 몸담고 있다는 사실 때문에 예술을 감상한다. 이러한 이차성이 키치적 태도이다. 키치의 속성에 대한 포착은 이 이차성에 대한 고찰 없이는 불가능하다. 키치는 적나라하거나 노골적이거나 야만적이지 않다. 오히려 적나라함과 야만에 강력하게 반발한다. 그것은 언제나 갖지 않은 고결성과 심미안과 순결성을 위장한다. 그러므로 이러한 의미에서 키치는 음탕한 예술이 아니다. 키치는 길거리의 여자들이 가지는 나름의 순결성을 빠짐없이 가지고 있다. 키치는 순수를 염원하는 창녀이다. 그러나 진정으로 순수를 염원한다면 먼저 창녀이기를 그만두어야 한다.

누군가가 키치에서 통속적 야만보다 더 큰 공포를 느낀다면 그 동기는 키치의 위장된 야만성이 오히려 더욱 파멸적인 결과를 가져온다는 직관 덕분이다. 키치는 사탕발림이다. 통속예술은 기대 이상의 행복을 약속하지 않는다. 그것은 공개된 수요공급의 법칙에 따른다. 그것은 지불받은 만큼 — 더 이상도 이하도 아닌 — 갚아준다. 그러나 키치는 감상자의 무형의 고결성이 지불 이상의 것을 치러 받을 자격이 있다고 추근거린다. 거짓된 미소와 꾸며진 품위가 키치의 특징이다. 그러므로 키치는 욕구와 돈과 봉사에 대해 직접 말하지 않는다. 거리를 유지한다. 우회적으로 훨씬 많이 뜯어낼 작정이므로. 한 영혼을 파멸시킬 만큼. 그것은 심해어의 발광기이므로.

키치는 "욕구 대상으로부터 욕구 자체로 관심을 옮긴다"는 점에서 통속예술이나 순수예술과 다르다. 첫사랑의 소녀가 연인보다 오히려 자기가 사랑하고 있다는 그 정서를 소중히 여기듯이, 그리고 중산층 가정에 자신의 꿈과 같았던 시절을 상기시키는 그림들이 붙어 있고, 어떤 음악은 그 혹은 그녀의 감성에 호소하기 때문에 선호되는 것과 같이, 키치가 환기하는 것은 대상에 대한 공감과 연민과 찬탄이라기보다 감상자 자신의 심미안과 만족감과 허위의식이다. 키치는 이러한 이차적 허위의식을 만족시키기 위해 스스로도 심리적 거리를 가장한다.

어떤 사람은 저 그림이 옛 연인의 눈매를 닮았기 때문에 좋아하고, 다른 사람은 그 음악을 연애 시절의 어느 카페에서 들었기 때문에 선호한다. 즉, 그들에게는 그림 그 자체나 음악 그 자체에 내재한 완결성이나 심미적 가치는 무의미하다. 이런 식으로, 키치는 통속예술에 있어서 본래 욕망의 대상이었던 것을 욕망 자체로 바꾸어버린다. 따라서 예술 감상에 있어서 가장 근본적이고 중요한 요소, 즉 작품 자체에 대한 관심은 지엽적인 것이 되고 예술작품은 단지 자기 감상을 위한 하나의 기회로 전락하고 만다. 예술은 진정성을 잃고 다른 어떤 봉사를 위한 표상으로 전락한다. 이것이 거리의 폐기이며 동시에 이차적 눈물이다. 먼저 예술 작품의 고유의 내재성이 해체된다. 그것은 더 이상 견고한 것이기를 그친다. 성채의 한쪽 벽이 붕괴되고 거기에 야만이 잠입한다. 다음으로 이렇게 붕괴된 성채는 감상자의 물리적 쾌락을 위한 기회로 전락한다.

사랑에 빠진 여인은 자기 연인을 만족스럽게 하기 위해 온갖 노력을 다한다. 그리고 때때로 무심한 연인에게 묻는다. "내가 당신에게 어떻게 하면 좋겠어요?" 그러나 그녀는 모른다. 자기 자신에게 잘하는 것이 그녀의 연인에게도 잘하는 것임을. 어쩌면 그녀의 연인은 둘 사이의 반성적 거리가 소진되어, 자기의 관심이 그녀의 객관적 가치로부터 자기 자신에 대한 그녀의 아첨과 애교로 옮겨가는 것을 끔찍하게 느낄지도 모른다. 만약 그가 사랑이라는 것에 진정한 가치를 부여하는 사람이라면.

이와 같이 키치는 "이차적 눈물"이다. 고통을 겪는 버려진 아이에 대한 관심과 동정심이 자신이 동정심 많은 사람이라는 자기만족적 허위의식으로 변질될 때, 그리하여 자신의 동정심을 바라보며 눈물을 흘릴 때 그것은 "이차적 눈물"이고 키치는 무엇보다도 이 '이차성'을 조장하는 예술이다.

> 안나 미하일로브나는 벌써 그녀를 끌어안고 울고 있었다. 백작부인도 울고 있었다. 두 사람은 자기들이 서로 정답고 친절하다는 것을 생각하고 울었다. 또한 자기네들이 ─ 어렸을 때의 벗들이 ─ 이런 돈 따위의 천한 것에 마음을 괴롭히고 있다는 것, 또 자기네 청춘이 이미 흘러가버렸다는 것을 생각하고 울었을 것이다. 그러나 두 여인의 눈물은 즐거운 눈물이었다.
>
> ─ 톨스토이, 《전쟁과 평화》

다시 말하자면 키치는, 우리 자신의 동정심과 관용과 심미안에 만족을 주려고 아첨한다. 감상자의 미덕과 의지 및 심미적 역량을 요구하고 검증하기보다 감상자가 이미 그것을 소유하고 있다고 경하해 마지않는다. 감상자로부터 자기가치를 턱없이 넘어서는 많은 것을 뜯어낼 작정이므로.

이러한 점에서 키치는 하나의 작품이라기보다는 하나의 태도이다. 작품으로서의 키치보다는, 작품을 대하는 감상자의 태도와 작품과 맺는 그의 심적 관계가 오히려 더욱 키치의 본질이다. 물론 키치 이외에 아무것도 아닌 작품들이 횡행하지만, 그것 역시도 사람들이 자기 주변의 사물들과 맺는 관계가 대상 속에 응고된 것이다. 이 점에서는 확실히 달걀이 닭에 선행한다. 현실태가 가능태에 선행하듯이. 즉 태도가 먼저이고 작품은 그 결과물이다. 문제는 먼저 우리에게 있다. 매춘의 문제는 먼저 수요에 있듯이.

예술 그 자체에 진심으로 집중하는 감상자는, 파가니니의 협주곡 일부나 슈만의 마지막 협주곡에서 그리고 모차르트의 27번 협주곡 등에서 솔리스트와 오케스트라 사이의 조화와 대립적 요소가 엉터리라는 사실을 발견한다. 솔로 부문은 전체 오케스트라와 조화를 이루지 못하고 오케스트레이션은 완전한 파탄을 보인다. 그 작품들은 협주곡이 마땅히 지녀야 할 전체적 완결성을 갖추지 못하고 있다는 사실이 진지한 감상자에게는 중요 관심사이고, 그렇기 때문에 쇼팽의 협주곡에 비해 미적 쾌快가 부족하다고 느낀다. 이점 대가들의 간헐적 안일이 유감이다. 그러나 속물들 — 근사하게 차려입고 초대권을 들고 연주회장에 집결하는 — 에게는 그것이 자기 과거의 한 감상이나 추억을 환기시켜주면 예술의 의무를 다한다. 자기는 고결함에 젖어 있다. 음악에 조예가 있는 사람들은 음악 자체에 대해 자발적이고 직접적인 관심을 기울이지만, 속물들은 음악에서 음악 이외의 지각과 표상을 고려한다. 마치 전문가는 주인공 운명의 전개 양식에 관심을 지니지만 아마추어들은 주인공의 운명 자체에 관심이 있듯이. 표현이 곧 예술인 바 "원수의 딸을 사랑하게 됐다"와 "증오의 가지에 사랑이 싹텄다"가 같을 수는 없다.

이것은 매우 의미심장한 주제이다. 진정하고 수준 높은 감상자들은 냉정하고 고결한 태도로 일단 예술에 몰입한다. 그들이 거기서 얻어내는 감동은 전적으로 예술이 창조한 세계에 의한 것이다. 그러나 키치적 감상자들에게 예술은 자기 센티멘털리즘을 위한 하나의 기회일 뿐이다. 따라서 이들 키치적 감상자들은 예술에서 미를 구하기보다는 자기만족을 구한다. 이것이 예술의 질과 가치를 하락시킨다. 도대체 어떤 문학이 스토리에 의해 가치를 획득하는가? 그것은 그들이 예술에서 허위의식에 찬 감상을 얻기 위해 필요할 뿐이다.

키치 음악이 모두가 비슷비슷한 이유는 일반적인 감상자들이 음악에서 과거의 자기 목소리를 듣고 자기의 한 추억을 반추할 수 있기 때문이다. 그리고 그 추억들이란 별것도 아니다. 무슨 별것이겠는가? 모두가 의식 없는 자동인형의 삶을 사는데. 따라서 여기에서도 예외 없이 서로 닮은 "이차적 눈물"이 있다. 이들에게는 작곡되고 초연되던 당시의 그 음악이 지녔던 비교할 수 없는 위대성과 감동은 별문제가 안 된다. 문제는 그것이 자기 만족감과 감상의 기회를 제공하느냐 그렇지 않느냐이다. 슬프게도 속물들은 이런 식으로 모차르트와 슈베르트도 키치로 전락시키고 만다.

　　고전 예술들은 우리가 그 시대를 가정해야만 의미가 있다. 즉 동시대성이 큰 의미를 지닌다. 많은 경우 키치는 시대착오이다. 하나의 양식은 하나의 세계관이다. 동시대의 이념에서 자유로운 예술양식은 없다. 윌리엄 터너나 존 컨스터블의 풍경화보다 훨씬 더 탁월한 많은 풍경화가 그들 사후에 쏟아져 나왔다. 그러나 이것들은 사이비이다. 유럽의 예술가들이 이미 인상주의 양식과 분투할 때 그들은 안일하고 비겁하게도 시대착오적 풍경화에 잠겨 있었다. 이들 철 지난 풍경화들은 고급예술에 기생한 키치이다. 단지 안일한 표절에 진지함을 부여한다. 이러한 시대착오 역시도 키치이다. 그것은 고급예술을 위장한다. 그러나 그것들은 고급예술의 잔류물이지 고급예술은 아니다.

　　익숙한 선율들에만 귀를 기울이는 것 역시 센티멘털리즘에 지나지 않는다. 그들에게는 고전음악이나 할리우드의 영화나 별반 다를 것이 없다. 할리우드의 영웅이나 그의 연인 자리에 자신을 가져다 놓듯이, 그리하여 영화 자체보다도 자기 자신에게로 관심을 옮기듯이, 그들은 예술을 자신에게로 환원시켜버린다. 그렇지 않다면 왜 모든 영화가 결혼이나 해피엔딩으로 끝나는가. 왜 〈인어공주〉의 월트 디즈니판은 '자기희생'이라는 공주의 고결성을 변조시키는가. 왜 소나타 양식이나 통주저음

通奏低音이 우리시대에 사용되어야 하는가. 그들은 단편적이고 귀에 익은 déjà vu 선율이 자기 감상을 환기시켜주는가 그렇지 않은가에만 관심이 있다. 만약 우리가 예술 작품과 심리적 거리를 유지한다면 예술적 완성도에 관심을 모아야 한다. 그러나 예술을 자기 환상을 위한 하나의 기회로 전락시킨다. 이제 왜곡이 필요하다. 이 점에서 그들은 과거를 상투적인 만족과 허영으로 바꾼다.

이러한 점에서 키치는 예술 없는 예술이고 희구希求 없는 희구이다. 그러나 예술에서뿐이겠는가. 과학적 키치는 과학적 지성 없이 과학적 권위만을 내세우고, 종교적 키치는 신 없는 신앙을 가지며, 관능적 키치는 사랑의 대상 없이도 사랑한다. 그들은 모두 냉엄한 것으로 위장된 합리성에, 혹은 경건한 것으로 믿어지는 신앙심에, 혹은 낭만을 가장한 사랑에만 관심이 있다. 그러나 거기 어디에 냉엄·경건·낭만이 있는가!

따라서 키치는 자기만족을 위해 환상을 창조한다. 물론 키치는 전적인 자기만족을 위해 본래의 대상으로부터 자신을 떼어놓는다는 점에서 통속예술에 있어서의 단순한 감상보다는 훨씬 더 증대된 '반성적 거리'를 가진다. 그러나 그 반성적 거리는 작품 그 자체에 대한(실천적 요구가 배제된) 관심을 지니기 위한 것이 아니라 오히려 다시 자신에게로 집중되기 위한 것이라는 점에서 키치는 사이비 예술이다. 문제는 이것이 이야기의 전부가 아니란 사실이다. 이 모든 것보다도 더 중요한 위험이 다른 데 있다. 이러한 반성적 거리는 감상자로 하여금 자신의 정서가 무엇에 대한 것인지 모르게 한다거나 혹은 고차적인 심미안이라는 기만적 보증을 해준다. 이리하여 자부심 넘치는 자기기만적 속물들이 범람하게 되고, 전체적인 삶이 가식적인 기만 속에서 진행된다.

이러한 삶의 양식은 실재reality에 대한 탐구의 문을 닫아버린다. 통속적 삶은 반성과 전환에 의해 다른 어떤 것이 될 수 있다. 창녀 타이스는 구원받았다. 그러나 키치에는 기회가 없다. 파프뉘스는 버림받는다. 자기만족은 스스로에게서 자기검열과 자기개선의 기회를 박탈한다. 자기는 이미 고상한 취향에 처해있기 때문이다. 이것이 키치의 가장 위험한 측면이다. 자부심은 갱신의 의지를 꺾는다. 그러나 현존은 끝없는 갱신의 대가로 자유를 부여받았다. 이들에게 현존은 공리로부터의 연역이다. 문제는 공리에 있지 않다. 인간이 문제이다. 현존이 연역될 수 있다고 믿는 데 문제가 있다. 다시 말하면 키치의 문제는 그들이 잘못된 대상을 향한 믿음을 가지고 있다는 사실에 있지 않다. 그것의 문제는 더 이상 믿음이 있을 수 없는 이 세계에 믿음을 불러들인다는 사실에 있다.

세계의 기초, 혹은 실체로부터의 현존의 연역이라는 가설의 붕괴가 근대의 몰락을 불렀다. 의미는 사라지고 현상만이 남았다. 신의 죽음과 함께 중세가 몰락했듯이, 의미의 소멸과 함께 근대가 몰락했다. 이제 우리에겐 얇고 부스러지기 쉬운 현존existence만이 남았다. 그러나 의미의 소멸은 자유를 유산으로 물려주었다. 우리의 현존은 항상 갱신되어야 하며 갱신의 과정 자체가 우리에게 남은 유일한 삶의 양식이다. 그것은 일종의 가건물이다. 우리는 실망을 거듭하고 새로운 꿈을 계속 꾼다. 우리에겐 꿈꿀 자유가 있다. 우리의 꿈은 이데아에서 연역된 것이 아니다. 그랬더라면 우리에게 자유는 없었다. 그때 그것은 필연이다necessity. 근대는 필연의 세계였다. 그러나 우리에겐 자유와 우연contingency이 있다. 그곳 출신의 꿈만이 우리의 꿈이다. 그것은 자유에서 나온 우리 상상력의 소산이다. 우리는 상상의 거미줄을 허공에 친다. 그것은 혜성이 꼬리의 흔적만을 남기듯이 무엇인가를 남긴다. 그러고는 동료의 동의를 요청한다. 우리의 잠정적인 세계로서 그럴듯하지 않느냐고.

키치는 시대착오이다. 그것은 현대에 근대의 이념을 끌어들인다. 그것은 유사pseudo-근대, 즉 사이비 근대이다. 키치는 확인될 수 없는 실재를 확인된 실재로 오도하여 삶이 안정적일 수 있다는 거짓말을 한다. 많은 사람들이 그것을 원한다. 모두가 유영의 운명에 불안해한다. 사람들은 모두 실체를 변경시켜 삶을 지탱시켜왔다. 혹시 그것이 실재는 아닌가 하는 희망을 품고. 현대예술은 이때 "실재란 본래 없다. 대지는 사라졌고 부유하는 것이 우리 존재 양태다"라고 말해 버린다. 그러나 키치는 다수의 후원을 입은 채로 계속 거짓말을 한다. "내가 실재를 제시한다."

키치의 필연성

인간이 만약 자연의 일부라면 키치는 없다. 그의 행위는 자연의 행위이며, 소나무와 고양이가 자연 속에서 자연스럽듯 그 역시 자연 속에서 자유롭다. 그는 운명에 종속되어 있으니, 부조리와 덧없음에 고통받을 이유가 없겠다. 삶이 자연의 한 모습이듯 죽음도 그 한 모습이다. 우리는 죽으면서 죽음을 없는 것으로 만들기 위해 신을 불러들인다. 이때 신은 우리가 알 수 있는 신이어야 했다. 신이 알 수 있는 존재일까?

문제는 그의 이성이었으며, 고통스러운 운명의 시작은 낙원에서 추방되었을 때부터다. 선과 악의 판단은 추방을 의미했고 이제 더 이상 인간이 자연의 일부로 살아갈 수는 없다는 것을 의미했다. 즉 인간과 자연은 이제 대립적인 입장에 서게 되었다. 그는 이성을 대가로 자연으로부터의 소외를 감당해야 했다. 소외와 버림받음의 근거는, 그의 편에서 보자면 그의 인식이다. 그리고 그의 이성이 활동하는 한 그는 우주의 모습과 존재의 의미를 끊임없이 묻고 우주는 이에 계속 침묵한다.

인간은 우리가 아는바 그리스 시대에 최초로 순수이성만으로 세계를 구축해 나갔다. 그들은 화려한 지성으로 새로운 시대를 열었지만 지성의 무용성과 삶의 권태에 지쳐갔다. 지성의 약점은 그것이 우월성을 주장하는 순간 독단이 된다는 사실에 있다. 지성은 개념의 동의어이다. 거기에 최초의 개념이 있을 때 최초의 지성이 있다. 그러므로 개념의 정체가 지성의 본질을 말해준다. 플라톤은 이 개념에 이데아라는 명칭을 부여했다.

플라톤은 또한 이 개념에 선험성을 부여했다. 당시의 아테네 소피스트들의 상대주의와 회의주의는 그렇게 극복되는 것처럼 보였으며 이 이념에 따라 고전주의가 화려하게 개화했다. 궁극적으로 중요한 것은 플라톤만의 견해는 아니었다. 철학은 언제나 하나의 공동체를 먼저 가정한다. 그것은 "세계의 형이상학적 총체성에 대한 공동체의 규약적 신념"으로 드러나기 때문이다. 그것 역시도 우리의 얼굴이다. 이것은 비단 철학만의 문제가 아니다. 과학 역시도 "세계의 물리적 총체성에 대한 공동체의 규약적 신념"이다. 모든 것은 공동체에 의해 제약된다. 각각의 공동체는 그들 도시에 대한 나름의 양식의 지도를 그린다. 그 양식은 구성원들의 동의에 의한다. 그것은 그들이 아는 한의 공동체의 한계에 미친다. 그 경계를 넘어서서의 효력을 가지지는 않는다. 이것이 철학과 과학 등의 자의성arbitrarity을 말한다. 모든 것은 공동체의 선택이다.

　　고대 그리스는 결국 소크라테스와 플라톤의 열렬한 설교에도 불구하고 개념의 본질적 성격에 관한 다른 견해를 택해 나간다. 개념은 감각인식에 대해 선험적으로 존재하는 것이 아니라 오히려 감각인식에 후행하는 종합에 의한 것이다. 지성은 개념에 대한 생득적 능력을 가진 것이 아니라 단지 감각인식을 종합할 능력을 가질 뿐이었다. 우리가 지성에서 생득적 능력을 제거할 경우 남는 것은 언제고 회의주의와 불가지론이다. 그리스는 가차 없이 회의주의로 밀려간다. 이것은 아테네의 패배와 관련된다고 보통 말해진다. 다시 말하면 사회적 좌절감이 회의주의와 연관된다는 가설이 제법 유행한다. 그러나 사실은 이와 같지 않다. 그리스의 회의주의는 플라톤의 독단과 항상 병존했으며 더구나 그 승리는 아테네의 패배보다 훨씬 빨랐다. 우리는 회의주의의 동기를 알 수 없다. 무심한 일상의 평온이 불현듯이 어떤 불안에 물들듯이 회의주의는 원인도 이유도 없이 삶에 스며서 우리 일상을 붕괴시킨다. 회의주의와 불안은 평온 가운데 찾아온다. 현대에 팽배한 회의주의 역시 유럽이 가장 융성했던 18세기에 이미 시작된다.

　　그리스는 견유학파에 젖어든다. 이제 한편으로 스토아주의가 다른 한 편으로 향락주의가 아테네인의 운명이었고 이 가운데 그들은 지쳐갔다. 그들에게 가능한 것은 유영 아니면 익사였다. 계속된 분투라는 새로운 윤리학이 그들을 기다리고 있었다. 스토아주의는 그것을 요구했다. 아니면 키치의 고대판이든지. 이제 새로운 독단을 위한 토양이 마련되었다.

그들은 결국 수백 년간의 이성의 시대와 회의주의의 시대 후에 기독교를 받아들이기로 결정했다. 종교가 그들을 사로잡았고 그들은 기꺼이 자신을 맡겼다. 이보다 더 편한 운명이 어디에 있겠는가. 그들에게 삶의 의미는 분명해졌고, 고뇌하고 회의할 이유도 없게 되었다. 또한 이성을 포기하지 않아서 좋았다. 그 신은 그리스 철학을 입었으므로. 그들은 때때로 인간적 약점을 용서받으며, 본질적으로 희망적이고 유의미한 삶을 살게 되었다. 이 운명은 영원할 수도 있었다. 신이 죽지만 않았던들.

그러나 신은 죽고 말았다. 후계자도 정하지 않은 채로. 그 유산을 누구에게 물려주어야 할까. 중세 유명론으로부터 시작된 경험론이라는 새로운 철학적 조류는 우리 관념에 맺히는 신이라는 개념을 허구적인 것으로 보고 추방해버린다. 이것이 신의 죽음의 첫 번째 징조였다. 당시에는 그것이 어느 정도의 파괴력을 지니는지 몰랐다.

개념과 지성과 구교Catholic는 함께한다. 교황청은 신을 지적 이해가 가능한 것으로 만들었다. 예수가 신이었다는 사실이 "이해 가능한 신"의 근거가 된다. 예수는 신의 뜻을 전했고 그 스스로가 신이었다. 문제는 교황청의 타락과 알프스 이북 사람들의 새로운 회의주의가 발생했을 때 생겨나기 시작했다. 이 새로운 회의주의자들이 유명론자들이었다. 가우닐론, 로스켈리누스, 오컴 등의 영리하고 날카로운 사람들이 유럽 역사상 두 번째의 민족이동을 할 예정이었고 지중해 유역에 대해 독립선언을 할 예정이었다.

그들은 먼저 개념(그들의 용어로는 '공통의 본질')의 실재성의 근거를 묻는다. 오컴은 당시의 스콜라적 논증으로 개념의 실재성을 반박한다. 존재being는 하나one이며, 하나one는 존재한다. 그러므로 존재와 하나는 같은 얘기이다. 만약 개념이 실재하는 것이라면 그것은 "하나"로서 존재해야 한다. 그러나 개념이 포용하는 개별자의 숫자는 무관하다. 예를 들어 "인간"이라는 개념을 생각해보자. 그 개념이 실재한다면 하나로서 존재해야 한다. 그러나 개별적인 인간은 대단히 많다. 만약 이 개별자 한 명이 이 개념을 지닌다면 다른 인간이라는 공통의 본질을 지니지 못했으므로 인간일 수가 없다. 그렇지 않고 하나인 개념을 개별자의 수에 맞춰 나눠준다고 하자. 그렇게 되면 각각의 개별자는 인간이라는 보편자의 n분의 1밖에 지니지 못한다. 그 경우 누구도 멀쩡한 인간은 아니다. 그러므로 인간이라는 개념은 실재하지 않는다. 귀납추론은 불가능하며 존재하는 것은 오로지 개별자이다.

오컴은 "왜 그것이 필요한가?"라고 묻는다. 개념의 실재성에 대한 우리의 믿음이 왜 필요한가를 그는 묻고 있다. 물론 개념의 실재성에 대한 신념 없이도 살아나갈 수 있다. 개념은 필요하다. 보통명사 없이 어떻게 삶과 학문이 가능하겠는가? 오컴은 개념이 필요 없다고 말하지 않는다. 그는 단지 개념의 실재성에 대한 우리의 신념이 필요 없다고 말하고 있다. 그 실재성은 자신이 논박한 대로 비준될 성격의 것이 아니었다. 그것은 모르는 것을 안다고 말하는 것과 같다.

우리의 지식은 개념을 매개로 작동한다. 추상화abstraction 없이는 지식이 불가능하기 때문이다. 오컴은 여기서 개념을 단지 하나의 집합적인 명사로 보고자 한다. 그것은 유사성similarity에 입각하여 군group에 붙여진 이름에 지나지 않는다. 그러므로 개념에 대한 그의 정의는 "그것은 단지 일군의 유사성을 가진 개별자들의 집합적 명사일 뿐"이 된다. 이것이 유명론nominalism이다. 개념에 대한 이 새로운 주장은 현대에 이르러 하나의 확률로 변하고 만다.

이 새로운 인식론이 불러들인 신학은 교황청에는 치명적인 것이었다. 개념의 실재성이 사라지는 순간 우리의 지성은 권위를 잃는다. 그것은 감각에 대한 봉사자이다. 그러므로 감각 속에 없는 것은 지성 속에도 없게 된다. 만약 개념이 선험적인 것이라면 개별자 없는 개념이 있을 수 있다. 철학은 언제나 감각과 지성의 선후관계를 따지는 학문이다. 성 안셀무스St. Anselm나 토마스 아퀴나스가 지성을 감각에 선행시킬 때 가우닐론이나 오컴은 그 반대를 말한다. 개념이 선재한다면 경험 없는 개념이 있을 수 있다.

다시 말하면 어떤 개념은 마음속에만 자리 잡으며 그래도 단지 그것만으로 실재를 보증할 수 있다. 이것이 신의 존재론적 증명ontological proof이다. 내게 신의 개념이 있다면 신은 실재한다. 그러나 개념이 단지 감각인식의 종합자라면 신은 우리 지성의 밖에 있게 된다. 만약 그렇다면 우리가 신을 이해하는 방법은 없다. 교황청은 신을 안다고 말해왔고 그 요구와 분노에 대해서도 안다고 말해왔다. 왜냐하면 신은 하나의 선험적 개념으로서 지성에 의해 이해되고 설명되기 때문이다. 신이 지성을 벗어난다면 그것은 물론 교황청의 지성도 벗어난다. 따라서 신에 대해 안다고 말해온 교황청은 사실은 거짓을 말해왔다. 교황청의 복잡한 미사전례와 고해성사는 신의 뜻을 안다는 것을 전제한다. 그러나 그 존재조차도 증명될 수 없는데 그 의지는 어찌 알 수 있겠는가?

신은 교황의 배타적인 소유물이었다. 교황만이 신의 뜻을 알기 때문이다. 지성의 행사는 위계성을 띤다. 그것은 시험 점수의 등수가 매겨지듯 위계질서를 가진다. 교권계급 속에서의 지위에 따라 신에 대한 지성의 행사가 더 정확하고 유효하다. 그러나 지성이 생득적인 지식이라는 자격을 잃는 순간 인간사회는 갑자기 평등해진다. 신에 대해 모르기는 모두 마찬가지이기 때문이다. 이제 등거리론equidistance theory까지는 한걸음이다. 모두가 신으로부터 등거리에 있다. 교황에서부터 농노에 이르기까지.

유명론은 신을 죽이기 위한 것은 아니었다. 오히려 신을 구원하기 위한 것이었다. 교황청의 지식에 의해 좌우되는 신은 결국 교황청의 탐욕에 따라 타락해 가는 신이었기 때문이다. 신을 구원하기 위해서는 신을 인간 지성의 바깥쪽에 두어야 했다. 신앙은 지식의 문제이기를 그쳐야 했다. 그것은 오로지 신앙심만의 문제여야 했다. 그러나 이 새로운 신학은 애초의 그 의도와는 달리 결국 지상 세계에서의 신의 퇴거를 부르게 된다. 오컴의 면도날Ockham's razor이 우리의 사유에서 보편개념의 실재성을 잘라낼 때, 그것은 동시에 지상 세계에서의 신의 의지를 잘라

내게 된다. 지상 세계는 인간의 감각인식과 그 뒤를 좇는 지성의 문제가 되고, 천상세계는 알 수 없는 신의 세계가 된다. 이것이 이중진리설the doctrine of twofold truth이다. 이제 두 개의 길이 있게 된다. 신앙심을 가진 사람들은 신 앞에서의 연속적인 파산을 겪게 되고, 그렇지 않은 사람들은 죄의식 가운데 향락주의에 젖게 된다. 전자의 신앙관이 장차 종교개혁을 이끌게 된다. 청교도들은 분투를 위해 분투하고 믿기 위해 믿는다. 암울한 성실함, 성실을 위한 성실이 새로운 종교의 특징이다.

그러나 신의 공백은 곧 과학이 주는 자신감에 의해 채워진다. 데카르트의 새로운 철학과 과학혁명은 기계론이 신앙과 인간이성을 대신할 수 있을 거란 자신감을 뉴턴에게 심어준다. 운동과 변화에 관한 뉴턴의 설명은 눈부신 것이었다. 거기에 신이 개입할 여지는 없었다. "태초에 뉴턴이 있으라 하시매."

그러나 과학혁명의 업적 역시도 면도날을 피해갈 수는 없었다. 이 면도날이 우리 시대를 부를 예정이었다. 이것은 데이비드 흄이 작동시켰다. 그는 인과율이라는 명칭으로 과학적 법칙을 통칭한다. 그러고는 그것이 필연성, 즉 보편성을 가질 수는 없다고 말한다. 거듭되는 유사한 경험이 우리로 하여금 그것이 필연적인 인과율인 것처럼 믿게 하지만 사실은 원인과 결과가 근접해서 발생하는 것의 누적된 경험이 그것을 법칙으로 규정할 뿐이지 거기에 필연성은 없다는 것이 흄의 주장이었다. 이것은 사실은 상식만으로 충분히 이해될 만큼 당연한 가설이다. "태양이 동쪽에서 뜬다."라는 인과율조차도 내일의 태양에 대한 필연성을 보증하지는 못한다. 내일이나 모레에도 태양이 여전히 동쪽에서 뜬다는 보증은 없다. 그것에 필연성은 없다. 모든 과학법칙은 결국 귀납추론이기 때문이다.

비트겐슈타인의 철학은 흄의 철학의 현대적 개정판일 뿐이다. 그는 세계에 대한 우리의 인식을 우리의 언어로까지 후퇴시킨다. 하나의 사태state of affairs에서 다른 하나의 사태를 추론하는 것은 불가능하다. 이것이 인과율의 선험성에 대한 우리의 희망을 남김없이 소멸시킨다.

흄의 논증에 관한 마지막 저항은 칸트에 의한 것이었지만 그것은 유효한 것이 아니었다. 상식이 형이상학을 이긴다. 치밀한 논증과 거대한 체계에 의한 방어에도 불구하고 과학에서 필연성은 베어져 나간다. 선험적 인식이란 없었다. 모든 것은 경험에서 온 것이었다. 존재론적으로는 회의주의가 도래할 예정이었다. 물론 산업혁명이 불러온 풍요가 회의주의가 불러온 절망감을 저지하고는 있었다. 19세기부터 정점에 이르기 시작한 산업혁명의 폭발적인 생산성은 철학적 회의주의가 어떻건 간에 인간 지성이 이룰 수 있는 물질적 가능성에의 희망을 유지시켰다.

파국은 제1차 세계대전이었다. 그 전쟁이 불러온 대량파괴와 인간성의 말살은 인간의 삶이 어떻게 몰락할 수 있는가를 보여주었다. 신 없는 인간의 삶에 대한 공포가 사람들을 사로잡는 한편 인간 지성의 무력감이 선명해지고 있었다. 지성은 흄의 예언과는 반대로 여전히 예언자임을 자처하고 있었다. 풍요는 정신적 불안에 대한 방어막으로 작동했다. 인간은 먼저 동물이다.

19세기는 이를테면 환원주의reductivism의 시대였다. 모든 현상은 최초의 단순자the simples에서 연역(혹은 종합)된 것이며, 현상은 분석에 의해 환원적 기초에 닿을 수 있다는 것이 19세기 사람들의 자신감이었다. 다윈은 새로운 진화론에 의해 모든 생명현상을 환원시킬 수 있었고, 마르크스는 모든 문화구조물을 생산관계로 환원시킬 수 있었고, 프로이트는 의식세계를 무의식의 성적 동기도 환원시킬 수 있었다. 그러나 이 모든 것은 무용한 것이었으며 입증 불가능한 것이었다.

그럼에도 불구하고 19세기의 유럽인들은 이제 모든 것이 해명 가능하다는 자신감을 지니게 되었다. 그러나 전쟁의 파국은 자신들이 형성해온 세계가 사실은 흄이 말한 대로 근거 없다는 사실을 갑자기 깨닫게 주었다. 거기에 단순자는 확증되지 않으며, 환원과정과 종합과정은 가역적인 것이 아니었다.

하나의 단순한 비유적 예가 이것을 설명하기에 유효하다. 유클리드 기하학의 체계는 때로는 명시적으로 때로는 암묵적으로 우리 사고양식을 지배해왔다. 그 시스템은 본질적으로 다음과 같다.

왼쪽에 공준postulate을 도열시키고 오른쪽에 정리theorem를 도열시키자.

postulate		theorem
p_1		t_1
p_2	분석(환원)	t_2
p_3	$\leftarrow$ $\rightarrow$	t_3
p_4	연역(종합)	t_4
p_5		t_5

유클리드 기하학의 모든 정리는 단지 다섯 개의 공준에서 나온다. 이것이 이 체계를 우아하게 만든다. 공준이 다섯 개가 아니라 쉰 개였더라면 이 체계는 그 우아함을 잃었을 것이다. 수많은 정리 — 아직도 발견 안 된 것을 포함하여 — 가 사실은 단지 다섯 개의 공준에서 종합되었을 뿐이다. 모든 정리는 분석되었을 경우 언제나 다섯 개의 공준의 조합에 닿는다. 이 분석의 최종단계를 환원이라 한다. 반대로 정리들은 공준에서 연역되었다고 말할 수 있고, 정리 그 자체는 공준의 종합synthesis이라고 말해진다.

중세 철학은 공준의 자리에 신을 가져다 놓았다. 기독교는 고대세계의 중세판 변형이었다. 기독교가 이 전형적인 헬레니즘의 논리를 갖췄을 때 그것이 보편종교가 될 수 있었다. 이 작업은 먼저 바울에 의해 다음으로 성 아우구스티누스에 의해 완결된다. 신은 단순하나 무한했다. 마치 공준이 단순하지만 무한대의 정리의 가능성을 가지듯이. 이렇게 기독교의 신학은 그리스의 철학을 닮았다. 오컴이 그리스적 사유를 공격할 때 기독교는 위기를 맞는다. 새로운 종교가 기다리고 있었다.

유클리드 기하학의 시스템은 이중의 문제에 처한다. 먼저 공준의 참과 거짓이 증명될 수 없다는 사실이고, 다음으로는 유클리드 기하학 등의 수학적 지식(흄의 용어로는 demonstrative knowledge)이 아닐 경우 종합과 환원은 서로 가역적인 과정이 되지 못한다는 사실이다.

공준은 증명되지 않는다. 그것은 오히려 정리의 증명의 종단이다. 증명되지 않는 지식을 참이라고 부를 근거는 어디에 있는가? 데카르트 등의 독단론자나 19세기의 환원론자는 이것을 자명하다self-evident고 말하거나 아니면 "증명을 기다리고 있다"고 말한다. 조만간 증명될 것이란 확신이었다. 철학은 단지 유클리드의 체계에 어떤 의미를 부여하는가에 의해 갈린다. 칸트와 같은 관념론자는 기하학적 지식을 선험적 종합지식으로 본다. 이것은 물론 기하학의 문제만은 아니다. 이것은 수학적 지식 전체와 관련된 문제이다. 칸트는 3+4=7 역시도 종합적 지식으로 본다. 3과 +와 4를 아무리 들여다보아도 여기에서 7은 저절로 나오지는 않는다는 것이 칸트의 생각이었다.

경험론자는 이와는 반대로 생각한다. 그들은 수학적 지식을 동일률의 전개로 본다. 즉 3+4와 7은 단지 논증적demonstrative 지식인 것으로 (1,1,1 + 1,1,1,1)과 (7)은 선험적으로 같은 것이지만 종합적 지식은 아니라는 것이다. 다시 말하면 경험론자들은 모든 수학적 지식에 새로운 종합은 없다고 생각한다. 종합은 단지 존립하는 사태이지만 거기에서의 추론은 모두 불확실에 기초한다. 경험론자들은 이때 회의주의자가 된다. 새로운 지식은 증명될 수 없기 때문이다. 따라서 귀납추론은 하나의 미신이다. "지금 그리고 여기서hic et nunc" 증명되지 않는다면 그것이 참임을 주장할 근거는 없다. 경험론은 실증주의의 다른 이름일 뿐이다.

이것은 단지 수학에만 해당하지 않는다. 물리학에서는 물질을 그 최소단위까지 환원시킬 수 있다고 믿는다. 그들은 이 궁극적인 물질을 소립자elementary particle라고 이름 붙였으나 이것은 elementary 하지 않다. 이들은 아직도 입자가속기에서 그 환원을 기다리고 있다. 역시

"지금 그리고 여기서" 물질의 기본단위는 확인되지 않고 있다.

생물학에 있어서도 마찬가지이다. 다윈의 진화론은 현재의 생물 종들은 단순한 생명현상으로부터 진화에 의해 다양하게 분기된 것들이라고 말한다. 그렇다면 회의주의자들은 물을 수 있다. 최초의 가장 단순한 생명현상은 어떻게 발생했느냐고. 물론 생물학자들은 답변을 못 한다. 거기에는 단지 공상과학소설보다 더한 추측이 있을 뿐이다. 이것은 신화에 지니지 않는다. 그의 진화론 전체 — 그것도 하나의 신화인바 — 를 수긍해준다 해도.

문제는 단순자에 그치지 않는다. 연역이 자연스러운 과정인가 혹은 우연인가의 문제가 남는다. 데카르트 이래의 기계론적 합리주의자들은 — 19세기의 환원론자를 포함하여 — 그것은 자연스러운 과정이라고 말한다.

다윈은 변이와 적자생존에 의해 진화는 "저절로" 일어난다고 말한다. 이 가설은 너무도 많이 논박되어 와서 더 논박당할 여지도 없을 정도이다. 베르그송이 "창조적 진화"에서 다위니즘을 본격적으로 논박한 이래 진화론은 엄밀한 실증적 사실의 자격을 잃어갔다. 그 이론의 유지는 생물학계의 이익에 의해 강연될 뿐이다. 무엇인가 확고한 지식에 의해 하나의 학문은 이익을 얻는다. 저절로 일어나는 진화는 입증 불가능하다. 기계론적 해명에 입각한 진화의 가정은 실패했다. 종합과 연역은 다르다. 연역은 종합에 의해 홀연히 존재하게 된 현존에 대한 논증의 양식이다. 그것은 단지 논리학의 문제이다. 종합은 위대한 창조에 있어 그렇듯이 기적이다.

엄청나게 긴 시간이 진화를 가능하게 한다는 가정은 그 시간이 퇴보를 불러온다는 다른 가정으로 바뀔 수도 있다. 지질학과 고생물학적 가정은 단순한 생명현상으로부터 인간에 이르기까지의 생명의 종들의 병렬을 보여줄 뿐이지 종간의 변화를 보여주지는 않는다. 다위니즘은 물론 하나의 자연과학의 자격을 얻었다. 그러나 실증성이라는 시련을 견디지 못하고 있다. 진화론은 결국 '종의 기원에 관한on the origin of species' 문제이다. 단순한 생명체로부터 어떤 메커니즘을 거쳐 오늘날의 복잡하고 다양한 생명체들이 생겨났는가, 그리고 우리 자신의 기원은 어디인가에 대한 탐구가 다윈 진화론의 궁극적인 주제이다. "새로운 종"의 발생에 관심이 집중되어야 한다. 이것이 아닌 다른 모든 주제는 결국 진화론은 아니다.

키 큰 남자와 키 큰 여자가 결혼해서 아이를 낳으면 일반적으로 더 키가 클 수 있는 아이가 나온다. 우리는 상식이나 경험으로 이것을 추론한다. 현재의 진화론 지지자들은 이것이 가장 간단한 예라고 말한다. 그러나 이것은 엄밀한 의미에서 진화가 아니다. 이것이 진화의 예증이 되기 위해서는 키 큰 남자와 키 큰 여자 사이에서 기린이라도 태어나야 한다. 더 키 큰 자손 역시도 인간일 뿐이다. 그것은 새로운 종은 아니다.

다른 하나의 예를 들어보자. 이 예는 탁월하다고 알려진 대중적 과학자 리처드 도킨스의 주장이다. 그는 현대인의 비만증이 진화론적으로 설명될 수 있다고 말한다. 문명에 속하게 된 사회가 기아를 거의 완전히 벗어난 것은 상대적으로 최근의 일이다. 산업혁명이 폭발적인 생산성의 증가를 가져온 이후 서부 유럽과 북미는 기아에서 벗어났다. 이제 굶주림보다는 오히려 비만이 더 큰 개인적이고 사회적인 문제가 되었다. 그러나 인류가 비만을 겪는 이유는 적자생존the survival of the fittest에서 살아남은 유전인자 때문이다. 식량이 부족했기 때문에 신진대사율이 낮을수록 생존 가능성이 높았던 과거에는 비만 유전자, 즉 대사 절약형 유전자를 가진 개체들이 생존에 유리했고 또 실제로 그들의 자손들이 살아남았다. 대부분의 현대인들은 그들의 후손이고 결국 풍요 속에서는 그 유전자로 인해 비만증에 이르게 되었다. 이 예는 다윈의 적자생존, 즉 종의 기원을 설명하기 위한 하나의 중요한 기제의 적용 범례라는 것이 도킨스의 주장이다.

상대적으로 노년에 더 많이 걸리게 되는 암도 같은 방식으로 설명된다. 어리거나 젊은 나이에 암에 걸린 개체들은 후손을 남길 틈도 없이 소멸했고 후손을 남길 수 있을 만큼 충분히 오래 산 다음에 암에 걸린 개체들의 후손들만이 현재 융성하기 때문에 현재의 개체들은 나이 들어서 암에 걸릴 확률이 높다. 이것 역시도 적자생존의 한 예이다.

이 두 개의 범례는 적자생존을 설명하기에 좋은 예이고 또 올바른 예이다. 그러나 여기에는 속임수 혹은 어리석음이 숨어 있다. 단일 종 가운데 어떤 성향을 가진 개체가 환경의 압력하에 적자생존에 의해 존속하게 되고 다른 성향을 가진 개체가 자연 도태에 의해 소멸한다는 사실과 거기로부터 새로운 종이 발생했다는 사실은 절대로 같은 이야기가 아니다. 대사율이 낮은 개체들이 살아남고 후손을 남겼다고 해도 그 후손이 거북이가 될 수는 없다. 그들은 결국 인간이라는 동일한 종이다. 그러므로 도킨스의 주장은 진화론에 대한 어떠한 뒷받침도 아니다.

물론 진화론자들은 주장한다. 엄청나게 긴 세월을 가정하면 가능하지 못한 일은 없다고. 이러한 변이가 긴 세월 동안 축적되면 인간이 거북이가 될 수도 있다고. 그러나 이러한 주장은 공상과학이 될 수는 있어도 의미 있는 과학적 가설이 될 수는 없다. 적자생존과 자연도태는 살아남은 개체들의 생존 동기에 대한 설명은 될 수 있어도 그들이 그 기제에 의해 새로운 종이 되었다는 설명이 될 수는 없다. 이러한 소극적 negative 설명으로는 종의 기원에 대한 설득력이 없다. 무엇인가 적극적인 동기가 있어야 한다. 진화론자들은 변이와 긴 세월을 적극적인 동기로 들 것이다. 그러나 누누이 말해져 왔고, 또한 입증된 바대로 변이는 진화를 위한 동기일 수 없다. 이것은 베르그송이 그의 《창조적 진화》에서 논박한 이래 솔직하고 냉정한 생물학자들에 의해 인정되고 있는 바이다. 만약 긴 세월에 모든 책임을 미룬다면 이것은 진화론이 의미 있는 과학적 가설이 아니라는 분명한 증거이다. 이 주장은 45억 년의 세월이라면 태양이 지구를 돌 수도 있다고 주장하는 것과 동일한 것이다. 진화의 실증적인 증거가 전무한 것은 사실이다. 잃어버린 고리missing link는 진화론자들의 염원에 의해 심지어 만들어진다. 그러나 설득력 있는 고리는 없다. 그들의 노력이 궁색하고 심지어는 애처롭다.

과학적 가설이 세계관으로부터 자유롭다는 가정, 다시 말하면 과학이 가치중립적이라는 믿음은 과학에 대한 환각 중 하나이다. 과학 역시 시대의 소산이다. 과학을 넘어서서 어떤 문화 구조물을 논하더라도 가치중립적인 것은 없다. 우주에 대한 끝없는 연구 끝에 우리가 발견하는 것은 기껏해야 우리의 얼굴이다. 우리의 모든 지식은 결국 우리에 관한 지식이기 때문이다. 데이비드 흄이 과거의 유물론적 경험론을 일소하고 기존의 과학적 법칙에 부여하는 인간의 신념을 분쇄했을 때 거기에는 인간만이 남아있게 되었다. 결국 모든 지식은 우리의 믿음이고 요청이다.

다윈의 진화론 역시 시대적 요청이었다. 19세기는 진화에 대한 신념이 팽배해 있던 시기였다. 산업에 적용된 기술은 엄청난 생산력을 불러왔고 이제 인간은 하나의 행성에 대한 완전한 주인이 되었다는 신념에 가득 차 있었다. 자연 세계에 대한 우리의 지식은 끝없이 확장될 것이었고 세계는 계속 진보할 것이었다. 과거에서 미래로 향하는 선이 그어졌고 그 선은 완전성을 향하고 있었다. 환원주의는 진보에 대한 이러한 신념에 기초한다. 우리는 태초의 것이 역사적으로 확장되고 진보되어 여기에 있다. 그리고 미래는 현재에 의해 설명된다. 불가지론이나 회의주의는 환원주의에 의해 일소되었다. 하나의 정식定式이 인수분해에 의해 분석되듯이 우리의 현재는 과거로부터의 축적에 의해 연역되고 설명될 수 있었다.

마르크스는 물질적 생산관계라는 하부구조에 의해 우리의 모든 문화구조물은 환원 설명될 수 있다고 주장하고, 쇼펜하우어는 생에 대한 우리의 의지에 의해 우리의 표상이 설명될 수 있다고 주장하고, 프로이트는 성적 욕구에 의해 우리의 행위가 설명될 수 있다고 주장한다. 이들과 더불어 다윈은 진화에 의해 현재의 생물적 다양성이 설명될 수 있다고 주장했다.

세계는 고정된 것이 아니었다. 세계는 역동적인 운동과 변화에 처해 있었고, 다윈은 이 신념을 "자연 세계에는 간극이 없다 There is no gap in nature"라고 표현한다. 이제 플라톤적인 의미의 관념적 고정성보다는 모든 것을 가변적인 것으로서 변화의 와중에 있는 것으로 치부하는 새로운 세계관이 팽배해진다. 마르크스가 사적 유물론을 끌어들여 계급 간에 존재하는 고정적 간극을 부정하고 결국 모든 사회는 끊임없는 변전을 겪는다고 주장할 때, 다윈은 진화론을 끌어들여 종적 고정성을 부정하며 종은 그대로 존재하게 되었고 각각의 종은 견고하고 확고하게 그 자체로서 항구적이라는 진화론과는 상반되는 기존의 신념을 분쇄한다. 생물 세계는 변화 자체가 본질이고 각각의 생물은 서로 떨어진 고정성을 지니기보다는 연속적인 진화도상의 일시적인 단계에 지나지 않는다.

세계의 탐구에 대한 이러한 시도는 당시에 팽배해 있던 실증주의적 폭로주의에 입각해 있었다. 당시의 지식인들은 세계를 덮고 있는 어떠한 선험적인 원칙도 제거하기를 원했고 오로지 인간의 실증적 시도만으로 세계는 그 베일을 벗게 될 것이라는 순진한 자신감에 가득 차 있었다. 사실상 진화론은 발표되자마자 곧 반론에 직면하게 된다. 그것은 다음과 같았다. 첫째, 진화론은 새로운 종의 발생은커녕 적자생존의 유효성에 대한 증거를 제시하지 못한다. 상어는 가장 잘 적응했기 때문에 진화도상에서 뒤처졌다. 둘째, 두 종 사이를 매개하는 제3의 것이 없다. 다시 말하면 진화를 시작하는 초기적incipient 생명체, 혹은 변이적transitory 생명체가 존재하지 않는다. 셋째, 복잡한 기관(새의 날개나 눈과 같은)의 발생에는 축적된 변이가 도움되지 않는다. 왜냐하면 완결된 형태여야만 유효하기 때문이다. 넷째, 어떤 기관은 그 유효성을 넘어선다. 예를 들면 인간의 뇌세포는 생존 경쟁과 관련 없이 지나치게 많다. 다섯째, 눈의 발생 등과 같은 경우, 유연관계가 먼 두 종 사이의 눈의 발생과정과 기능과 조직성이 정확히 동일할 때 이 우연을 진화론은 설명할 수 없다. 예를 들면, 척추동물과 연체동물은 눈이 생기기 훨씬 이전에 진화도상에서 분기했는데도 불구하고 그들 눈의 발생 과정과 기능 등이 매우 유사하다. 이것은 45억 년의 세월과 셀 수 없는 개체 수를 가정한다 해도 불가능한 우연이다.

진화론자들은 이러한 반론에 대해 나름의 해명을 해왔지만 사실상 어느 것도 만족스럽지 않다. 모든 과학적 가설이 그러하듯 진화론 역시도 사회적 요청이었기 때문이었다. 진화론은 말해진 바대로 실증주의와 환원주의에 기초한다. 당시의 사회는 여기에 입각하여 진화론과 같은 가설을 요청했다. 진화론은 고맙게도 정치적 우파와 좌파 어느 쪽에나 봉사할 수 있었다. 우파는 진화의 결과를 강조했고, 좌파는 진화의 전개 과정에 집중했다. 기득권자들, 즉 특권적 귀족과 산업 부르주아들은 자신들이 경쟁에서 살아남은 적자 the fittest임을 강조하여 자신들의 특권을 당연시했고, 이러한 이념에서 사회 혁명과 정부 개입, 노동조합과 사회주의에 반대했다. 반면에 좌파(이들이 이론적으로나 실천적으로나 더 영향력이 컸다)는 진화론을 사회개혁의 요강으로 받아들였다. 마르크스가 자신의 자본론 1권을 다윈에게 헌정한 것은 이러한 동기였다. 정치적 좌파들은 변경 불가능한 체제 — 기득권자들을 위해 봉사하는 — 는 없다고 주장하며 진화론을 거론했다. 모든 사회 형태와 계급은 생명 현상과 마찬가지로 일시적이고 기능적인 것이고 언제고 박진적인 변화 도상에 있는 것이었다.

과학은 자신이 지녔던 19세기의 권위를 계속 유지하고 싶어 한다. 사실상 과학이 전통적으로 지녔던 신성 불가침하다고 할 만한 권위는 인식론적 경험론의 도입에 의해 붕괴되었다. 이 사실을 대부분의 과학자와 일반인들이 모를 뿐이다. 과학이 경험적 관찰과 실험에 의한다면 과학적 가설은 귀납추론에 의한 것이고 귀납추론은 보편성과 필연성이라는 권위를 지니지는 못한다. 과학적 가설은 선험적인 것이 아니다.

문제는 출발점에서 발생한다. 환원주의 자체가 기초하는 최초의 전제의 확실성이 의심받게 되었다. 유클리드 기하학은 공리와 공준으로부터 출발하는바, 그것들 자체가 증명 불가능하다는 데 문제가 있다. 마찬가지로 다윈의 진화론 역시 최초의 생명을 가정해야 하는바 최초의 생명 현상의 발생은 진화보다 훨씬 더 큰 신화 — 상상조차 불가능한 신화 — 이다. 하나의 과학적 가설로서의 진화론이 지닌 신뢰성 이상으로 진화론적 방법론이라고 할 만한 환원주의 자체가 붕괴했다.

이제 세계는 구조주의적 탐구로 접어들고 있었다. 비트겐슈타인은 과거보다는 현재에 집중한다. 현재의 언어를 하나의 체계로서 선험적으로 가정하고 그 최초의 출발점(그가 '단순자'라고 말한)을 요청한다. 즉 과거는 실존하는 것이 아니라 현재에 의해 요청되는 것이다. 이것이 유명한 "단순자에 대한 요청demand for the simples"이다.

이제 진화론에서 인류 발생의 기원을 찾으려는 시도는 시대착오에 지나지 않는다. 다윈은 2백 년 전에 속한 사람이고 그 시대의 요구에 잘 부응한 과학자였다. 그러나 현대는 그러한 어설픈 가설을 곧이곧대로 믿지 않는다. 중요한 것은 현재이고 현재는 자신의 과거를 요청할 뿐이다. 현재는 과거를 재해석할 뿐만 아니라 재창조한다. 인류의 기원에 대한 문제는 "말해질 수 없는 것what cannot be said"이 되었다. 우리는 우리의 출신 성분에 대해 다시 한 번 미지의 세계에 들어가게 되었다. 과학적 정신으로 창조론을 믿을 수는 없다. 우리 세계와 우리 영혼과 관련하여 많은 것들이 미지의 세계에 속해 있듯이 우리 기원도 미지의 세계에 속해있다.

이것은 자못 심각한 문제이다. 거기에 단순자가 있다 해도 현존이 거기에서 자연스럽게 연역되었다면 말할 수는 없다. 여기에 현존이 있다. 그러나 그 현존은 설명되지 않는다. 그것이 근대적 방법론으로 설명되기 위해서는 연역이 가능해야 한다. 이것이 근대의 기계론적 합리주의의 기본적 가정이다. 그러나 이것은 불가능하다. 거기에 최초의 단순자가 있다 해도 현존은 그것에 의해 설명되지 않는다. 물론 현존을 분석하면 어디엔가 닿는다. 그러나 종합과 환원은 가역적이지 않다. 찰스 디킨스의 《위대한 유산》은 거기에 있는 단어들로 환원된다. 그러나 단어의 모임이 문학이 되지는 않는다. 거기에는 알 수 없는 무엇, 예술의 창조의 경우에는 기적이라고 말해질 만한 것이 있어야 한다.

이러한 상황이 근대에서 현대로의 전환을 불렀으며 다다선언을 불렀고 동시에 키치의 토양을 마련했다. 키치는 실존주의와 병존한다. 밀주가 금주법에 기생하고, 지하경제가 금융실명제에 기생하듯 키치는 실존주의에 기생한다. 현존이 설명되지 않는 것이 "부조리"이다. 다시 말하면 현존에 대한 연역적 설명이 붕괴될 때 부조리가 자리 잡는다. 기하학의 예를 들면 공준의 참임의 입증 불가능이 부조리이다.

이때 키치는 현존이 설명될 수 있다고, 다시 말하면 실존적 분투는 의미로 바뀔 수 있다고 말한다. 키치가 현대적인 이유는 여기에 있다. 키치는 현존이 설명되지 않는 상황을 배경으로 한다. 이때 통속예술은 어떤 설명도 구하지 않는다. 그것은 차라리 망각이고 외면이며 싸구려 오락이다. 오락 가운데 시간은 흐르고 자신은 아무것도 아님nobodiness을 인정한다. 물론 통속예술도 의미를 상정한다. 이것은 중요한 문제이다. 통속적 주제가 의미의 소멸에 대해 말할 때 그것은 신사실주의라는 가장 고급스러운 현대예술이 된다. 그러나 통속예술은 가장 진부한 의미를 상정한다. 보통은 스스로의 유치함을 인정한다. "사는 것이 다 그런 것 아냐?"라고 말하며.

전통적인 고급예술은 생명력 넘치는 실재reality 위에 기초한 심미적 표현으로서 의의를 가진다. 현대예술은 실재 없는 세계에서의 정직한 삶의 양상을 또한 심미적으로 표현하려 노력한다. 통속예술은 유치하고 빤한 실재를 가정함에 의해 우리를 웃긴다. 키치는 현대에서 유의미한 실재가 가능하다는 기만 속에 삶을 행복한 질병으로 몰고 간다. 실재의 유무가 가치 있는 예술의 전제조건은 아니다. 실재의 유무, 혹은 그것에 대한 신념보다 중요한 것은 세계에 대한 정직한 시선, 자기 자신이 된다는 것이다. 키치는 의도적이건 그렇지 않건 여기에서 실패한다.

키치는 진지함의 토양을 지닌다. 그것의 너무도 진지하고 심각한 거드름이 구역질을 부른다. 현존에 대한 자신들의 해명은 분명한 가치를 가지며 그것도 심오하게 그렇다고 말한다. 그러므로 키치는 달리 말하면 "심오한 의미"거나 "진지한 연역"이라고 말해질 수도 있다. 거기에 의미와 연역이 있다면 그것은 먼저 거짓이다. 거기에 진지한 거드름까지 있다면 그것은 이제 키치이다.

두 종류의 키치가 있다. 의미와 연역을 스스로가 믿는다면 그것은 "어리석은 키치"이다. 만약 스스로가 이익을 위해 그것을 끌어들인다면 그것은 "자기 인식적 키치"이다. 그러므로 후자의 키치는 하나의 악덕을 더 가진다. 자기기만은 역겨운 악덕이다.

어떤 의사인가가 증상이 병인에서 연역된다고 믿고, 어떤 과학자가 현상은 최초의 것들의 위치와 운동량에서 연역된다고 믿고, 어떤 민족주의자가 국가는 민족에서 연역된다고 믿는다면 그들은 "어리석은 키치"에 잠겨있다. 만약 이 믿음이 단지 환자에게서 돈을 벌기 위해, 자기 과학의 기초를 확고하게 하며 권위를 가지기 위해, 민주주의라는 원리주의에 의해 이익을 보고자 할 때 이제 이것들은 "자기 인식적 키치"가 된다.

키치는 현대에 이르러 심지어는 하나의 생활양식으로 자리 잡았다. 그것은 비겁, 어리석음, 허영 등의 비료에 의해 번성한다. 근대에는 키치가 있을 이유가 없었다. 그때에는 단지 참과 거짓이 있었다. 그러나 현대에 이르러 참과 거짓의 기준이 사라졌다. 그 자리를 "말해질 수 있는 것"과 "말해질 수 없는 것"이 메웠다. 참과 거짓은 말해질 수 있는 영역에서의 규약의 검증에 의해 결정된다. 말해질 수 없는 것은 검증 불가능한 "헛소리"이다. 키치는 말해질 수 없는 것을 대치하며 나타난다. 우리의 모든 희망, 모든 공포, 모든 선의, 모든 악의는 "말해질 수 없는 것"과 관련되어 있다. 그것들은 전통적으로 윤리학, 정치철학, 미학, 형이상학 등이었다. 키치는 이 영역에서 번성한다. 이 영역이 내재적인 의미에 의해 하나의 지적 체계를 구성한다고 누군가 말한다면 — 다들 그렇게 말함에 의해 밥벌이를 하는바 — 이미 그는 키치 속에 몸을 깊이 담갔다. 이런 측면에서 보자면 키치는 기생 인간이다. 단지 활동이어야 할 영역, 비트겐슈타인이 말하는바, 보여줘야 할 영역에서 말함에 의해 거짓 예언자가 되고 이익을 얻어내기 때문이다. 통속예술은 이러한 것들에 대해 어떤 관심도 기울이지 않는다. 통속예술은 "대표 없이 과세 없다."

키치는 그러나 과세 없이 대표권을 요구한다. 그것은 거짓을 말하며 존경을 요구한다. 통속예술과 키치 모두 진실에 다가갈 수 없다. 현대에 이르러 진실은 하나의 존재가 되기를 그쳤다. 그것은 유형적인 것이 아니게 되었다. 현대의 진실은 하나의 양식이지 대상은 아니다. 그러나 키치는 삶에 양식을 정할 수 있다고 주장한다. 통속예술 역시 같은 것을 주장한다. 그러나 통속예술은 엄숙함과 진지함을 주장하지 않는다. 그것은 거짓된 환각임을 자처한다. 반면에 키치는 스스로가 항구적인 쓰임새를 지닌 고급 양식이라고 주장한다.

키치의 필연성은 매우 현대적이다. 키치는 이와 같이 현대의 의미 상실에 기생하기 때문이다. 공동체의 이데아나 신이나 과학은 계속해서 우리의 의미였다. 그러나 이것들의 소실과 더불어 키치가 나타난다.

우주는 갑자기 광명을 잃었으며 의미의 문을 닫아버렸다. 신이 죽으면서 우리의 이성도 박탈했으면 차라리 좋을 뻔했다. "한 그루의 소나무나 한 마리의 고양이"(카뮈)는 부조리 때문에 고통받지는 않는다. 이성이 불러들인 의식이 우리를 힘들게 한다.

빛을 잃은 인간은 어둠 속에서 그의 길을 더듬어 찾았다. 때로는 모든 의문이 풀린 듯하지만 그것은 언제나 잠정적인 것으로 드러났다. 확고한 자신감이 넘치던 젊은 미켈란젤로와 말년의 미켈란젤로를 비교할 노릇이다. 미켈란젤로는 그의 말년에, 완벽하게 고전적이고 환각적이었던 젊은 시절의 양식을 거부한다. 신앙과 권위가 붕괴되며 그의 고전적 예술도 해체해 나가기 시작한다. 파올리나 예배당의 프레스코화인

〈사울의 개종〉과 〈십자가에 처형되는 성 베드로〉 혹은 〈론다니니의 피에타〉는 고전주의의 해체와 마니에리스모manierismo로의 이행을 보여주고 있다. 우주와 삶의 의의가 또다시 미궁 속에 빠졌고, 자신이 쟁취했다고 믿었던 의미들이 또다시 헛된 것이라는 절망의 결과였다. 그러나 그는 절망할지언정 키치를 불러들이지는 않았다. 그가 위대했기 때문이

▼ 미켈란젤로, [십자가에 처형되는 성 베드로], 1542~1550년

▶ 미켈란젤로, [론다니니의 피에타] 얼굴 부분(위)과 전신상(우), 1564년

기도 했지만, 새로운 의미가 있을지언정 의미의 완전한 상실은 있을 수 없다고 그는 믿었기 때문이었다. 우리 젊은 시절이 불안과 혼란과 동요에 처해 있었을 때도 의미의 부재를 받아들이지 않았던 것처럼. 의미는 분명히 있지만 자신이 못 찾고 있을 뿐이라고 자책하며.

신은 죽었고 우리 이성도 그 신념을 잃었을 때 인간이 무엇을 할 수 있을까. 다다이스트들이 그러했듯이 일단 부술 것이라도 있는 한 괜찮다. 그러나 모든 것이 부서졌으면 건설을 해야 한다. 무엇을 건설해야 하는가. 여기에 어떤 지침도 없을 때, 우리의 분투는 모두 "허공에 색칠하기"(카뮈) 이외에 무엇이겠는가.

키치는 이러한 절망의 토양에서 자라나왔다. 인간은 알고자 하고 표현하고자 한다. 그리고 우주 속에서 그의 위치를 찾고 그의 삶을 충실하게 만들고자 한다. 삶과 존재 사이의 소외와 우주와 나 사이의 소외를 해소하고자 한다. 그 의미와 이해가 분명했던 신은 먼저 이해불능의 구름 속으로 숨어버리더니, 마침내는 영원히 사라지고 말았다. 신을 죽인 사람은 누구였던가. 실재론實在論의 자리에 유명론唯名論을 불러들인 사람들, 또 신을 불가지의 영역 속에 가둔 독일의 위대한 관념론자가 아니었던가.

칸트는 경험에 없는 것으로서 선험적인 것에 존재하는 어떤 것들이 있다고 말한다. 공간과 시간과 카테고리 등……. 그러나 그것들조차 하나의 형식으로 존재할 뿐, 결국 경험의 소여이다. 거기에 신을 위한 자리는 없다.

키치는 절망과 부조리에 대한, 답변 없는 우주 앞에서의 좌절감에 대한, 오도된 미약媚藥이며 거짓된 위안이고 비천한 사탕발림이다. 키치는 불가해의 세계에 어리둥절해하는 우리 앞에 나타나서는 자기 자신을 삶의 의미로 삼으라고 말한다. 키치는 진실에 대한 절망적 요구를 거짓된 답변으로 대치시킨다. 뗏목의 난파자를 구멍 뚫린 구명정으로 옮겨 싣는다. 그럴듯해 보이지만 구원의 가능성은 영원히 사라진다. 서서히 침몰한다. 자기도 모르는 사이에. 이들이 누구였을까? 끝없이 절망한다 해도 거짓을 삶의 의미로 삼지는 않았겠다. 키치 따위가 기만하지 않았다면. 거짓된 위안이 어째서 진실한 절망보다 낫단 말인가.

아무리 기다린다 한들, 그 무료와 공허를 채우기 위해 아무리 많은 소리를 지껄인다 한들, 절대로 오지 않을 것 같던 '고도Godot'는 너무도 쉽게, 너무도 아름다운 모습으로 치장하고 나타났다. 이럴 줄 알았으면 희망을 가져도 좋을 뻔했다. 절망과 냉소는 너무 성급했다. 뽀조는 틀렸다. 그런데 그 고도는 진짜 고도인가. 혹시 왕녀로 위장한 "눈의 여왕"은 아닌가.

키치는 잘 차려입은 채 정체를 감추고 있는 하인배이다. 돈키호테가 아니라 산초 판사이다. 그러나 당당하고 가증스럽고 오만한 하인배이다. 이상주의자를 자처하지만 조촐하고 상식적인 현실주의자이다. 실속을 위해 실속 없음을 가장한다. 헛된 이상주의자에 비해 얼마나 더 현명한 것인가. 얼마나 더 안전한 것이고 얼마나 더 바람직한 것인가. 키치는 말한다. "나 없이 살겠다고? 좋도록 하라. 그러나 너의 운명은 영원한 절망인 것을 알라. 시시포스를 보라. 그의 노역이 어떠한 종류의 것인가를 기억하라. 키에르케고르를 보라. 길바닥에서 죽지 않았는가. 스피노자를 보라. 가난과 가슴앓이가 그의 운명이지 않았는가. 나의 품이 따뜻한 줄 알라. 그리고 나의 요구란 얼마나 조촐하고 소박한 것인가. 나는 어떤 것도 요구하지 않는다. 너의 보잘것없는 영혼만을 내게 위탁하면 된다. 아무 값어치도 없는 것 아닌가. 너 자신에게도 누구에게도." 영원히 죽지 않을 메피스토! 그것이 키치이다.

우리 앞에 놓인 선택은 절망에 절망을 쌓아가든지 키치를 택하든지 둘 중 하나이며 자기 삶으로부터 키치를 추방한다는 것은 거듭된 절망과 파산을 자기 운명으로 삼는 것을 의미한다. 여기엔 커다란 용기와 결의가 필요하다. 갱신의 과정밖에 없는 삶이란 어떤 것인가. 누가 이것을 택할 용기가 있겠는가. 세계의 건설이 소멸을 전제할 때. 그러나 우리에게 주어진 것은 "분투하는 나"밖에 없다. 그리고 시간은 현재밖에 없다. 따라서 "순간을 사는 나"밖에 없다.

그렇지 않다면 키치가 비난받을 이유는 없다. 키치는 "수고하고 무거운 짐 진 자"에게 헤로인을 주사하는 구세주이다. 세계가 그 전체로서 우리에게 유의미한 것이 아니라면, 그저 단순한 사물들과 무의미한 파편들의 질서 없는 쓰레기더미라면, 거기에 나름대로 의미 있는 질서를 부여하고 그것들을 핑크빛 페인트로 칠해주는 키치는 부조리로부터의 탈출구가 아닌가. 인간은 어느 아득한 섬에서 불현듯 잠을 깼고 부조리와 무의미의 한가운데로 던져졌다. 그는 묻고, 또다시 물어야 할 운명이었지만 다행히 키치가 나타났다. 그를 내쫓은 낙원 대신 그가 스스로 만든 낙원이 나타났다.

이제 한 가지만 더 필요하다. 그 낙원이 그가 꾸며낸 것임을 잊고 대용물인 것을 잊으면 된다. 낙원은 회복되고 소외는 해소되었다. 그것도 진실의 타협과 동의 없이 해소되었다. 이것이 환상이라는 것은 중요하지 않다. 어떤 가치가 행복에 비견될 수 있겠는가. 왜 행복을 포기하고 절망해야 하는가. "그것은 덧없는 인간을 위한 성스러운 아편"(보들레르)이다. 이제 스스로 즐기면 된다. 왜 진실하려 노력하는가. 진실을 고민해야 할 이유가 어디에 있는가. 부디 우리를 이러한 잠에서 깨우지 말라. 우리는 병적 행복을 정상적 불행으로 바꾸고자 하지 않는다. 존재란 우리의 인식 이외에 아무것도 아니다.

키치 가운데서 행복하려면, 이것들이 스스로의 기만으로 만들어진 환각이라는 사실을 잊어야 한다. 이것은 비밀스럽고 부드럽고 달콤하고 때로는 시큼한 사이비이다. 그러나 사이비라는 것이 무엇이 중요한가. 당신은 사이비 없이 살아가는가? 사이비 없이 삶을 사는 사람이 어디에 있는가. 사이비는 모든 사람의 예술이고 필연적인 예술이다. 어떤 예술들은 고귀한 미를 이야기하지만, 우리는 행복의 가치를 주장한다. 모든 미는 사실은 거추장스러운 것 아닌가. 쇼펜하우어가 말한 바와 같이 종교는 "무식한 사람들의 철학"이고, 마르크스가 말한 바와 같이 "불행한 사람들의 아편이다." 왜 예술에 이러한 것이 없어야 하는가. "예술이 있으면 신 없이 죽어갈 수 있다"고 말한 것은 니체가 아니었던가.

훈련으로서의 키치

중·고등학생의 예술 과목 선생님들은 방학숙제 중 하나로 음악
회나 전시회 입장권 제출을 요구한다. 예술을 감상했다는 증거를 학교
에 제출해야 한다. 그 생도들은 그래도 이 엄격한 숙제 덕분에 음악회장
에 앉아 있게 되거나 갤러리의 그림들을 감상하게 된다. 거기서 진지하
고 엄숙한 표정과 때로는 자아도취적인 태도를 짓는 연주자의 연기를
감상하거나, 갤러리에서 장난도 아니고 예술도 아닌 것으로 보이는 것
들을 나름 감상하게 된다. 그들이 감상하는 것은 정말이지 연기나 쓰레
기이지 예술은 아니다. 물론 학생들은 그나마도 이해할 능력을 못 가진
다. 생전 처음 스크랴빈이나 드뷔시를 듣는 학생들이 무슨 음악을 듣겠
는가. 음악을 듣기 위해 귀의 훈련이 필요한 것은 미분방정식을 풀기 위

해 수학적 연산의 훈련이 필요한 것과 같다.

학생들 역시 소비재로서의 통속예술의 고객이다. 아마도 어느 집단보다 열렬한 애호가들이다. 더하여 그들 역시도 첫 번째 예술적 경험을 키치로 시작한다는 것은 다른 예술 애호가들과 같다. 진정한 예술이란 일종의 기적이고 기적과 접할 기회는 없다. 예술의전당이나 카네기홀이나 어디나 간에 현재 진행되는 예술적 행위는 그 무의미한 심각성과 엄숙함이 어울려 모두 키치이다. 바흐나 모차르트가 우리 시대에 그렇게 진지하고 심각하게 연주되어야 할 이유가 어디에 있는가. 그들의 시대에는 비교할 수 없는 호소력과 진실을 지녔다고 해도, 그들은 그들의 시대에 속한 사람들이고 자신의 이념과 우주를 표현한 사람들이다. 달구지가 굴러다니고 낭만의 끄트머리나마 남아 있던 시절에. 그러나 우리 머리 위에는 보잉 747 제트 여객기가 굉음을 내고 있고, 모든 사람들 사이가, 그리고 인간과 우주 사이가 소외되어 있다. 이 시대에 그것이 하나의 유희이며 장난이 아니라면 거짓말이고 키치이다. 그러므로 그 연주가 감동과 눈물을 이끌어내야 할 이유가 없다. 단지 감상이며 현실도피이고 휴식일 뿐. 인생은 힘든 것이고, 자아는 분열과 외로움 속에서 고통받는다. 그런 때에는 잠시 현실에서 도피하여 어두운 객석에서 카타르시스를 즐기면 된다.

그러나 여기에서도 악덕과 미덕은 구분된다. 과거의 예술을 현재에 재현한다는 것은 과거의 상황과 세계관을 동반하여 발생하지 않는 한 허구이다. 과거의 예술을 기준 삼아 오늘날의 세계가 그와 같지 않은 것을 원망한다거나 오늘날의 예술이 과거의 음조와 색조를 지니지 못한다고 비난한다면, 그것은 키치에 대한 동경이고 허위의식의 희구이다. 그러한 감상자에게 과거란 모두 키치로 존재하는 이상향이다. 그러나 악덕은 감상자 쪽에만 있는 것이 아니라 예술의 시행자에게도 있다. 짐짓 대단한 것인 양 위장하면서 할 수 있는 온갖 심각성을 더하여 연주하는 사람은 자신뿐만 아니라 청중까지도 키치 속에 고착시키려 시도한다. 그러나 그에게는 연주 행위가 하나의 유희이며 장난이 되어야 한다.

"당신들은 인생살이에 고달픈 사람들이다. 현실에 부딪히며 실망하고 고통받고 대답 없는 우주에도 절망한 사람들이다. 그러니 지금은 우리 다 같이 휴식을 취하자. 어쨌든 당신들은 돈을 지불했잖은가. 유희와 어릿광대짓을 구매할 자격이 있다. 자, 다들 현실을 잊고 이 어둠 속에서 과거의 한 시절을 즐기자. 당신네들에게 익숙한 선율이고, 나에게도 익숙한 선율 아닌가. 아무런 부담도 없지 않은가. 이제 곧 배반당한 지젤이 광란적인 자멸을 겪을 것이다. 손수건을 준비하시라. 그러나 무대에서 우는 것은 거짓말이다. 인생이 가면극인 것처럼 우리도 가면극 속의 가면극을 할 따름이다. 그러니 너무 진지하게 반응하려 들 필요는 없다. 이 연주회장의 어둠을 벗어나서는, 어쨌든 또다시 현실을 살아야 할 것 아닌가. 우리의 덧없는 유희가 당신 삶의 진지한 국면을 해치지 않도록 하라." 이것이 연주의 미덕이다.

그러나 과거 예술에 대한 경험이 주는 이득은, 그것이 키치임을 잊지 않는다면, 다른 곳에서도 존재한다. 우리의 좋은 취미는 악취미를 차례로 겪어오는 데서 성립한다. "개체 발생이 계통 발생을 재현"하는 것처럼 과거 예술에 대한 경험과 그 예술이 사용하는 어법에 대한 숙달이 궁극적으로 좋은 취향을 훈련시켜줄 수 있다. 과거의 한 시점이나 한 양식에 고착되고자 하는 유혹만 뿌리친다면, 축적된 예술적 경험은 상대적으로 드문 경우이긴 하지만 질적인 변화라는 과정을 겪게 된다. 취미는 정화되며 질적 스펙트럼으로 전환이 일어난다. 이것은 마치 신경증 환자의 병인을 제거하기 위해 의사가 자신에게 환자의 감정 전이를 허용하는 것과 같다. 그러나 의사에게 그 감정이 영원히 고착되어서는 안된다. 환자는 회복되어야 하고 삶의 궁극적인 현실성을 냉정하게 바라볼 수 있어야 한다. 즉 과거의 예술에 대한 진지함을 방법론적으로 사용하는 것이다. 그렇지만 과거의 예술은 감상자를 밀어내야 한다. 감상자에게는 그들의 세계가 있는 것이다.

백화점 쇼핑으로 개성과 안목을 키워나가는 아가씨가 창조적인 디자이너가 될 수 있는 것처럼, 싸구려 로맨스 소설에 탐닉하던 소녀가 이제 제임스 조이스나 버지니아 울프를 감상할 수 있게 된다. 그리고 3차원 그림 맞추기 퍼즐Jig-saw puzzle의 모조품 로마네스크 성당에 관심 있던 꼬마가 어느덧 산 비탈레 사원 안에서 감탄할 수도 있다. 회초리가 아니었더라면 아홉 개의 교향곡을 작곡하지 못했을 한 위대한 음악가가 그랬듯이, 업적과 허영을 중시하는 현대 사회는 우회로를 돌아서 진정으로 안목 높은 감상자나 예술가를 키워낼 수 있게 되는 것이다.

키치는 우선 대중에게 기쁨과 즐거움을 준다. 이것은 마치 캡슐로

싸인 약이나 주사 놓기 전 간호사가 찰싹 때려주는 동작처럼 진정한 예술로 접근할 하나의 기회를 제공한다. 그리하여 감상자를 점차 안목 높은 존재로, 진정한 예술 애호가로, 까다로운 요구를 해대는 예술 소비자로, 그리고 때때로 우주의 침묵 앞에서 파멸적인 고통을 짊어진 예술가로 키워낸다.

주의해야 할 것은 퇴행과 고착이다. 멘델스존의 〈E단조 협주곡〉에 고착하여 온갖 연주자의 음반을 모아서는 그 미묘하고 기교적인 차이에만 집착한다거나, 어떤 연주자나 어떤 시대에만 고착하여 그 연주회에는 불원천리 참석하면서 예술의 본래적 의미에는 무관심하거나, 구스타프 말러의 나약하고 유치하고 감상적인 "시큼한 키치Sour Kitsch"에만 알 수 없는 집착을 보이는 것은 고착이며 퇴행이다. 우리 시대에서는 우리 시대가 지불해야 할 빚이 있고, 우리 시대가 조성해야 할 자본이 있다. 이것이 삶에 대해 치러야 하는 값이다.

현대인이 살 수 있는 시대는 현대밖에 없듯이 현대인이 감상해야 할 예술은 현대예술이어야 한다. 과거의 예술에 집착한다면 그는 현대인은 아니다. 현대인이라는 서클은 그 입회가 매우 까다로운 — 어떤 사람에게는 심지어 불가능하게 느껴지는 — 자격요건을 구성한다.

아인슈타인, 하이젠베르크, 소쉬르, 비트겐슈타인, 몬드리안, 스티브 라이히 등이 그 입회의 사정관이다. 모두가 이 현대의 스핑크스들의 검증을 받아야 한다. 현대인들에게는 상대역학, 불확정성의 원리, 공시언어학, 언어철학, 기하학적 형식주의, 미니멀리즘 등의 이해라는 매우 어려운 과제가 주어질 것이다. 그러나 이것은 불가피한 과제이다. 자기 삶이 통속성이나 키치를 벗어나기 위해서는.

과거 세대들이 이룩한 예술적 노역에 기생하는 것은 조상들이 조성한 자본의 이자를 뜯어먹는 후손의 부도덕이다. 우리 시대에는 우리 시대의 예술이 있다. 그리고 그 예술은 기와로 만들어진 독립기념관이나 서울대학교의 규장각 같은 것은 아니다. 그것들이야말로 한때 의미 있었지만 지금은 유물로서밖에는 기능적·심미적 가치가 없는, 한 시대의 자본에 기생하며 만들어졌다.

그러므로 연주자라는 직업을 가진 과거 예술의 시행자들은, 한편으로 청중을 끌어들이면서 다른 한편으로는 밀어내는 모순적인 일을 해야 하는 입장에 처한다. 훈련과 휴식을 제공하기 위해서는 끌어들여야 하지만, 진실한 삶을 살게 하기 위해서는 다시 밀어내야 한다. 그렇게 한다면 그들은 키치를 모면하게 된다. 그러나 그렇게 하지 않는 한, 그들의 연주 행위는 키치이며, 그들의 인생도 키치이고, 그들 자체도 키치이다. 연주 행위란 창조도 독창성도 아니다. 거기에 독창성이 있다면 독창적인 유희 이외에 아무것도 아니라는 사실, 스스로는 팔리아치라는 사실을 겸허하게 마음에 새길 때에 연주자들은 그들에게 고유한 부도덕을 가까스로 피할 수 있게 된다.

키치적 사물

예술이 키치로 전락하는 것처럼 사물도 키치의 옷을 입고 나타난다. 키치는 단지 예술만의 문제는 아니게 되었다. 우리는 키치에 둘러싸여 살고 있고, 키치적 인간관계를 맺고 살며, 키치적 삶을 영위하고 있다. 현대적 삶 자체가 키치이다. 이 질병에서 자신은 자유롭다고 말할 수 있는 사람은 없다. 모든 인간은 키치의 요소를 지니고 있고 예술가도 과학자도 예외가 아니며, 아무것도 아닌 사람도 예외가 아니다. 에라스무스의 우신愚神이 마음껏 조롱하는 것처럼, 우리 존재 자체가 말로는 못할 "그 우스운 것"의 덕이다.

키치에 대한 도전은 사회적 고립이라는 대가를 치른다. 모든 모임은 통속적이거나 키치적이다. 통속성은 참을만하다. 스스로를 사유 없는 동물로 전락시키면 언제라도 통속적 삶은 가능하다. 여기에는 어떤 비난의 여지도 없다. 누군가가 이러한 삶의 양식을 비난한다면 우리는 간단히 대립한다. "삶에 다른 어떤 것이 있느냐"고.

이러한 삶은 무신경과 물신숭배를 요구한다. 통속적 만족만이 삶의 전부이기 위해서는 먼저 실존의 문제에 무심해야 하고, 다음으로는 그 감각적 향락을 위해 재화가 필요하다. 이 양식은 따라서 부유한 자들의 양식이다. 이들은 단지 요한계시록의 한 어구에 부딪히지만 않으면 된다. "너희는 스스로가 풍요롭고 부유하여 부족한 것이 없다하나 내가 보기에 너희는 곤고하고 가난하고 가엽고 헐벗고 눈멀었도다."

키치적 모임은 많은 경우 사회적 패배자들의 모임이거나 통속적 모임에 대한 자부심 넘치는 우월감의 소산이다. 사회적 패자들, 즉 통속적 사람들이 성공한 그 통속적 승리에서 자기 자리를 얻지 못한 사람들이 의미체계에서의 우월감에 의해 사회적 패배를 보상하고자 할 때 이러한 지적 혹은 심미적 키치가 생겨난다. 이들은 가난이 주는 모멸감과 부에 대한 질투를 유의미하다고 믿어지는 다른 어떤 활동에 종사함에 의해 견뎌낸다. 독서모임이나 환경보호 모임은 이런 사람들로 북적인다.

물론 사회적 승자들의 키치적 모임도 있다. 이들은 사회적 승리에 보태 지적이거나 심미적 우월감을 느끼고자 하는 탐욕스러운 사람들의 모임이다. 그것은 새로운 전체주의이며 달콤한 전체주의이고 폭력 없는 전체주의이다. 키치는 자신의 양식과 규준을 모든 사람에게 강요하고 있고, 심지어는 인간과 환경, 인간과 사물, 인간과 인간관계까지 구속하고 있다.

TV는 현대인의 저녁 시간을 완전히 장악하고서는, 그 고유의 기능 — 인간을 수동적이고 무기력한 오락 향수자로 만든다는 — 뿐만 아니라 그것이 제공하는 무가치한 프로그램으로 인간 잠재력을 말살하고 인간 정신을 황폐화하게 만든다. 그리고 그것이 각 가정의 거실로 쏟아내는 상품 광고는 '키치적 상품'의 선전도구이고 온상이다. 그러나 이것이 문제의 전부는 아니다. TV 광고의 부도덕은 그것이 키치적 상품을 선전한다는 것 이상으로 그 광고의 전달 양식 자체가 키치적이라는 데 있다. 다른 말로 하면 "광고는 그 자체로서 이미 하나의 키치적 상품"이라는 것이다. 그 광고들이 그것이 지닌 영향력으로 우리 삶의 모든 국면을 키치적인 것으로 채색한다는 사실은, 두렵지만 이미 나타나고 있다. 키치적 표현, 키치적 사고방식, 키치적 믿음, 키치적 우정, 키치적 사랑, 키치적 본능, 키치적 부부관계, 키치적 부자관계, 키치적 인간관계, 키치적 결혼, 키치적 가정 등.

커피 광고는 커피에 대해 말하지 않는다. 그 회사의 커피가 어떤 개성적인 향기를 지니고 있다거나 어떤 차별적 맛을 낸다거나 하는 것은 보이지도 언급되지도 않는다. 보이는 것은 아름답고 우아하게 꾸며진 여성과 성공한 듯이 보이는 남자가 유치한 자막이나 내레이션과 더불어 분위기 있는 곳에서 커피를 마시는 광경이다.

소비자의 관심을 상품 그 자체로부터 다른 곳으로 이전시키고 있다. 그것은 아마도 호사스럽거나 관능적이거나 아늑한 분위기일 것이다. 그 광고는 '이차적 작용'을 해치운 것이고, 전형적인 키치적 광고가 되었다. 사용가치는 이렇게 잉여가치로 전락하고 사물의 의미는 쓸모없는 것으로 전락한다. 유일하게 상승하는 것은 소비자의 허위의식이고 소비 욕구이다. '예술 없는 예술'이 키치적인 것처럼, 여기에는 '상품 없는 상품'이 키치가 된다.

이것은 매우 슬프고 역겨운 상황이다. 이러한 광고가 유효하다는 사실은 우리 사회가 얼마나 병들었는가를 말하기 때문이다. 19세기 실증주의 시대 이래로 상품과 그것이 조성하는 아우라는 분리되었다. 상품은 단지 상품일 뿐이다. 그것이 스스로의 효용 이외에 다른 어떤 동기로 선택된다면 우리의 선택은 유용성이라는 일차성에서 허영과 감상이라는 이차성으로 옮겨간다. 이것은 이차적 눈물이다.

모든 사랑과 진실과 미가 "이차적 눈물"을 위한 도구가 되는 것처럼, 키치적 상품에서는 본래의 사용가치가 이차적 작용을 위한 계기를 마련하는 것으로 전락하고 만다. 본래는 보석을 넣어두기 위한 상자가 동시에 뮤직 박스가 되고, 정보를 전달하기 위한 책이 멋진 장정과 표지로 장식적 기능을 한다. 어떤 경우에는 사용가치가 아예 소멸하고 장식적 기능만을 하는 경우도 있다. 책이 단지 장정만 고풍스럽게 된 채로 가정이나 가게를 장식한다거나 여성복의 주머니가 장식적인 흔적으로 남은 경우이다. 서울 광희동의 고물상에는 온갖 종류의 잡동사니들이 팔린다. 그것들도 본래는 일정한 사용가치를 지니던 것들이다. 절구라거나 여물통이라거나 오래된 라디오 등은 한때 지녔던 사용가치를 잃은 채로 이제는 소유자의 허식적 안목을 보증하며 팔리기 위해 대기하고 있다.

키치는 문명의 허위적 부스러기들을 일상생활 속에서 구현하고 증명해준다. 이런 의미에서 키치는 프티 부르주아petit bourgeoisie들의 수상한 심미적 능력을 보여주기 위해 봉사하는 일종의 사회적 기능을 지니며, 이 기능을 본래의 사용기능에 부가하여 지닌다. 키치와 프티 부르주아는 조촐하다는 것과 효율적이라는 것, 그리고 다면적인 적용이라는 속성을 공유한다. 프티 부르주아는 단지 심미적 즐거움만을 위해 물건을 구매하지는 않는다. 이것은 마치, 귀족은 하인을 즐거움으로 채용하지만 부르주아는 부리기 위해 채용하는 것과 같다(프랑스 중위의 여자).

그들이 물건을 구매하는 기준은 쓸모이다. 그 쓸모에 자신의 안목을 보증해줄 일정한 미적 양식이 부과되면 잉여가치를 얻게 된다. 그러나 여기까지가 이야기의 전부가 아니다. 부가 증대되고 여유가 생겨나면서 쓸모와 속물근성의 역전 현상이 일어난다. 이제 물건의 사용가치는 그 물건을 만든 본래 목적에서 벗어나 구실로 전락하고 만다. 장식적 기능까지 있던 물건들이, 사용가치조차 있는 장식으로 변질된 다음, 마침내는 그 사용가치마저 소멸해버린다. 이제는 전혀 제 기능을 하지 않는 오래된 여물통이나 촛대나 수십 년 된 타자기들이 집안을 장식한다. 소유자의 안목을 방문객에게 자랑스럽게 알리기 위해서. 이리하여 프티 부르주아는 부르주아로, 그리고 그랑 부르주아로 상승한다.

사물에 대한 키치적 이념은 행복의 반反예술이다. 키치는 위장된 예술로서 진정한 예술을 소멸시키고 그 속물근성으로 사용가치마저 전락시킨다. 이러한 키치의 주요 고객은 중산층이다. 그들이 구매하는 키치의 사용가치는 마침내 그들의 허영과 사치에 대한 도덕적 변명밖에 되지 않는다. 그리고 이 도덕적 변명조차도 조만간 사라지고 만다. 필요한 것은 단지 뻔뻔스러움뿐이다. 뻔뻔스러움과 무식이야말로 상승하는 계층의 무기이다. 아니면 상승하고 있다는 자신감 때문에 마음 놓고 뻔뻔스럽고 무식할 수 있든지.

이러한 키치적 상품에는 '혁신성'이라는 예술 본래의 기능이 사라지고 만다. 이 경우 그 구매자는 '상품'이라는 명분 속에 숨는다. 어차피 사용하기 위한 것이 아닌가 하고 말하면서. 키치는 본래 혁신을 부정하고 그 자리에 분별을 가져다 놓는다. 그것은 이미 검증된 것, 그 가치를 이미 인정받은 것, 권위가 부여된 것에만 관심을 가진다. 그들 속물은 단지 모종의 야비함과 경비견과 같은 촉각으로 조촐한 부자가 되었다. 이들은 정신적 가치를 위해 자신의 사회적 가치를 거는 파멸적 모험을 하지 않는다. 그들의 부가 조촐하듯이 그들의 심미적 안목도 조촐하다.

이들은 제법 적지 않은 돈을 내고 일고의 가치도 없는 예술품을 사들인다. 한마디로 키치는 "퇴적의 예술"이다. 그 퇴적은 권위와 시간이 침전시켜준다. 속물들은 모험을 하지 않는다. 경제적 활동에 있어서는 그렇지 않을 테지만, 지적·심미적 활동에 있어서는 그렇다. 이것은 정신활동의 무능성 — 속물 일반의 숙명인 — 에도 그 이유가 있지만, 그것보다는 권위의 힘을 빌릴 때, 스스로 생각해야 하는 노고를 덜 수 있다는 게으름 때문이기도 하다. 이런 측면에서 속물이란 "거인의 어깨 위에 올라탄 난쟁이"이다. 더불어 천재의 업적에 기생함으로써 자신도 그 천재성을 공유하고 있다는 사실을 자족하거나 주위에 흩뿌리기 위해서도 권위에 맹종한다. 〈모나리자〉나 고딕 사원이나 기와집이 계속하여 변주되는 이유는 여기에 있다. 변주라면 차라리 팝아트라고 하겠다. 그 것은 그냥 모방이다.

또한, 다른 의미로도 키치는 퇴적의 예술이다. 본래 키치는 정열과 집중의 결과물은 아니다. 단지 양적인 축적이 있을 뿐이며, 이것이 오랜 시간이 지난 후에 엄청나게 팽창한 모습으로 드러날 뿐이다. 테니스 혹은 골프 대회에서 받은 싸구려 기념패, 근무한 회사에서 받은 공로패, 외국여행에서 사온 기념품, 조미료 회사에서 준 사은품, 팬시 상점에서 구입한 조잡한 물건들, 남편이 결혼기념일에 사온 엉터리 조각품 등. 이런 식으로 키치는 예술적 감성이 아무런 일관성도 없이 발현된 것이며, 사물이 이끄는 유혹에 제멋대로 이끌린 것이다. 거기에는 어떠한 조화도 없으며 일관성 및 전체성이라곤 찾아볼 수 없다. 그저 사물이 유혹의 눈길을 던질 때마다 하나씩 사 모은 것이다. 키치는 벼룩시장이며, 여기에서 취사선택은 무의미하다. 단지 가능한 한의 소유만이 있을 뿐이다. 키치는 이리하여 "조화로운 전체"라는 예술적 필연성을 저버린다. 거기에는 단지 퇴적 · 축적 · 침전 등이 있을 뿐이며, 전혀 어울리지 않는 사물들이 얼토당토않게 공존해 있게 된다.

축적과 병렬은 키치적 상품에만 있지 않다. 그것들은 '키치적 지식'

에도 존재한다. 자기의 전 존재가 몰두해도 성취하기 어려운 전공은 버려둔 채, 여기저기 고개를 내밀고 코를 들이밀며 싸구려 지식들을 자랑삼아 축적하는 지식인들은 이 점에서 전형적인 키치적 양상을 보인다. 다양한 전공 간의 교류는 그것이 어떠한 통일적인 구성 아래 축적되는 것이 아닌 한 무의미한 낭비이다. 예술에 관심을 가진 과학자라면, 그 관심이 진지한 것이 되려면, 예술이 과학과 어울려 어떤 전체를 구성하는가에 대한 집중된 노력과 역량이 있어야 한다. 사실은 학문 간의 연계란 쓸모없는 시간과 정력의 낭비이다. 거기에 벼룩시장 이외에 무슨 가치가 있는가? 도대체 학문의 여러 영역을 섞어 놓아 무엇을 하겠다는 것인가?

무엇을 하는가보다 어떻게 하느냐가 중요하다. 여러 학문을 하기보다 자기 영역을 보살펴야 한다. 여러 학문을 섞어 쳤을 때 통찰이 오는 것이 아니라 자기 영역에서 자기 가능성을 끝까지 밀고 갔을 때 통찰이 온다. 여러 학문은 단지 통속적 즐거움을 줄지언정 깊이 있는 통찰과는 상관없다.

사용가치와 심미적 가치는 건축을 제외하고는 같이 하지 않는다. 슬프게도 둘 중 하나가 잉여가 되고 만다. "조졸한 키치"의 양상이다. "먼저 살고 나중에 사치를"이다. 키치는 절대로 모험을 하지 않고 의미를 위하여 현존을 희생시키지도 않는다. 예술은 단지 하나의 장식이며 필요하다면 언제라도 버려질 수 있는 것이 된다. 이런 식으로 예술은 또다시 "이차적 눈물"이 되고 만다. 의대나 치의대에 부설된 메디컬 오케스트라는 이차적 예술 행위를 하고 있고, 문화사를 한다고 떠벌이는 수학교수와 한의학을 한다는 철학 교수는 전형적인 '이차적 허영'을 가진다. 이렇게 본다면 키치는 예술 모독적 예술이고, 학문 모독적 학문이다. 메디컬 오케스트라 단원들이나 문화사 수학교수나 한의사 철학 교수는 속물이 아니기 위해서는 조용히 스스로의 통속적 즐거움을 누리면 된다. 그것을 자랑하는 순간 그들은 키치를 한다.

이 "이차적 눈물"에서는 '일차적 눈물'에서 중요하게 다루어지는 취미의 전체성이라든가 내적 일관성 등은 중요한 것이 못 된다. 취미판단의 훈련도 없으며, 그것에 대한 엄숙성과 고초도 없고, 무의미한 사치에 대한 금욕적 노력도 없다. 물론 거기에도 어떤 종류의 조화와 통일성이 없는 것은 아니다. 그러나 그 통일성은 그 자체로서 반예술적인 통일성, 즉 모든 것이 쾌적함과 편안함과 허영을 위하여 봉사해야 한다는 통일성뿐이다.

19세기 영국의 건축물은 절충주의eclecticism적이다. 고딕식의 첨탑과 르네상스풍의 기둥과 코린토스식의 주두柱頭가 한 건물에 마구잡이로 혼재하여 예술적 감성의 지리멸렬함을 보여주고 있다. 그리고 21세기 초의 서울 강남구에도 이와 비슷한 건축물들이 마구 들어서 있다. 석조도 아닌 건조물들이 르네상스풍의 기둥과 그리스식의 팀파눔을 지니고 있고 심지어는 페디먼트까지 패여 있다. 설계자는 다시 한 번 남의 조상이 조성한 자본의 이자를 도둑질하고 있다. 그러나 그조차도 제대로 하지 못하고 있다. 건축물이라면 반드시 지녀야 할 통일성은 어디서도 찾아볼 수 없고, 단지 여러 과거의 성취들이 병렬된 채로 퇴적되어 있다. 이것들은 모두 키치이다. 그것도 아주 비용이 많이 드는 키치이다.

상품으로서의 키치가 가장 범람하는 곳은 백화점이다. 백화점은 그 안을 키치로 채운다는 점에서뿐만 아니라 그 경영양식이 키치적이고 그 건물의 구조 자체가 키치적이라는 점에 있어서 가장 키치적이다. 그

▼ 맨체스터 리폼 클럽, 1871년, ⓒ ClemRutter/gallery

곳이야말로 키치의 전당이고 키치의 성전이다. 백화점 상품은 사용가치에 덧붙여진 거짓되고 조악한 미로 소비자를 유혹하고, 소비자의 안목에 대한 자기만족을 제공하려 애쓴다. 백화점 건물 구조는 폐쇄적이다. 그 안을 돌아다니며 조촐한 사치와 거짓된 허영에 들뜬 사람들을 환상의 세계 속에 붙들어 매려는 노력이 어느 백화점 건물에서나 드러난다. 어디에서고 시계와 창문은 눈에 띄지 않는다. 백화점 경영자들은 소비자들이 일단 그 그물에 걸려들면 외부세계와의 접촉을 차단시킨다. 그들은 소비자들에게 이 환각의 세계는 영원하며, 이 호사스러움은 진짜이고, 그들 주위의 세계는 환상적인 아름다움을 지녔다는 기만적인 분위기를 제시한다.

시간과 공간은 언제나 한 개인에게, 그가 어떤 질서에 속해 있으며 거기에서는 지켜야 할 규칙과 규범이 있다는 현실감각을 준다. 이것은 이미 칸트의 선험적 감성론에서 얘기된 바이고 다시 비트겐슈타인에 의해 얘기된다. 그러나 백화점은 이러한 것들을 치워버린다. 그리하여 그 안에 들어간 모든 사람은 환각에 사로잡히게 된다. 백화점이 고객을 대하는 경영원칙은 고객의 관심을 현실로부터 헛된 꿈으로 옮기도록 하는 것이다. 백화점은 이와 같은 이차적 상황을 조장함으로 그 존재의의와 번성의 미래를 약속받는다. 그러나 그것은 부도덕이다. 구매력이 있는 계층에게는 키치를, 없는 계층에게는 소외와 박탈감을 심어준다. 역겨운 것들이 범람하는 이 물질의 시대 가운데서도 백화점이야말로 역겨움의 표상이며, 거짓의 온상이고, 상스러움과 천박함의 집결지이다. 거기에서는 오로지 금전만이 독립변수이고 상품은 거짓에 싸인 키치이다. 우리 일상적인 행복의 전제적 조건이 이러한 '백화점 양식'과 맺어 있다는 것이 우리 시대의 비극이다.

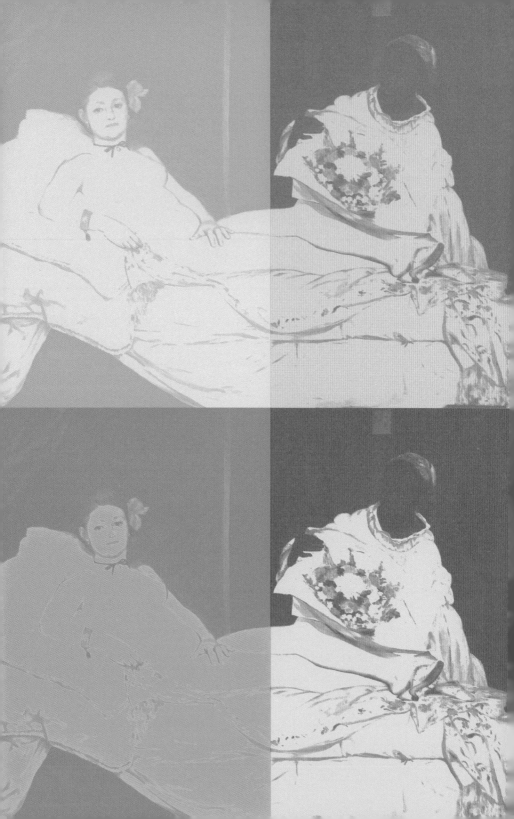

III

최초의 충돌

인상주의

다시 말하지만, 현대미술 성립의 직접적 계기는 키치적 삶과 사물에 대한 격렬한 반항이었다. 키치의 담당 계층은 상승하는 중산층이었다. 시민계급의 성립(자본의 시대)과 더불어 그들의 문화 구매력은 급격히 성장했다. 당시의 문화는 그 계층의 지적 · 심미적 수준에 맞추어질 수밖에 없었고 그 세계관을 반영하는 수밖에 달리 방법이 없었다. 그들은 모든 예술이 조촐하고 예쁘고 구태의연하기를 원했고, 파격이나 과격이 있으면 단호히 받아들이기를 거부했다. 렘브란트가 자연에의 과격한 충실성을 보이는 순간 버림받았고, 베토벤 역시 표현적 교향곡(제3교향곡)을 이해시키는 데 실패했다. 장식과 축적을 특징으로 갖는 싸구려 낭만주의 예술이 꽃피었으며, R. 슈트라우스와 호프만, 그리고 멩스가

▲ 렘브란트, [도살된 소], 1655년

▲ 멩스, [파르나소스], 1761년

가장 환영받는 예술가가 되었다.

그들의 세계관은 가식적이고 인위적인 것이었으며 싸구려 관념과 고식적 양식에 물든 것이었다. 민주주의는 정치적 이념으로서는 어떠하든 간에 문화와 예술을 위해서는 비극적인 것이었다. 시민계급의 승리는 "천재에 대한 재능의 승리"였고, 탁월함에 대한 범속함의 승리였다. 민주주의와 시민사회에 대한 니체의 불길한 예언은 바야흐로 사실로 나타나고 있었다. 시민사회의 정치적 이념은 사회의 안정이었고, 사회적 이념은 부의 축적을 예비하는 경제적 자유였다. 그러나 천재는 사회를 동요시킨다. 부와 권력을 움켜쥔 부르주아 계급은 혹시 나타날지도 모르는 초인超人을 언제라도 분쇄할 준비를 하고 있었다. 천재가 없다는 것이 다행이라면 다행이었다. 최정상의 둥지 속에서 사는 사람은 어디에서고 발견되기 어렵다. 이러한 상황에서 몇몇 예술가들의 거친 반항이 시작되려 하고 있었다.

전면적인 정화의 노력이 일군의 프랑스 자연주의자들에 의해 개시되었다. 이것은 부르주아 세계관 — 자연을 인공으로 대체하고, 순수를 거짓으로 대체하고, 탁월함을 저열함으로 대체하고, 독창성을 구태의연함으로 대체하려는, 그리고 무엇보다도 진실을 거짓으로 대체하고, 진실을 보려는 시도를 안일한 쾌적함으로 대체하려는 — 에 대한 정화의 시도였다. 키치를 일체 무시하며 단호하고 확고하게 자연에의 성실성을 보여준 이 예술가들은 인상주의자라고 불린다. 이것은 키치가 받은 최초의 도전이었고, 이에 대한 키치의 반격은 즉각적이고도 가혹했다. 인상주의자들과 부르주아와의 반목은(사실상 일방적인 싸움이었지만), 예술사상의 전설이 되고 말았다. 이것은 속물근성과 진지한 성실성이 어떻게 반목하는가를 보여준 전형적인 예이다.

인상주의자가 자아를 지운다는 것은 이를테면 관습적 자아를 지운다는 것이며, 그 목적은 순수한 자기 자신의 구현이었다. 자기 자신이 된다는 것보다 어려운 것이 어디에 있겠는가. 죽어가는 순간에도 자기 자신일 수 없는《적과 흑》의 줄리앙 소렐을 보라. "자기 자신일 수 있다"는 것은 백 명의 인물을 연기하기 위해 백 개의 개성을 창조하는 것보다 더 어렵다. 유미주의자들이 끝없이 다양한 인물을 연기하면서 삶을 비웃고, 궁극적 실재를 포기하며 절망할 때, 인상주의자들은 단 하나의 인물, 즉 자기 자신만을 연기하겠다는 결의로 순수성 회복을 선언한다.

서너 살조차 안 된 아이의 감각 속에도 문명의 관습적 틀이 형성되고 키치의 인위적 벽이 둘러쳐서, 아이들의 그림 속에 이미 눈에 보이는 것보다 그의 관념이 나타난다는 것을 생각해보면 인습성이란 것이 우리에게 얼마나 큰 숙명이고 그 "숨어 있는 이집트인"이란 얼마나 긴 생명력을 지닌 것인가. 그러나 "언어가 관념을 배반"(베르그송)하는 것 이상으로 관념 역시 실재를 배반한다. 고흐를 광기로 몰고 갔고, 고갱을 멀고 먼 섬으로 떠나게 한 것은 이 두려움이 아니었던가.

인상주의자들은 먼저 인습이 고정시켜놓은 시각상을 해체시킨다. 그들은, 〈엡솜의 경마〉에서 보이는 허구적 시지각視知覺은 자연보다는

▼ 제리코, [엡솜의 경마], 1821년

▲ 마네, [롱샹의 경마], 1866년

관념을, 진실보다는 상식을 그린 것이라는 인식에서 출발하여 그들의
시지각으로부터 기존의 가식적 어법을 배제시킨다. 이를 위해 물체에
본래 부여되어 있던 관념적 색조를 자신의 눈이 편견 없이 보여주는 표
면색으로 대체한다. 그들은 먼저 자연을 그리기를 원하며, 그것도 시시
각각으로 움직이는 색채의 미묘한 변화 속에서 포착하고자 한다. 이렇
게 되어 시간적 함축성은 폐기되고 어떤 부동성도 부정되는 동시에 유
동적인 것의 극히 순간적인 국면이 포착되며, 그 자체로서 우리의 본능
속에 내재된 순수지속의 한순간이 자연에 묻히면서 우리의 감각은 대기
상의 빛이 만드는 정묘함에 실려 가게 된다.

음악에 있어서도 인상주의자들은 기존의 어법 — 전통적인 기능화
성, 소나타 양식 등 — 을 유연한 리듬과 자유롭고 시각적인 음조로 해

체시킨다. 두터운 화성은 그 심층성과 견고성을 잃으면서 감상자의 입장에서 보자면, 신선하고 수동적인 투명성에 자리를 양보한다. 소나타 양식의 건축적 구성은 평면적이고 표면적인 음의 분산으로 대체되며, 강조되어야 할 리듬(주제)도 그 질량감을 잃고 전체 음악 속에서 소멸한다. 다시 한 번 기존 가치의 평가절하가 진행되고, 구성과 사유는 본능과 자연스러움에 그 자리를 양보한다. 마니에리스모의 시대에 이미 시작한 르네상스 양식의 해체는 마침내 그 끝에 이른 것이다.

기존 사회의 인습성과 편견은 무엇보다도 각각의 사물에 부여되어 위계적 질서를 이루는 기존의 가치체계에 반영된다. 어느 가치가 예술적 계기를 줄 만큼 중요성을 지니고, 어느 가치가 그렇지 않은가에 대한 기존의 판단 자체가 인상주의자들에게는 키치적 상황이었던 것이다. 티끌만큼의 진실조차 보여주지 못했던 관습적 사유가 어째서 가치체계에서는 자신을 주장하는가. 다다이스트들은 시민사회의 이 역겨운 가치체계를 장차 전면적으로 부정하게 된다. 그러나 인상주의자들은 단지 관념의 개입을 거부함으로써 어떤 적극적인 의도 없이 기존의 가치를 탈가치화하고 기존의 무가치를 가치화하여 그것들의 평준화를 달성한다. 유미주의적 기하학 양식의 시행자들은 자신이 신이 되어 모든 지상적 키치들을 가치의 차별 없이 다룰 수 있게 되었지만, 인상주의자들은 자연의 일부 속에 순수하게 자신을 내맡김으로써 탈가치화의 길을 걷게 된 것이다.

이 두 양식은 삶의 동일한 난관 — 키치의 극복 — 에 대해 제각기

해결책을 찾아 상반된 양식으로 길을 떠났지만 결국 동일한 성취에 이른 것이다. 가치의 전복은 기존 사회의 중추이며 수혜자인 부르주아들의 세계에 대한 도전이었고, 그들의 삶의 양식에 대한 날카로운 폭로였다. 이 도전에 대해 부르주아들은 유미주의자들에게는 '퇴폐'라는 오명을 뒤집어씌움으로써, 그리고 인상주의자들에게는 예술 활동의 영역을 박탈함으로써 보복했다. 그러나 퇴폐적이며, 기만적이라면 어느 인상주의자들이 스탕달의 주인공들만큼 기만적일 수 있겠는가?

이러한 당시의 예술적 시도를 프루스트보다 더 잘 보여주는 사람

▼ 모네, [인상, 해돋이], 1872년

은 없다. 회화사에서의 혁신이 문학에서도 가능할 것이라고 생각한 사람은 아무도 없었다. 그러나 창문에 두꺼운 커튼을 치고 자신의 직관의 움직임에만 귀를 기울인 그의 시도는 자못 놀라운 문학사적 결과를 보여주었다. 단지 기분이 환기하는 연상적 기억에만 의존하여 다채롭고 미묘한 삶의 여러 상황을 아무런 저항이나 꾸밈없이 드러냄으로써, 그는 소설이란 자신의 관념도 주장도, 상상의 조각도 아닌 삶의 흘러가는 일상성이라는 것을 보여주었다. 그의 기억이 찾아내는 과거의 사건들은 — 그것을 사건이라 할 수 있을지도 의문이지만 — 홍차와 마들렌의 향기가 연상해내거나 모친과의 작별이 불러오는 내면적 고독감과 같은 것으로, 실제로는 어떠한 소설적 계기도 주지 못하던 것이었다. 인상주의의 모든 예술 양식이 그러하듯 여기에서도 중요하거나 중요하지 않은 계기들은 가치의 평가절하 속에 모두 매몰된다. 그리고 가치의 절하가 문학적 즐거움의 절상을 보여준 것은 그의 천재성에 힘입은 것이기도 하지만, 인상주의 예술관 고유의 가치 덕분이기도 하다. 가치의 평준화, 이것이 그의 작품을 "어디를 찔러도 피가 나오는" 것으로 만든 것이다.

인상주의는 이와 같이 대립하는 양자(타자와 나) 중 나를 지운다. 여기서 '나'를 지운다는 것은 문명과 역사와 지성을 포기한다는 것을 의미하는 것이고, 그것은 축적된 과거가 쌓아놓은 어법을 단호하게 거부하는 것이다. 베르그송은 그의 철학이 기존의 언어로 표현될 수 없다는 것에 곤혹스러워한다. 그에게 있어서 중요한 것은 직관의 흐름이었고 생명이 그 힘을 얻어내는 본능의 우물이었다. 그러나 언어가 대표하는 것은 나와 나의 지성이 이루어놓은 기존의 세계였다. 유감스럽게도 "생명의 한 방출물이 생명 자체를 해명할 수는 없는 노릇인 것은 파도에 밀려온 조약돌이 바다의 모습을 그릴 수 없고"(《창조적 진화》) 가을의 낙엽이 봄의 설렘과 여름의 햇살을 드러낼 수 없는 것과 같다. 그때 지성보다 먼저 폐기해야 할 것이 어디 있겠는가. 기존의 세계는 부르주아가 이룩해놓은 키치의 벽이었고, 인상주의자들은 그들과 공유되는 부분을 포기하고 순수감각에 몸을 맡김으로써 키치를 돌파하려 시도한 것이다.

문명이란 언제나 삶을 인공의 벽으로 둘러치기를 원한다. 문명은 자연 지배를 통하여 자연과의 합일이나 그 이해를 포기하고 삶을 안전하고 쾌적하게 만들기를 바라며, 그 시도의 와중에 인습과 허구를 쌓는다. 키치는 이러한 문명에 고유의 둥지를 튼다. 루소가 주장했듯이, 그 결과 이러한 문명은 부자연스러움과 압제를 지니게 되고, 이것은 역겨운 인습성에 물들게 된다. 키치적 문명인 것이다.

다시 말하지만, 키치는 무조건 예술로서 받아들여지기를 원하는 하나의 속성과 감동의 중심을 자신으로부터 감상자에게 옮기는 "이차적 눈물"이라는 다른 하나의 속성에 있어서 진지한 예술과 다르다. 키치는 감상자의 시야를 가리는 벽이고, 그 벽은 인습성에 의하여 천편일률적인 허구적 감상의 계기를 마련한다. 벽에 튕겨진 공이 자기 자신에게 되돌아오듯, 키치에 부딪히는 감상자들은 키치가 지닌 그 인습성의 효과(데자 뷰 효과)에 의해 대상에서 자신으로 관심을 옮기게 된다.

인상주의자들이 원했던 것은 그 인습의 벽을 돌파하여 다시 한 번 자연 그 자체에 그들의 관심을 집중하고자 하는 것이었다. 인상주의자들에 대한 부르주아 사회의 격렬한 반발과 모욕은, 부르주아가 축적해왔으며 그들 삶의 기반이 된 이러한 키치적 세계에 대해 인상주의가 얼마나 위협적인가 하는 자각으로부터였다. 부르주아의 사이비 예술 감상자들은 인상주의자들의 시도에서 자신들의 세계관이 그 뿌리부터 무너지는 것을 보았으며, 키치의 옹호자들이 언제나 그랬듯이 권력과 언론을 동원하여 온갖 모욕을 퍼부어댔다.

실제로는, 어떤 인상주의 예술가들도 기존 사회를 뒤집겠다거나

▼ 마네, [풀밭 위의 점심식사], 1863년

혁명적인 예술을 시행하겠다거나 부르주아 사회에 침을 뱉겠다거나 하는 사회·정치적 이념을 지니지 않았다. 그들 대부분은 수줍어하고 소심한 사람들이었고, 진실을 볼 수 있었던 것은 그들의 섬세함과 진실에의 요구 덕분이었다. 그러나 그들의 예술은 키치에 대한 하나의 대안이었고, 부르주아가 참지 못했던 것은 이 대안이었다. 역사에 있어서 자주 발생했던 사건 — 아리스토텔레스의 도피, 갈릴레오의 모멸감, 브루노의 죽음 — 이 이번에는 키치를 둘러싸고 벌어졌을 뿐, 그 소란에 별다른 새로움은 없다.

다다이즘

키치의 폭발적인 호소력은, 그것이 인간이 처한 상황을 잘 이해하고 그것을 적절히 이용한다는 데 있다. 인간은 세계와 존재의 의미를 요구하지만 세계는 침묵한다. 그는 의미 있는 질서 속에 자신을 가져다 놓고자 하지만 그것은 발견되지 않는다. 아니, 의미의 존재 자체가 의심스럽다. 그 상황에서 고독에 처하지만, 그래도 의미를 요구하는 '나'는 남는다. 부조리의 근거는 의미에 대한 그의 요구와 세계의 침묵 사이의 대립에 있다. "부조리는 세계의 이 같은 불합리성과 인간의 마음에서 메아리치는 명료함에 대한 갈망이 대립하고 있는 데서 생긴다. 따라서 부조리는 세계만큼이나 인간에도 근거하고 있다."(카뮈)

이러한 대립에 대해 키치는, 삶의 근원적 비극성에 장막을 두르고는, 그 자체로서 부조리하고 불합리한 세계의 한 대리인으로 나타난다. 키치는 비반성적이고 비자각적이기를 권고한다. 여러 거짓 부스러기들이 진실과 의미로 위장되고, 유희거나 유희의 기회여야 마땅할 것들이 의미의 겉옷을 입고 나타난다. 상황은 하나도 변하지 않았다. 침묵하는 세계는 여전히 등을 돌리고 있고, 의미를 묻는 나는 여전히 고독 속에서 몸을 떤다. 키치는 이 간극을 메운다.

다다이스트들이 철저히 파괴하기를 원했던 것은 이 키치였다. 그들은 예술의 인습성과 구태의연함, 거짓 가치, 자기만족, 부르주아적 허위의식 등에 내재한 키치적 요소들을 가장 먼저 발견한 사람들이었다. 키치는 장막이고 거짓이고 쾌적함이고 '넓은 문'이다. 그것을 걷어내지 않는 한 인간이 처한 곤경을 살필 기회는 없다. 그들은 달콤함 속에서 기만당하기를 거부하고 적의 정체와 자기 존재의 어이없음을 보고자 했다.

그들은 먼저 존재를 설명할 수 없다는 곤혹에서 출발한다. 사람들은 자신이 왜 사는지도 모르면서 어떤 진지함(키치)을 인생에 가미한다고 비난한다. 더욱 슬프게도 인간이란 왜 사는지 모르면서 안다고 믿는다. 키치가 나서서 해온 것 아닌가. 다다는 이 모든 것을 파괴한다. "너의 신념이란 여자의 머리카락만 한 값어치도 없기"(카뮈) 때문이다. 그리고 정신적 약동을 지니기를 원한다. 그것이 특별한 가치를 지닌 것이기 때문이 아니라 사변적인 관념(지적 키치) 없이 살고자 하기 때문이다. 예술 역시 삶에서 일고의 가치조차 없는 것이다. 어차피 과거의 모든 예술이 키치인 것으로 드러나지 않았는가. 기만으로 가득 찬 역사의 한 등장인물이지 않았는가. 혐오의 대상 이외에 무엇이겠는가.

"다다의 등장은 예술의 등장이 아니라 혐오의 등장이다. 3,000년 전부터 우리에게 모든 걸 설명해온(그게 무슨 소용이었는가?) 철학자의 화려함에 대한 혐오, 이 지상에서 신을 대변하는 예술가들에게 대한 혐오, 정열에 대한 혐오, 그럴 필요가 전혀 없는 방향으로 쏠린 현실적이며 병적인 악의에 대한 혐오, 인간을 지배하고자 하는 본능을 진정시키기는커녕 오히려 그것을 촉진하는 독재와 속박의 새로운 형태에 대한 혐오, 분류된 모든 카테고리에 대한 혐오, 그 배후에 황금·자만심·질병에의 관심을 찾아보아야 하는 가짜 예언자들에 대한 혐오(어찌하여 녹색보다 빨강, 오른편보다 왼편, 작은 것보다 큰 것이 존중되어야 한단 말인가?), 그리하여 마지막으로 모든 것을 설명하려는 위선자의 변증법, 빈약한 머릿속에 뿌리도 밑도 없이 음험하고 엉뚱한 관념을 삽입하려는 변증법, 이 모든 것을 맹목적인 작태와 돌팔이 의사 같은 감언이설로 행하는 변증법에 대한 혐오."(차라)

다다이즘의 등장은 인간 지성의 신뢰에 대한 르네상스 이래 서구 사회의 완전한 몰락의 선언이었다. 르네상스 이래 영국 경험론에 의한 일시적인 회의주의가 있었다 해도 이것은 매우 한정된 지적 집단의 문제였을 뿐이다. 서구인들은 여전히 인간 지성의 확고함에 대한 자신감에 의해, 세계의 실재의 포착이 가능하며 미래의 예측도 가능하고 따라서 사회와 삶의 시간의 흐름에 따르는 진보의 가능성도 믿었다. 제1차 세계대전이 불러온 파국이 이러한 인간의 지성에 부여한 자신감을 붕괴

PRIJS 25 CENTS.

théo van doesburg

WAT is DADA?

? ? ? ? ? ? ?

▲ 테오 판 두스부르흐, [다다는 무엇인가?], 1923년

시켰다. 인간 지성의 끝없는 행사가 인간의 살육과 문명의 파괴였다. 이 것은 이미 흄의 철학에 내재된 회의주의에 의해 그 미래가 예측된 것이 었다.

회의주의의 이상적 양상은 상식과 겸허이다. 인간 지성이 세계의 실재에 대해서도 그 운동법칙의 필연성에도 신념을 부여하지 않을 때 우리는 미신과 야만을 벗어나게 된다. 우리의 양식은 우리 스스로에 대한 턱없는 신념에서보다는 우리 인식의 무능과 제한에 대한 회의에서 온다.

근대 서구의 문제는 실재론적 신념에 있다. 인간의 본성은 확고한 무지 속에서 번성한다. 이 확고한 무지가 곧 키치이다. 물론 르네상스와 바로크의 인본주의는 지성에 대한 신념 가운데 무엇인가 위대한 성취를 이루었다. 그러나 그것은 당시에 유효한 것이었다. 세계에 대한 합리적 이해는 작지 않은 문제였다. 그러나 산업혁명을 통해 엄청난 생산력을 손에 쥔 인간들은 좀 더 겸허해져야 했다. 신념은 살인을 서슴지 않는 바, 이제 대량살상은 시간문제였다. 이것이 키치가 가진 궁극적 모습이었다. 회의주의적 키치란 없다. 키치는 존재하지 않는 실재를 가정한다.

이것은 단지 지성만의 문제는 아니었다. 지성이 구축하는 실재론적 이념은 예술과 도덕 역시도 지성을 닮도록 만든다. 결국 실재론은 "아는 것이 곧 선"이라고 말한다. 이들은 역시 "아는 것이 미"라고 말했을 것이다. 선, 미, 도덕률은 모두 지성이 제시하는 길을 따라가야 했다. 지성은 이를테면 예언자였다.

지성에 대한 무조건적 믿음은 동시에 최초의 단순자의 확고함과 거기로부터 연역되는 필연적 세계에 대한 믿음을 부른다. 다다이스트들의 분노는 먼저 지성의 대변자에게 쏟아진다. 그들은 모두 "거짓 예언자"였다. 다다이즘은 따라서 어떤 일관된 양식을 내용으로 하지 않는다. 그것은 단지 지적 전통에 대한 혐오이고, 거기에 기생하여 우월성을 보장받는 소위 지성인과 예술가들에 대한 혐오이기 때문이다.

KARAWANE

jolifanto bambla ô falli bambla
grossiga m'pfa habla horem
égiga goramen
higo bloiko russula huju
hollaka hollala
anlogo bung
blago bung
blago bung
bosso fataka
ü üü ü
schampa wulla wussa ólobo
hej tatta gôrem
eschige zunbada
wulubu ssubudu uluw ssubudu
tumba ba- umf
kusagauma
ba - umf

▲ 후고 발, [볼테르 카바레에서의 음성시 카라반 낭송 퍼포먼스], 1916년

　　다다이스트들은 과거의 예술품을 닮은 작품을 제작하고는 그것을
강에 빠뜨리는 퍼포먼스를 통하여 그리고 지적 전통과 재현적 예술에
대한 분노의 선언을 통하여 과거를 파괴해 나간다.

　　다다이스트들은 과거의 예술, 과거의 철학, 과거의 도덕률 모두를
하나의 키치로 본다. 과거의 예술이 세계의 재현을 통해 자신들의 눈이
세계의 실재reality를 향하고 있다고 말하고, 과거의 철학이 스스로 한 번
도 그 실재를 확인한 적 없는 세계의 제1원인을 가정하고, 과거의 도덕
률이 마치 인간의 올바른 행위에는 선험적 지침이 있다는 듯이 말할 때
이것은 모두 거짓이고 시대착오이고 따라서 키치였다. 다다이즘 선언이

야말로 최초의 반키치 선언이며 키치에 대한 본격적인 반항이었고 따라서 세계에 대한 하나의 구토증이었다.

다다선언에서도 말해진 것처럼 키치는 무엇인가를 건설하기 위한 것은 아니고 단지 키치를 파괴하기 위한 것이다. 파괴는 그 자체로서 실재를 가진 것이 아니다. p가 하나의 명제일 때 ~p(not p)가 명제가 될 수는 없다. 왜냐하면 세계는 존립하는 사태의 총체이지 비존립하는 사태의 총체는 아니기 때문이다. 그러나 그것은 명제가 아닐지언정 참true 이긴 했다. 의미sense는 참과 거짓에서 독립한다. 다다선언은 어쨌건 의미 있는 사건이었다.

기하학주의

삶의 무의미에 대한 인식은 우주와 삶의 의미에 대한 전통적인 해명의 붕괴를 그 한편으로, 증대된 자의식을 지닌 새로운 인간의 출현을 다른 한편으로 해서 생겨났다. 그러나 키치는 이러한 대립을 해결하려고 애쓰기보다는 오히려 그러한 대립의 존재 자체를 부정한다. 키치는, 이제는 무의미하게 된 과거의 가치나 과거 예술의 잔류물을 절대적인 것으로 삼거나 미지의 신 혹은 죽은 신의 자리를 새로운 미신으로 채움으로써 그러한 위험을 은폐한다. 이리하여 사람들로 하여금 진정한 가치를 찾을 기회를 박탈한 채 설탕에 싸인 쓰레기를 대용물로 삼도록 한다.

그러나 키치가 키치를 벗어나기 위한 수단으로 사용될 수 있다는 것도 사실이다. 만약 우리가 우리와 대립하는 타자로부터 시선을 거두어 우리 자신 속으로 탈출할 수만 있다면 대립은 방법론적인 해소를 보이는 것이며, 긴장은 유희로 바뀔 수 있다. 이 경우 세계는 키치에 의해 대체되고 우리는 자기충족적일 수가 있다. 그러나 잊지 말아야 할 것은, 타자를 대신하는 것은 진정한 실재가 아니라 키치라는 사실이다. 즉, 키치를 벗어나는 유일한 길은 그것이 키치라는 사실을 알고, 무의미와 절망을 벗어나기 위한 하나의 유희적 기회로만 그것을 이용하는 것이다. "한 마리 토끼가 절망을 잊게 하지는 못하지만 그 토끼를 사냥하는 순간만은 절망을 잊을 수 있다."(파스칼) 키치가 절망을 잊게 할 수는 없지만, 키치를 즐기는 것은 절망을 잊게 할 수 있지 않겠는가.

이제는 웃음 지을 수 있게 된다. 내 주변의 모든 것들은 우연적인 집적물로서 키치에 지나지 않았다. 무엇이 중요했던가. 나를 두렵게 했던 모든 것들이 사실은 허섭스레기가 아니었던가. 이제 나는 해방되었다. 그러나 나는 좀 더 높은 실재로 가고자 하지 않았던가. 어제 나는 실재의 낙원을 꿈꾸었지만 이제 나는 실재의 존재조차도 믿지 않는다. 사람들은 내가 많이 고통받고 나의 모든 마음이 다 타버렸으리라고 생각하겠지만, 이제는 절망조차도 남지 않았다. 돈 조반니의 웃음과 자유가 어떤 것이었을까. 모든 것으로부터 해방되고 어떤 의미도 남겨놓지 않는 그 웃음이.

이러한 방식을 통한 키치의 극복은 주변의 모든 것을 탈가치화한다. 인간은 어차피 자연이 되거나 신이 되거나 둘 중 하나였다. 그러나 신이 되기를 선택한 사람들은 세계를 자신의 인식 대상 아래 놓게 되고 모든 것을 '평가절하'한다. 이제 자유가 신의 자리를 차지했다. 허탈과 포기가 자유의 대가였다. 스스로 신이 되었으니 자신의 행위의 의미는 스스로가 부여하는 것이 된다. 물론 행위를 위한 기회는 세계 안에서 찾아야 한다. 행위의 근거를 줄 키치가 세계 안에 있기 때문이다. 그러나 그 키치를 찾고 존중하게 되는 것은 그것이 가진 고유의 가치 때문이 아니라 그것이 제공하는 기회 때문이다. 이렇게 본다면 키치는 고마운 것이다. 그것이 없었더라면 삶은 얼마나 더 지루하고 얼마나 더 부조리했겠는가. 모든 것에서 진지함과 존경을 배제했으니 망설이고 두려워할 이유가 어디에 있겠는가. 그러니 모든 사람이 키치를 비난하고 욕하더라도 우리만은 그러지 말도록 하자. 모두가 지적 도취에 취하여 배은망덕을 저지른다 하여도 우리는 우리 삶에 기회를 주는 키치를 칭찬해주자.

인간이 자기 주변의 모든 것을 인공적인 것으로 만듦으로써 자연을 철저히 추방한 것처럼, 자기 주변을 전적인 키치로 둘러침으로써 실재를 벗어날 수 있게 되었다. 이제 이 책임만 떠맡으면 된다. 키치는 세계의 소산도 아니고, 그들의 소산도 아니고, 바로 우리의 소산이다. 그러니 내가 그것을 떠맡고, 그것을 즐기고, 또 그 오류도 책임지면 된다. 그러나 사람들은 그만큼 강하지 못하다. 쉽게 무찔러지는 악당이 없는 한 영화를 성립시키지 못하는 할리우드 사람들처럼, 우리는 우리 마음속에 새로운 신화를 만들기를 원한다. 새로운 고뇌와 새로운 낭만과 새로운 키치를. 이것이야말로 키치적 키치이고, "시큼한 키치"이다.

현대미술의 기하학주의는, 키치가 조성하는 심미적 감수성이 '이차적'인 것이라는 사실을 인지하고 이 같은 통찰을 한 걸음 더 밀고 간 것이다. 다시 말하자면 그들은, 키치가 단순히 환상에 지나지 않는다는 사실을 인식하고는 오히려 그 환상에서 자기 의식적인 몰두를 할 수 있게 되었다. 그렇게 함으로써 키치는 오히려, 그 가식적 진지함이 벗겨진 채로 예술가들의 노리개가 된다. 예술가들의 삶, 그들의 예술행위, 그들의 심미적 감수성 등은 여전히 환각에 기초한 것이지만 이제 그것은 통제당하고 조작되는 환상이다. 예술가들은 더 이상 키치에 얽매이지 않는다. 그는 자유롭게 된 것이다. 절망을 배경으로 한 자유, 절망을 배경으로 한 유희.

　　기하학주의는 이와 같이, 키치가 본래 요구하는 자기 향유를 벗어나 가뜬함과 자유로움을 지닐 수 있게 만든다. 그러나 기하학주의 역시 대상과의 관계에서 '이차적'인 것은 키치와 같다. 즉, 대상에의 몰두를 자신에의 몰두로 바꾸는 것이다. 그러나 이 몰두는 자기기만이나 자기 감상을 위한 것은 아니다. 이것은 유희를 위한 기회에서 시작하여 키치를 냉소와 자포자기적 유희로 전회시키는 것이다.

　　만약 세계(타자, 존재)가 유의미하다면 인간은 결코 그 자신의 근거가 될 수는 없다. 그는 어떠한 질서 속에 존재하게 되고, 이렇게 되어 세계의 의미와 그의 의미가 일제히 획득된다. "너희가 내 말에 거하면 참 진리를 알지니……"가 되는 것이고, 인간의 근거는 세계가 마련해주는 것이 된다. 그러나 세계는 답변이 없고, 모든 것에 무의미가 스며 있다. 신이 죽으면서 의미도 따라서 죽은 것이다. 그렇다면 자기의 근거를 자기 자신으로 삼는 것도 괜찮지 않은가. 시시각각 다가오는 절망감을 끊임없는 유희로 바꾸는 것이 왜 나쁘다는 것인가. 무의미는 오히려 선물을 제공한 것이 아닌가. 그것은 누구에게도 가능한 것이 아니었다. 임의성, 가뜬함, 무책임, 경쾌함, 야유, 퇴폐déadence, 냉소, 자신감. 모든 것이 무의미하다면 진지하게 책임질 일이 남아 있는가. 아니, 무슨 다른 대안이라도 있는가. 이 부조리한 세계 속에서.

"절망을 배경으로 한 유희"는 그러나 한 가지 위험성을 지닌다. 유희보다는 절망에 집중하게 되고, 그 절망을 서정적 감상으로 장식하면 그것은 절망에의 탐닉이 되고 유희보다는 오히려 절망을 즐기게 된다. 절망의 근거는 무의미이지 비극이 아니다. 그러나 절망에의 탐닉은 삶에 비극적 가면을 덧씌우는 것이 되고, 이것은 새로운 키치이다. 절망보다 더 즐길 만한 것이 어디 있겠는가? 무의미 · 부조리 · 고뇌 · 자살 · 타락 · 마약 등. 그러나 이것은 "시큼한 키치"이다. 달콤한 키치를 벗어나기 위해 무진 애를 쓴 것이, 단지 "시큼한 키치"로 들어가기 위해서였던가.

결국 유미주의적 현대예술가는 대립하는 양자 중 '세계'를 지우고 '주관'의 손을 들어준다. 즉, 정신의 자유로운 역할을 강조하는 것이다. 타자는 없어진 것이 아니다. 단지 무시되는 것이다. 키치는 신의 아름다움을 향한 노력을 중간에 포기한 것이고, 중간에서 논리를 포기한 논리학자이다. 이에 반해 현대예술은 그 진행의 와중에 키치를 돌파한다. 단지 신은 자기 자신일 뿐이다. 자신의 근거로서의 자기 자신. 자신의 창조주로서의 자기 자신.

타자는 공포와 기구祈求의 대상이었다. 그 세계는 인간에게 재앙을 가하기도 하고 친절을 베풀기도 했다. 인간들은 그 타자를 달래고, 그에게 봉사하여 그들의 지상적 삶이 덜 고달프기를 원했다. 그러나 상황이 바뀌었다. 타자에게 부여했던 인간적 가치들은, 사실은 타자에게 있었던 것이 아니라 자기 마음속의 희망에 지나지 않았다. "전능한 아버지에 대한 희구가 신"(프로이트)이었던 것이다. 타자는 베일을 벗었다. 그러나 벗겨진 베일 속의 진정한 모습은 드러나지 않았다. 아니, 그 베일은 원래부터 없었던 것이다. 인간 심상의 소산이 아니었던가. 그래도 다행히 타자가 주는 뜻 모를 재앙으로부터는 점차 자유로워졌다. 자연에 힘을 가했고, 인공을 자연에 대치시켰으며, 마침내 자연 자체를 주위에서 완전히 쫓아내었다.

원래 자연이 모든 것의 규준이었다. "자연은 만물의 척도"였으며 "예술은 자연의 모방"이었다. 그러나 자연도 무오류는 아니었으며, 만물의 척도는 인간이 되었고, "자연이 오히려 예술을 모방"(오스카 와일드)하게 되면서 모든 것이 "거꾸로à rebours"(위스망스) 된 것이다. 자연이란 인간의 산물에 지나지 않게 되었고, 이러한 자각 속에서 키치를 극복할 싹이 있었다. 그는 세계의 창조자이며, 자연을 에워싸고 있는 주인이고 소유자이고, "혹성의 대리인"(생시몽)이 되었다. "태초에 인간이 있었으니 그 인간은 신과 함께 있었고 그가 곧 신이라"(존 스타인벡)가 된 것이다.

이러한 의식 속에는 분명히 키치로부터 벗어날 수 있는 길이 있다. 인간은 확실히, 자연을 이해하려는 시도에서는 계속 실패했지만, 그것을 지배하고자 하는 시도에서는 예기치 않을 정도의 성공을 거두었다. 그 결과 인간에게 맞는 완전히 인공적인 양식의 삶이 가능하게 되었다. 그것을 명확히 인식하고 그 책임을 모두 떠맡는 것, 이것이 현대미술이 시도한 키치로부터의 탈출이었다. 그것은 곧 지성의 힘으로 타자를 지배하고자 하는 것이며, 타자에 대한 모든 책임을 자신이 지겠다는 결의를 보여주는 것이다. 이렇게 하여 대립하는 양자 중 타자의 항을 완전히 지워버리고, 모든 것을 스스로의 자유와 책임에 귀속시키는 것이다.

"자연의 모방"으로서의 예술의 강령이 소멸함에 따라 이제 "하나의 세계의 창조"라는 다른 임무가 예술가에게 주어지게 된다. 이제 인간은 하나의 행성을 떠맡게 되었다. 다시 말하면 인간은 세계의 대체물을 고안해야 했다. 창조된 세계가 재현된 세계와 대립하게 되는바 창조된 세계는 현대의 외로움을 감당해야 했고, 재현된 세계는 무식하고 시대착오적인 얼치기 예술애호가들의 시장에서 제법 판치고 있었다.

전통적인 세계를 대체하는 인간 고유의 세계의 이해는 동시대인에게 쉽지 않은 문제였다. 이제 키치와 고급예술의 전면적인 전투가 개시되고 있었다. 재현은 언제나 실재로서의 세계와 그 실재의 포착에 있어서의 인간 능력에 기초한 것이었다. 이것은 플라톤 이래 오컴의 반항과 흄의 의심의 간주곡을 빼고는 언제나 지배적인 견해로 자리 잡아 왔다.

자연은 이데아 혹은 실재로서의 자연이었고 예술가들의 임무는 이 자연에 가급적 가깝게 다가가는 것이었다. 평범한 감각인식으로는 보지 못하는 세계의 시각적 실재를 보여준다는 것에 의해 예술가는 예언자가 되었다. 그러나 영국의 회의주의자들에 의해 우리의 시지각은 언제고 우리 자신의 것이지 우리와 독립적인 세계에 속한 것이 아니라는 사실이 주장됨에 따라 자연의 모방은 오히려 우리의 편견, 우리의 얼굴에 지나지 않는 것이 되었다.

　　소쉬르Ferdinand de Saussure의 새로운 언어학과 비트겐슈타인 Ludwig Wittgenstain의 언어철학은 결정적으로 자연의 모방과 일반화로서의 예술과 과학을 부정하게 된다. 1920년대에 발생한 세 개의 통찰, 즉 아인슈타인, 소쉬르, 비트겐슈타인의 업적이 현대를 결정짓게 된다. 소쉬르와 비트겐슈타인의 연구는 공교롭게도 인간의 언어에 대한 각자의 영역에서의 새로운 통찰에서 시작된다.

　　경험론적 세계는 세계인식을 계속 우리 자신에게로 후퇴시킨다. 이것은 매우 당연하다. 실재론은 세계를 통합적으로 설명하는 가운데 모든 문화구조물을 이데아를 향하여 정렬시키지만 경험론은 모든 것을 해체시켜 각각을 스스로의 세계로 수렴시킨다. 세계에 대한 우리의 인식은 먼저 우리의 선험적transcendental 세계로 후퇴된다. 이 선험성이 소쉬르에게 있어서는 언어의 공시적 구조이고, 비트겐슈타인에게 있어서는 언어의 논리이다.

　　세계에 대한 우리의 인식은 결국 우리의 언어 이외에 다름 아니다. 우리는 언어를 통해 세계를 말한다. 언어는 투사의 규칙을 가진, 이를테면 어떤 알 수 없는 합의에 의한 하나의 그림이다. 우리는 이 투사의 규칙에 대해 말할 수 없다. 그것은 이미 언어 속에 내장되어 있으므로 언어 속에 반영되어 있는 것이지 설명될 수 있는 것이 아니다. 소쉬르는 우리가 알 수 없는 어떤 시대에 세계와 언어는 모종의 계약을 맺었지만 그것은 알 수 없는 노릇이고 또한 알 필요도 없는 것이라고 말

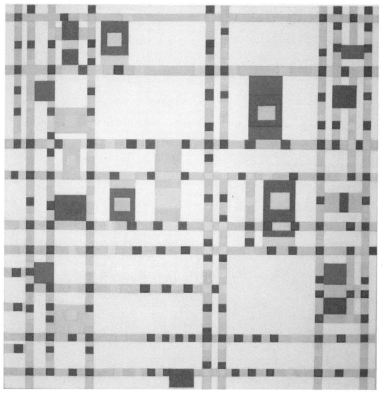

▲ 몬드리안, [브로드웨이 부기우기], 1942~1943년

한다. 중요한 것은 "이미" 우리에게 주어진 언어의 구조와 그 작동 양태를 이해하는 것이지 그 기원을 캐는 것은 아니다. "쓸모 없으면 의미 없다."이므로.

비트겐슈타인 역시도 같은 것을 말한다. 언어의 논리는 언어 그 자체이다. 그것이 곧 세계이다. 언어는 하나의 그림으로서 선험적으로 작동하고 있다. 좀 더 엄밀히 말하면 언어의 논리는 우리에게 이미 주어져 있다. 그것이 어떠한 것이며 어떻게 언어를 지배하는가에 대한 물음은 무의미하다. 언어의 논리는 곧 세계이므로 그것을 말하기 위해서는 우리는 그 논리와 더불어 언어 밖의 세계에 있어야 한다.

이 언어가 곧 세계이다. 우리는 언어를 넘어설 수 없다. 언어가 바로 우리 자신, 좀 더 엄밀히 말하면 세계를 바라보는 우리 자신이기 때문이다. 우리가 언어의 논리에 대해 말하기 위해서는 우리 자신 밖에서 우리 자신을 봐야 한다. 그러나 눈이 눈을 볼 수는 없듯이 우리는 우리 자신을 볼 수 없다. 우리는 단지 언어로 세계를 대체할 뿐이다.

이것이 기호언어sign-language라는 사실이 중요하다. 우리의 언어는 자연을 닮지 않았다. 우리의 언어는 사실은 기호의 정렬이고, 이 정렬은 투사의 규칙rule of projection에 따른다. 우리는 악보를 보면서 연주를 들을 수 있다. 만약 기보법score-reading에 대한 적절한 훈련만 받았다면. 이것이 어떻게 가능한 것일까? 악보는 단지 일련의 규칙에 따르는 음악적 기호의 집합에 지나지 않는다. 그러나 그것은 곧 연주이다.

▲ 칸딘스키, [구성9],1936년

　우리의 언어도 이와 같이 작동한다. 그것은 일련의 규칙에 따르는 기호의 집합이다. 이것이 세계의 그림이며 곧 세계 자체이다. 결국 규칙을 가진 기호가 세계였다. 세계는 기호화되어야 한다. 그 기호가 세계를 대체한다. 그것은 구상적이거나 재현적이어서는 안 된다. 구상이나 재현은 세계를 닮았기 때문이다.

　키치의 담당자들은 태연자약하게 세계를 재현함에 의해 커다란 기만과 거짓을 시도하고 있다. 그들은 스스로 자못 진지한 예술적 창조를 하고 있다고 모두를 기만하면서 구태의연한 안일 속에 감상자를 가둔다. 앞에서도 기술한 대로 키치는 고급예술을 위장하는 통속예술이다. 통속예술은 언제나 구상적 재현 위에 착륙한다. 키치는 구상적 재현 위에 기초하며 스스로가 자못 진지하고 고결한 예술임을 자임한다.

현대예술에는 두 개의 길이 있다. 그 길로만 현대의 문은 열려 있다. 하나는 추상이고 다른 하나가 신사실주의이다. 추상은 물론 기하학적 추상과 표현적 추상으로 나뉜다. 기하학적 추상은 세계의 기호화이고 표현적 추상은 지성의 배제이다. 물론 기하학적 추상 역시 전통적 지성을 배제한다. 그러나 기하학적 추상은 기호의 집합으로 세계를 대체함에 의해 지성을 가변적이고 투명하고 바삭거리는 것으로 만들고 만다. 그것은 세계에 대한 유희의 대체이다.

신사실주의 역시도 사실주의를 부정하기 위한 사실주의이다. 신사실주의에 대해서는 다음에 자세히 기술될 것이다. 여기에서는 기하학적 추상의 형이상학적 동기를 이해하는 것으로 충분하다.

기하학적 추상은 심미적인 기호의 나열을 종합적으로 제시함에 의해 세계를 대체할 것을 권한다. 이것이 몬드리안의 구성이다.

표현주의와 기능주의

표현주의는 일상적인 정신(플라톤적 의미의)이 실재를 왜곡시켰고, 인간의 전통적인 이성이 존재를 오염시켰다는 데에서 출발한다. 이 새로운 이념은, 기하학주의적인 유미주의나 인상주의가 모두, 적극적으로 근원적인 의미를 찾으려 시도하기보다는 새로운 유희와 감각적 경박성에 몸을 맡겼다는 것을 비판한다. 인상주의는 확실히 자기 합리적인 도피와 자포자기적 체념 속에서 단지 감각만을 외부세계에 내맡기는 예술 양식이었고, 안일하고 유미주의적인 양식이었다. 표현주의가 역겨움을 느꼈던 것은 싸움도 해보지 않은 채로 포기하는 이러한 비겁함이었다. 그러나 키치의 범람과 그 극복 과정으로서 현대예술의 성립이라는 커다란 역사적 맥락에서 보자면, 표현주의 역시도 유미주의와 인상주에 대한 안티테제antithesis라기보다 역할의 교체적 계승이라고 하는 편이 이해를 위해 훨씬 낫다. 이것은 플라톤과 아리스토텔레스가 차이보다는 더 많은 공통된 세계관을 지니고 있는 것과 같다.

앞에서도 언급한 바와 같이 부르주아의 저열한 취미는 그 끝을 모를 정도로 범람했다. 이들의 심미적 역량이라는 것은 그리스식의 주두에 슬레이트 지붕을 얹고, 르네상스와 바로크의 대립된 양식을 마구잡이로 혼재시켰으며, 중세적 기사를 근대적 자본가와 결합시키는 정도였다. 키치가 그 특징으로 삼는 마구잡이식의 축적·병렬·혼합을 전형적

▼ 고흐, [삼나무가 있는 밀밭], 1889년

으로 보여준 것이다. 이들이 확립시키고 선호하는 생활양식이라는 것은 허위적 의식과 인습성, 싸구려 사치와 무교양이었다.

　현대예술가들은 이제 낡아빠지고 안일한 것이 된 문화, 즉 키치에 대한 정화를 시도한 것이다. 키치는 대상의 실재를 은폐하고 표현의 적극성과 자발성을 봉쇄한다. 소통 — 인간과 삶, 인간과 인간 사이의 소통 — 을 위한 문화가 오히려 소통을 근원적으로 막고, 실재를 드러내기보다는 오히려 감추면서 거짓된 관념으로 실재를 삼으라는 요구를 해온 것이다. 인상주의는 이러한 인습성을 타파하기 위해 인간의 합리성과 오성이 추구해온 기존의 표현 양식들을 포기함으로써 — 자기 자신을 지움으로써 — 실재에 다가가기를 원했다. 표현주의는 여기에다 단지 정신의 자발성과 적극성과 이념을 더한 것이었다. 표현주의 최초의 선구자들이라고 알려진 세잔과 고흐와 고갱이 습득한 시지각은 사실상 인상주의가 볼 수 있도록 한 것이었으며, 인상주의가 아니었더라면 그 시도가 불가능했을 것이었다.

　이들은 순수한 시지각의 자리에 주관적인 감정과 그것의 반응을 가져다 놓음으로써 인상주의에서 한 걸음 더 나아간다. 이들은 객관적인 사실이나 사물보다는 오히려 내면에서 분출되는 과정과 환상 등을 표현함으로써 상투화된 키치의 구태의연함에 정면으로 부딪칠 뿐만 아니라, 거칠고 대담하고 강렬한 표현적 효과를 구사하고 왜곡된 선과 일상으로부터 벗어난 색채 등을 사용함으로써 내면에 자리 잡은 불안과 소외를 드러내어 부르주아들이 구축해놓은 쾌적하고 아름다운 세계에

▲ 뭉크, [불안], 1894년

돌을 던진다.

뭉크는 원색과 거친 붓놀림으로 인물과 전경을 좌절·불안·고통·격정 속에 가져다 놓고, 앙소르는 인물과 환상을 고통스럽고 환각적인 세계에 가져다 놓는다. 스트린드베리 역시 그의 글 속에서 공간과 시간을 완전히 무시한 채로 정신활동의 고통을 무아지경으로 몰아넣는다.

표현주의자들은 이런 식으로, 내적 세계의 자발성만이 실재와 닿을 수 있다는 신념을 지니고 기존의 예술이 사용하던 어법을 폐기해 나간다. 이들은 인간과 세계 사이의 모든 소통이 키치적 벽에 막혀 있다고 생각했으며, 내면적 소통만이 새로운 의사소통을 가능하게 할 것이라고 생각한 것이다.

한편 반反키치로서의 기능주의는 무엇보다도 사물(상품)로서의 키치에 대한 반발이었고, 기능주의자들이 반대한 아름다움이란 사물에 덧붙여져 부대현상으로 취급되는 미였다. 그들은 키치적 미에 대한 혐오로부터 모든 현상적 미에 대한 부정으로 나아갔으며, 사용가치가 없는 것, 불필요한 사물들을 부정하면서 사물로부터 장식을 배제하여 엄격한 기능성만 강조하게 된 것이다. 이것은 근본적으로 사물을 그 기능만으로 받아들이고자 하는 시도였다. 이렇게 하여 새롭게 정의된 미란 "목적합리성", 즉 수단과 목적의 완전한 일치라는 것이 되고, 수단과 목적에 부합하는 사물이 부산물로 제공된다.

기능주의의 이러한 개념은 키치의 이념과는 명확히 반대되는 것이고 키치적 삶에 대한 근본적 부정을 의미한다. 하나의 생활양식으로

▲ 앙소르, [슬퍼하는 남자], 1892년

서의 기능주의는 사실상 오랜 삶의 전통 속에 이미 존재해 있었다. 본래 물건의 존재 의의는 사용가치 이외의 다른 목적을 지닐 수 없었다. 예술사적 측면으로 보자면, 전통적인 예술작품들 역시 '미美'라는 현상만을 위한 독자적인 존재 의의는 훨씬 나중에 구현된 것이었다. 알타미라와 라스코의 동굴벽화는 주술적이고 기원적인 기능만을 위한 것이었고, 고딕 성당 역시 미를 그 건조물의 독립된 의의로 지니지는 못했다. 미가 자신의 자율 형식을 획득해 나간 것은 기껏해야 르네상스 시대에 들어와서고, 그것도 회화와 조각에 한정된 것이었다.

그러나 미는 독립과 동시에 전락을 겪게 된다. 새로운 문화 담당 계층은 그 역량과 훈련의 부족에도 불구하고 하나의 소비 계층으로서 그들에게 맞는 미를 요구했고, 이것을 사물에 부대적으로 부여하기를 요구했다. 상품은 이제 사용가치만으로 소유되는 것이 아니라 그 소유자의 사회·문화적 수준과 안목을 나타내기 위한 것이 되었다. 그러나 미가 그러한 것일 수는 없었다. 거듭 말한 것처럼 '미란 그것을 매개로 진실을 드러내는 것'이지, 그 소유자의 사회·문화적 가치를 함축해주기 위한 것은 아니다.

기능주의자들은 다양한 소재를 어울리지 않는 목적에 멋대로 사용하는 것 — 키치 고유의 축적·장식·병렬 — 에 반대한다. 그리고 제멋대로 사물들을 한 공간 속에 넘치게 장식하는 것에도 반대한다. 그들은 "공간이란 사물이 모여 있는 곳"이라는 공간 개념을 주장한다. 이것은 선험적·절대적으로 존재하는 공간을 가정하는 고전물리학적 공간개념과는 상반되는 것으로서 "사물의 존재가 그 주위에 공간을 형성한다"는 상대주의 역학relativistic mechanics에 있어서의 공간 개념과 같은 것이다. 이 같은 공간개념의 실천적 적용을 위해 기능주의자들은, 생활에서 불필요한 모든 것을 제거하고 기능이 가장 효율적으로 수행되는 도구만으로 최소 사물의 장 ― 합리성에 입각한 금욕주의 ― 을 구현한다. 목적을 위한 수단은 최소가 되어야 하며, 그것도 가장 효율적으로 최소여야 한다는 것이다. 이것은 마치, 수학적 공리와 공준을 최소한으로 줄여 기하학 체계 전체가 가장 효율적인 우아함을 띠도록 해야 한다는 수리철학의 원칙과도 유사하다. "존재는 필요 없이 증가해서는 안 되며"(윌리엄 오컴), 비용은 경제적 균형을 가져야 한다는 것이다.

기능주의가 시도했던 이념의 근거에는 이와 같이 단일한 원칙, 즉 쓸모없는 것은 절대로 증가되어서는 안 되며 사물의 존재는 철두철미하게 그 실제적 유용성에만 입각해야 한다는 것, 그리고 이것이 삶의 철학이 되어야 한다는 원칙이 있다. 우리는 때때로 장식성과 인위성이 최대한으로 배제된 물건에서 싫증 나지 않는 질박한 미를 발견한다. 영국에서 제작되는 일련의 오디오나 가구 등은 일체의 장식적 요구를 지니지 않는다. 그리고 우리네 살림살이에서 중요했던 질그릇이나 항아리에서도 그것을 발견한다. 이것들이 지닌 꾸밈없는 아름다움은 기능주의적 미학이 얼마나 큰 설득력을 지니고 있는가를 보여준다. 근본적인 문제는 이 단순한 이념이 삶에 있어서 참으로 어려운 실천적 측면을 지니고 있다는 것이다.

마치 무질서는 증가하는 방향밖에 다른 가역성을 가지지 않은 것처럼, 쓸모없는 물건들이 차례로 공간을 차지하고 나타난다. 인간적이기 때문에 약한 우리들은 탁자와 식탁과 옷장을 장식하기를 좋아하고 쓸모없는 그림과 기념품들 사 모으기를 좋아한다. 절감과 금욕의 노력은 포기되고 다시 일상적 행복의 세계로 돌아가는 것이다. 진정한 예술은 가치 있는 것이긴 해도 번개와 천둥을 동반한 것이고 화산과 같이 용솟음치는 것이다. 그러나 우리가 요구하는 것은 냄비를 끓일 조촐한 가스불이고, 일상적 고달픔 속에서 단지 위안과 위로를 주는 자질구레한 아름다움이다.

다시 말하자면 우리가 요구하는 예술이란, 새로운 긴장이 요구되는 종류의 것도 아니고 거칠고 자기포기적인 정열이 요구되는 것도 아니라는 것이다. 인식의 가치에 못잖은. 행복의 가치가 있으며, 천재적 역량에 대해 소박한 재능이 있다. 그리고 키치는 여기서 꽃을 피우는 것이다.

IV

현대예술과 키치

소격효과

진실의 존재, 혹은 진실의 포착 가능성에 대한 모든 담론은 결국 객쩍은 거대 담론에 지나지 않게 된다. 모더니스트들로부터 시작하여 포스트모더니스트들에 이르는 일군의 예술가들은 예술 창조에 있어 일관되고 통일된 의미 부여를 하나의 키치로 본다. 왜냐하면 그들이 믿어 온 모든 객관적 진리와 신념이 무너지고 말았기 때문이다. 이것은 새로운 예술가들의 임의적인 판단이라기보다는 플라톤적·기독교적인 세계관의 붕괴와 신의 죽음, 그리고 궁극적으로 새로운 물리학인 양자역학과 상대성이론에 의하여 분명해진 것이다.

우리 지성과 존재의 궁극적인 기반은 그것들이 지닌 어떤 실존적 이유 때문이 아니라 단지 우리의 "요청demand"에 의해서만 존재한다. 지성은 생물학적인 존재를 진화론으로 설명한다. 그러나 여기서 중요한 것은 태초에 생명이 어떻게 발생하였는가를 설명할 수 없다는 것이다. 아무리 오랜 세월과 아무리 많은 우연을 가정하더라도 무기물에서 비롯한 태초의 생명 탄생을 설명할 수는 없다. 우리는 확실히 여기에 존재한다. 그리고 생명 발생의 시간적 계기도 존재한다. 그것은 고생물학과 고고학, 비교생물학 등이 잘 밝혀놓았다. 우리는 우리의 진화론적 유연관계들과 상사 기관과 상동 기관을 공유한다. 그리하여 가장 단순한 생명체로부터 점진적으로, 혹은 폭발적으로 진행되는 변이 과정을 거쳐 인류에 이르렀다는 것이 근대 과학에 의한 인간 탄생의 해명이다. 그러나 이 훌륭한 이론은 생명의 발생이라는 궁극적인 사건을 설명하지 못한다. 최초의 생명은 단지 우리의 요청에 의해서만 존재하게 된다. 왜냐하면 그것이 없었다면 우리도 없기 때문이다.

이것은 생물학만의 문제는 아니다. 수학은 최초의 공리와 공준을 가정한다. 그러나 그것들은 증명 불가능하다. 그 최초의 공리들도 단지 현재의 수학이 존재한다는 것으로부터 요청된 것일 뿐이다. 비트겐슈타인의 "단순자에 대한 요청"도 이와 마찬가지고 아원자를 구성하는 최초의 물질도 마찬가지로 요청일 뿐이다. 그 실재reality를 확인할 수는 없다.

중요한 것은, 우리 지성은 단지 요청만으로 만족하지도, 현존을 거기에 의존하려고도 않는다는 것이다. 아트만atman은 브라만과 하나가 되기를 원하며 그렇게 되기 위해 우리는 먼저 확실성이라는 기반을 원하는 것이다. 이러한 상황에 직면한 예술가들은, 우리 실존의 기반이 요청에 의한 것이 아니라 실존 그 자체에 의존한다는 듯이 태연하게 전개되는 예술을 참을 수 없게 된다. 그것은 행복을 위하여 진실에 대해 눈감고 아직도 신이나 신념이나 과학이 살아 있다는 것을 가정하기 때문이다. 모든 시대착오는 위안이자 현실도피이다. 그리고 그러한 거짓 위안이야말로 키치이다.

어떤 예술은 감상자를 의식하고 어떤 예술은 스스로의 세계 속에서 완결된 모습을 취한다. 우리는 예술사상 신석기 시대의 예술과 이집트 예술에서 감상자를 의식하는 예술을 발견할 수 있다. 그러한 예술 가운데 특히 두드러진 경향은 '정면성Frontalität'이라는 것으로, 모든 주제에 걸쳐 감상자가 평면적으로 보았을 때 가장 중요한 부위를 전면으로 내세우는 것이다. 이집트 예술, 그중에서도 특히 궁정 예술같이 의미 있는 예술은 모두 정면성의 원리를 지니고 있다. 감상자를 의식하는 것이다.

하나의 양식은 하나의 세계관과 맺어져 있다. 예술 양식의 전개가 자체 내의 논리를 따라간다고 설명되는 모든 미술사 서적은 그 저자의 식견 부족과 단순함을 드러낼 뿐이다. 정면성의 원리를 규정짓는 세계관은 어떠한 종류의 것인가를 알기 위해 우리는 이와 상반되는 다른 하나의 예술경향을 살펴보아야 한다. 감상자를 전혀 의식하지 않은 채 스스로의 세계를 닫힌 것으로 구성하고 자체의 완결성을 추구하는 예술을 우리는 '환각주의Illusionism'라 부른다.

정면성의 원리는 하나의 열린 체계이다. 환각주의가 자체 내의 완결성을 지향하고 거기에 무엇인가를 더하거나 거기서 무언가 제거하기를 요구하지 않는 반면, 정면성의 원리는 완결성과 완결의 가능성을 애초에 자신하지도, 또 그것들이 가능하다고 생각하지도 않는다. 대신 감상자를 의식하고 감상자의 참여를 유도하고 또한 감상자에 의하여 완전해지기를 원한다. 환각주의에 입각한 조각을 생각해보라. 그 조상들은 관람자가 그 주위를 선회하며 감상하기를 요구한다. 자기 자신은 그 자체로 완전히 닫힌 세계를 구성하기 때문에 감상자로부터 독립해 초연하게 존재한다. 감상자의 입장에서 바라보았을 때 완전히 닫힌 체계인 것이다.

이집트의 부조relief들은 기법적으로 한결같이 정면성의 원리를 채택한다. 주제의 모든 중요한 부분들이 감상자를 향하여 배치되는 것이다. 조각가는 창조의 최초 순간부터 이미 감상자를 의식하고 있고 그의 창작 활동 자체도 감상자를 위한 것이다. 중심이 감상자에게 전적으로 있지 않다고 해도 적어도 작품과 감상자 사이에 놓이게 된다. 그러나 환각주의에 입각한 부조들은 완전히 삼차원적인 형상을 가정하고 감상자는 우연히 주인공과 그 상황의 한 순간 및 한 측면을 흘끗 보게 된 것을 가정한다. 우리는 환각주의적 예술 감상에 익숙하다. 근대 소설이나 대부분의 현대 영화는 자체 내의 완결된 구조를 지니고 있고 감상자들은 우연히 그것들을 감상하게 된다. 문학의 이러한 양상이 무너지는 것은 포스트모더니즘의 '저자의 소멸'에 이르러서다.

두 가지 사실을 먼저 밝혀 두어야겠다. 하나는, 정면성의 원리가 예술기법Technik상의 미숙을 드러내는 것은 아니라는 사실이다. 이집트 예술은 주제에 따라 표현기법을 달리한다. 그들의 관념과 사회 구성상 의미 있는 주제(사제와 파라오와 귀족 등)는 확고하게 정면성에 의해 표현되는 반면, 하인과 동물 같은 주제들은 환각주의적으로 처리된다. 이 집트인들은 자연주의적이고 환각적인 모든 기법을 구사할 수 있었다. 그들의 정면성의 원리는 단지 '선택'이었던 것이다.

▲ [새사냥], 네바문 무덤의 벽화, BC1450년

▲ [나르메르 왕의 팔레트], BC3000년경

　　두 번째 사실은 환각주의가 과거의 한 시대에 매인 양식이 아니라는 것이다. 우리는 피카소의 회화나 브라크의 예술에서 동일하게 이집트인들의 회화나 부조를 연상하게 된다. 예술가들이나 감상자들은 한때 정면성에 입각한 예술작품들을 기술상의 미숙으로 생각했고 자연주의와 환각주의로의 이행을 진보로 간주했다. 르네상스기의 모든 사람들은, 경직되어 보이고 굳은 표정으로 표현되는 중세의 예술로부터 조토와 브루넬레스키로의 전환을 커다란 혁신으로 바라보았다. 그러나 알타미라와 라스코의 예술들은 이미 몇 만 년 전에 인류가 환각주의적 기법에 익숙해 있었다는 것을 입증한다.

우리 시대에 이르러 자연주의적이고 환각주의적인 예술은 키치에 지나지 않는다. 우리의 신념은 모두 붕괴되었다. 이 경우 닫히고 완결된 진실은 거짓이고 헛된 위안이다. 환각주의적 양식은 논리학적 용어로 말하자면 하나의 '정언명법categorical imperative'이다. 그리고 모든 정언명법은 싸구려 허구에 지나지 않는다. 그것이야말로 소위 말하는 거대담론이며 오도된 도취이다. 딛고 살 만한 어떠한 기반도 없는 세상에서 확고함을 자처하는 것은 고급을 위장하는 천한 확신이다.

키치는 '고상함을 가장하는 비천한 예술'이라고 정의된다. 그러나 키치는 단지 예술작품만의 문제는 아니다. 그것은 하나의 세계관이며 이념이고 표현양식이기도 하다. 완결성이 없는 이 세계에서 거짓 완결성을 고집하는 것도 구역질 나는 키치인 것이다. "빛나는 별이여, 나도 그대처럼 확고하게 되고 싶어라"라고 어느 시인이 말한 것은 확실함이 없는 이 세계에 대한 불안과 두려움을 동시에 표현한 것이다. 세계가 불안하고 두렵다면 공포에 질린 우리의 의식 외에 다른 대안은 없다. 뭉크의 〈절규〉가 표현한 것도 바로 그것이다. 그러므로 환각주의적 완결성은 키치일 수밖에 없는 것이다. 이러한 닫힌 양식에 역겨움을 품은 한 천재에 의해 연극사에 혁명이 발생하게 되며 바야흐로 '현대 연극'이 개시된다.

우리는 감정이입Einfühlung에 능란한 배우를 좋은 배우라고 말한다. 뛰어난 연기자란 자기 배역에 완전히 몰두하고 배역 그 자체의 인물이 되어야 한다고 우리는 생각한다. 햄릿을 연기하는 로렌스 올리비에는 철두철미 고뇌에 빠진 덴마크 왕자가 되어야 하며 마찬가지로 〈햄릿〉의 연출자는 관객을 16세기의 분란에 빠진 한 왕가로 안내해야 한다. 여기서 감상자들은 연극 전개과정의 어떤 요소도 될 수 없다. 환각주의에 입각한 예술은 매우 오만하게도 자기 충족성을 주장하여 관객이나 감상자를 밀어내고 스스로 존재하며 스스로 전개되고 완결된다.

이집트 예술의 정면성은 아마도 그 정치·사회적 체제의 전체주의적 성격과 전제적 사제 계급에 의한 것으로 보인다. 예술가들은 예술 작품이 그 자체로 완결된 어떤 것이라기보다는 그 표현 주제와 감상자들에 의존한다는 것을 의식하고 있었고 또한 그들에게 있어 진실이나 진리라고 하는 것은 전적으로 전제적 계급의 자의적 해석에 맡겨져 있는 것이지 스스로 존재하는 어떤 것이라는 생각은 들지 않았던 것이다.

환각주의와 자연주의는 삶에 어떠한 원칙이 있으며 우주도 역시 우리 이성이 포착할 수 있는 완결된 법칙에 의해 운행되고 있다는 믿음 위에서 번성한다. 그리스 시대, 르네상스 시대, 고전주의, 바로크, 인상주의에 이르기까지 환각주의적 예술이 번성하였으며 그 배후에는 그리스와 르네상스의 휴머니즘, 그리고 그 이후 시대의 과학혁명과 자연법 원칙이 자리 잡고 있었다. 이러한 경향의 붕괴는 '서구의 몰락Die Untergang des Abendlandes'(슈펭글러)과 함께 한다. 소피스트-로스켈리누스-윌리엄 오컴-존 로크-조지 버클리-데이비드 흄-비트겐슈타인 등으로 이어지는 경험론은 객관적 실체나 객관적 법칙의 포착 가능성을 논박할 수 없는 논리로 붕괴시켜 나간다. 제1차 세계대전의 절망과 함께 하는 이러한 일련의 파괴 작용을 통하여 진리 자체와 진리를 포착할 수 있다는 우리의 이성 역시도 몰락한다. 그리고 이에 따라 기존의 환각주의도 붕괴하고 만다.

현대의 정면성은 이러한 신념의 결여에 의한 귀결이다. 이제 자신만만하고 오만하게 존재하는 어떠한 이성적 체계나 예술작품도 구역질나는 헛소리가 되는 것이다. 이리하여 예술을 열린 체계로 만들고, 그것을 완결된 어떤 것이라기보다는 항상 미완성의 것으로 보고, 완성이라 해도 그것은 관람자나 관객의 몫이며 그러한 완성 자체도 잠정적이고 특정한 순간과 상황에 지나지 않는다는 것으로 보는 새로운 예술이론이 대두한다. 그리고 그 이론이 가장 활발하게 구현된 것이 바로 연극이다.

브레히트 스스로 "소격효과를 사용하는 전제 조건은 무대와 객석에서 모든 '마술적'인 요소를 말끔히 씻어내고 최면에 걸릴 수 있는 여지를 없애는 것이다"라고 말했다. 즉 기존 연극과 현대의 싸구려 영화들은 배우의 철두철미한 감정이입을 전제한다. 이러한 연극과 영화의 관객들은 무아경 속에서 매우 자연스러운 어떤 상황을 접하고 있다는 환상에 빠지게 된다. 관객은 무대로부터 철저히 분리된다. 무대 위의 사건은 관객이 없는 가운데 전개되는 자연스러운 상황이며, 또 그 사건은 실제 사건이고 그 사건이 전개되는 정황 이외에 다른 전개는 있을 수 없는 듯한 분위기를 조성한다. 이러한 무대와 관중석의 가상적 분리는 이른바 '제4의 벽The fourth wall'에 의해 이루어진다.

그러나 소격효과는 먼저 관객이 환상 속에 빠지려는 경향을 저지한다. 배우는 자기 배역을 낯설게 연기해야 한다. 즉 배우와 배역 사이에 소외가 존재해야 한다. 배우는 자기 대사를 매우 낯설어하고 이상히 여기며 찬성하지 않는다는 듯이 말하는 것이다. 배우와 배역 사이의 이러한 분리는 극 중 대사에 그치지 않는다. 먼저 전개되어 나아가는 상황에 대해서도 이상하게 어긋나는 태도를 보여야 한다. 가끔 관객석을 흘끔거리면서 이를테면 "말도 안 돼요. 왜 다른 식의 전개가 아닐까요?" 등의 의문을 표하기도 한다. 또한 배역 그 자체도 일말의 분열이 있게된다. 우리는 보통 한 인물이 제시되고 그 인물에 대한 일반적인 도입부가 제시되면 그 배우가 어떤 상황에서 어떤 행동과 대사를 할 것이라는 사실을 짐작할 수 있다. 이러한 것은 기시감déjà vu의 일종으로 환각적 효과를 위해 이러한 상투성은 필연적인 것이지만, 분열과 소외, 신념과 진리의 결여를 표현할 수는 없다. 이것이 현대가 부딪힌 커다란 문제였다. 소격 효과에서는, 어떠한 배역도 필연적일 수 없다. 다시 말하면 달리 어떻게도 예측될 수 없으며 기존 성격상 일관된 인물로만 표현되는 인물이어서는 안 된다. 그는 자기 배역을 이상하게 여기며 연기해야 한다. 마치 자기가 그리고 있는 인물 이외에 또 다른 진정한 자기가 있어서 그 배역에 대하여 의심스럽다는 듯, 표정 등으로 반대한다는 듯 연기해야 한다.

감정이입의 측면으로 보면, 배우는 그 배역으로 완전히 변화하기를 요구받는다. 심지어 배우는 자신의 현실 세계에서조차 진정으로 그 배역의 인물인 것처럼 행동하게 된다. 그러나 소격효과를 쓰는 연극에서는 이러한 원칙에 반대되는 것을 요구한다. 그는 관객에게 이러한 인물을 연기하는 것은 전체 연극의 기술적인 측면일 뿐, 사실 자신은 배역이 이끄는 상황과 반대되는 상황도 하나의 가능한 상황으로 연기할 수 있다는 듯이 그 배역을 연기해야 한다. 이렇게 하기 위해 배우는 우선 자기 배역에 매우 능숙하다는 사실을 암암리에 보여야 한다. 그 배역은 단지 연습된 것이지 실제적인 것은 아니라는 사실을 보여야 하기 때문이다.

그러나 감정이입을 하나의 기술에 불과한 것으로 내칠 수는 없다. 오히려 배우는 감정이입에 더욱 능란해질 것을 요구받는다. 이것은 감정이입을 연기하기 위해서가 아니라 단지 하나의 방법론으로서 그렇다. 감정이입이 어떻게, 그리고 무엇을 위해 존재하는가를 먼저 관객에게 보이고 그것이 어떻게 허구적이며 어떻게 키치인가를 보이기 위해 감정이입 이상의 것이 요구될 뿐이다. 그러므로 현대 연극은 오히려 하나의 의무를 더 짊어진 것이다. 소격효과가 감정이입과 반대되는 어떤 효과를 위한 것인지 보여주기 위해 먼저 감정이입을 해야 하기 때문이다. 즉, 소격효과 역시도 하나의 선택이라는 것을 보여줘야 하는 것이다.

정면성은 예술의 기술적 무능을 드러내는 것이 아니다. 자연주의적이고 환각주의적인 예술에 능란했던 피카소는 입체주의를 통하여 정면성을 "택한" 것이다. 이집트인들 역시 앞에서 말한 바와 같이 환각적 기법에 익숙했다.

예술은 기술의 문제라기보다 예술의욕Kunstwollen의 문제이다. 그리고 예술의욕은 세계관의 문제이다. 정면성의 원리는 진리가 더 이상 그 자체로 완결된 닫힌 체계가 아니라는 세계관을 반영하는 것이다. 환각주의는 해석과 변동 및 참여를 용납하지 않는다. 그러나 정면성은 모든 진리의 가능성을 부정하고 우리 삶의 제 원칙을 무의미하거나 잠정적인 어떤 것으로 간주한다. 소격 효과에 부딪힌 관객은 자신 역시도 연극의 한 주인공이라는 사실을 깨닫는다. 모든 연극은 미완성이며 자신의 참여가 없으면 그 연극은 끝난 것이 아니라는 것이다. 그리고 그런 참여 역시 다른 새로운 방향으로 참여를 가정하는, 끝없이 열린 체계로의 편입이라는 사실도 관객은 깨닫게 된다.

'훈련으로서의 키치'에서 말한 바와 같이 예술적 시대착오는 모두 키치이다. 과거의 예술들을 예로 들어 현대의 예술이 그와 같지 않다거나 현대의 예술들은 어떤 환각도 조성하지 않는다거나 현대의 예술들이 열려 있는 것은 자체 내의 예술적 완성도가 떨어지기 때문이라고 불평한다면 그는 키치적 미망에서 깨어나기를 원하지 않는다고 뇌까리고 있는 것이다.

신경정신과적 질병 가운데 가장 심각한 것은 해리 증후군이다. 보통 다중인격이라고 불리는 이 질병은 고통을 받는 자리에 자신이 창조한 다른 인물을 내세움으로써 시작된다. 그는 여러 명의 인물을 창조하여 자기가 겪는 고통을 그들에게 분담시킨다. 그리고 정작 본인은 항상 행복에 잠겨 불평 없는 삶을 영위할 수 있게 된다. 그러면 고통을 겪는 그 인격들은? 그들은 결코 영원히 잠들지 않는다. 그들은 어둠 속에서 기회를 노리다 불현듯 본래 인격을 대신해 나서고 본래 인격은 무의식 속으로 들어가 잠들게 된다. 불행을 겪은 그 대리 인격들은 당연히 파괴적인 인격이며 어떤 위험한 일이라도 저지를 잠재성을 지닌다. 우리 미망의 대가는 이와 같이 참혹한 것이다.

모든 시대착오적 미망 역시 이 같은 참혹함을 예정하고 있다. 우리는 고통과 불행과 무의미와 직면하여 먼저 그것을 바라보아야 한다. 우리의 미망이 아무리 행복한 것이라 한들 그것이 병적인 것이라면 선택해서는 안 된다. 예술에서는 이것 역시도 하나의 키치다. 키치의 존재 자체가 이러한 '병적 행복'을 보장하기 위한 것이다. 우리는 무엇이 행복이고 어떻게 행복할 수 있는지 잘 모른다. 그러나 한 가지 불행은 피할 수 있다. 그것은 '병적 행복'이라는 추하고 역겨운 불행을 밀어내는 것이다. 그리고 그 자리에 '건강하고 정상적인 불행'을 불러들이는 것이다. 우리의 각성은 우리가 행복하지 않다고 말한다. 그러나 행복을 말하는 키치 역시도 진실한 행복을 보장하는 것은 아니다.

소격효과는 우리를 끊임없이 불안정한 상태로 밀어 넣는다. 객관적이고 확고한 것으로 인정되는 어떠한 진리도 없으며 우리가 살고 있는 우주 어디에도 믿을 수 있는 토대는 없기 때문에 끊임없는 방황과 탐구 이외에 다른 어떤 대안도 없다고 말한다. 진리는 우리가 그것을 탐구해 나가는 과정 그 자체에 지나지 않으며, 그 탐구를 멈추는 순간 우리는 환각주의적 삶의 방식에 빠져드는 수밖에 없다. 결국 진리란 우리의 얼굴 이외에 아무것도 아니다. 우리에게 우주란 무엇이겠는가? 그것은

단지 우리의 관측 결과이다. 끝없는 탐구 끝에 우리가 거듭 발견하는 것
은 우리의 얼굴 외에 아무것도 아닌 것이다.

모더니즘

우리에게 절대적인 의미를 가지는 것은 결국 실체reality의 문제이다. 우리의 모든 분투는 ― 만약 그것이 진실한 것이라면 ― 실체의 포착을 목적으로 한다. 우리 지성과 직관은 우리 삶의 이유와 의의를 알고자 하며 여기에서 비롯된 통찰은 비로소 소외를 극복하도록 우리를 돕는다. 가장 견디기 어려운 것은 소외이다. 그것은 우리를 절망으로 몰고 가고 우리에게 공포와 무의미를 주입한다. 우리는 삶에 이유가 있기를 바라고 그런 바람은 우리 존재의 기원과 의미를 가정한다. 우리는 파올리나 성당 벽화의 인물들이나 카프카의 주인공들같이 덧없음 속에서 부유하기를 원치 않는다.

거짓 실체가 실체를 밀어내고 기만적 자기만족이 진실한 분투를 대신함으로써 결국 키치에게 모든 자리를 내어주게 되는 이유는 무엇일까? 얄팍한 감상주의, 역겨운 자기만족, 거짓된 사실주의, 무의미한 정언명령 등은 언제나 번성해 왔고 그러한 키치에 대한 분노와 고발은 언제나 소수의 예술가와 작가들에게 위임되었다. 가장 위험한 것은 확신과 의로움이다. 확실성이 소멸한 시대에 신념이야말로 행동으로 나타나는 키치인 것이다. 어떤 이념, 어떤 정치적 슬로건, 어떤 과학적 진실, 어떤 예술적 미학이건 키치를 벗어날 수는 없다. 왜냐하면 신념은 모두 키치인 까닭이다. 이것은 단지 우리 시대만의 문제는 아니다. 우리 시대는 우리 시대 고유의 키치를 가질 뿐이다. 소크라테스가 "아무것도 아닌 주제에 무엇이나 된 듯이 행동하는 사람들"에 대한 분노를 터뜨리고 자신은 알지도 못하고 있는 개념을 마치 명석한 의미를 지닌 듯이 사용하는 사람들에게 변증법을 갖다 놓는, 그리하여 당시의 언어를 해체해버리는 철학을 한 이유 역시도 그의 시대의 역겨운 키치를 극복하기 위한 것이었다.

거짓 실체가 번성하는 이유는 우리가 지적 무지와 감성적 무능, 도덕적 허위의식에 사로잡히길 원하기 때문이다. 우리는 진실을 보고자 하지 않고 또 볼 능력도 없다. "모든 사람은 천성적으로 알고자 한다"(아리스토텔레스)고 하지만, 자신의 평온과 행복을 깨뜨리며 침입해 오는 진실에의 요구를 감당할 수 있는 사람은 없다. 진실보다는 행복이 더 나으며 그렇기 때문에 우리 자신은 기만 속에 있기를 원한다. 우리는 삶에 온전한 값을 치르지 않는다. 우리는 삶이 공짜이길 원한다. 일상적인 근로와 고통이 그들의 변명이다. 일상적 삶의 영위와 우리 삶의 물질적 요구 자체가 우리를 소진시킨다고 말한다. 그리하여 무식하고 솔직한 사람은 대중예술에 물들고 허위의식과 허영으로 가득한 얼치기 지성인들은 키치에 물든다.

일군의 예술가들은 항상 새로운 길, 키치를 벗어나서 우리 시대의 문제를 직시하고 우리 아픔을 드러내는 작업을 해 나간다. 그 기원을 멀리 중세에 둔 어떤 역사적 노정에서, 이미 일련의 탐구와 정직한 태도가 우리 시대가 현재 부딪힌 문제를 제기했다. 유명론nominalism이란 개념은 "보편은 명칭이다Universalia sunt nomina"라는 표현에서 온 것으로 플라톤-기독교적 실재론realism에 상대되는 형이상학적 개념이다. 중세 말 고딕시대에 이르러 새로운 철학적 반발이 일어난 것이다. 유명론은 자기 자신이 어떤 적극적 의미를 지니기 전에 이 보편개념의 실재를 부정하는 것으로 첫발을 내디딘다.

로스켈리누스와 아벨라르두스, 오컴 등의 중세 유명론자들은 "보편개념은 실재하지 않고, 실재하는 것은 개별자(구체적 사물)뿐이며, 보편개념은 단지 개별자들로부터 추상을 통해서 얻어진 것일 뿐"이라고 주장한다. 간단히 말해 "보편은 사물 이면의 이름에 지나지 않는다Universalia sunt nomina post rem." 이제 보편자는 그 실재성을 잃고 개별자와 구체적 경험이 중요한 것으로 대두한다. 즉 인간의 의식에 있어 감각적 경험이 참된 능동이며 인식에 있어 필요한 것은 외계의 대상에 대한 감각적 직관 혹은 우리의 내적, 반성적 직관뿐인 것이다. 보편 개념은 실제로 존재하기보다는 이러한 감각적 경험의 종합과 추상으로부터 "만들어지는" 것이 된다. 보편 개념은 정신의 대상으로 존재하되 정신적 작동 안에서 생기는 주관적 존재이며 사유 자체인 것이고, 그러므로 그 것은 실재라기보다는 실재 사물의 명칭일 뿐이며 사유에 필요한 임의적 도구에 지나지 않게 된다. 보편 개념에만 논리를 한정시킬 경우 그것은 한 마디로 우리 정신의 상상물에 지나지 않는다는 것이다.

유명론의 가장 중요한 인물이라 할 오컴은 단호하게 "개별자만이 존재한다"고 말한다. 관념적으로 보편적인 것을 가리키는 표상들이 있 다 하더라도 개별자의 보편성은 그 실체 속에 존재하지 않고 오직 상징 으로 존재한다는 것이다. 그는 "존재는 쓸모없이 증가되어서는 안 된다 Entities are not to be multiplied without necessity"고 하면서 보편개념의 존재 이유가 없다고 말한다. 이렇게 보편성은 내재적인 추상 과정의 산물로 서 우리 정신의 외부에는 실제로 존재하지 않게 되었다.

현대를 물들이고 있는 언어철학, 혹은 분석철학 역시 오컴의 유명 론의 현대적 개정판에 지나지 않는다. 비트겐슈타인은 "세계는 사물의 총체가 아니라 사건의 총체"라고 말한다. 결국 외계 사물의 현존은 우 리 인식에 기초하는 것이지 우리 인식에 외계 사물이 조응하는 것은 아 니라는 선언이다. 언어는 외계 사물을 거울처럼 반영하고 있지만 우리 가 보는 것은 우리의 거울이지 외계 사물은 아닌 것이다. 우리는 그야말 로 언어라는 미로 속에 갇혀 있는 것이다. 누구도 실체는 알 수가 없다. 오컴은 개별자의 존재는 인정하면서 단지 개별자에 보편적으로 존재하는 실체라는 것을 분쇄하였다. 그러나 비트겐슈타인은 그 실체 자체의 인식 가능성을 부정하고 우리가 자의적으로 구성한 외부 세계의 구성적 체계 안에 우리가 갇혀 있다고 말하는 것이다. 우리가 아는 것은 기껏해야 명제뿐이다. 그리고 그 명제를 분석해 나갔을 때 궁극적인 최소 단위는 실제 세계의 무엇인가를 가정해야 하는데 우리는 이것의 존재 유무를 알 수는 없다. 결국 그것은 우리의 '요청'만으로 존재하게 된다.

여기에 우리의 언어가 있다. 그리고 우리는 그 안에서 존재하고 있다. 그러므로 언어의 존재 자체를 부정할 수는 없다. 문제는 언어와 실체가 일치하느냐에 대한 문제이고 비트겐슈타인은 이것에 대하여 단지 요청만이 언어와 실체의 연계성을 보장한다는 것이다. 비트겐슈타인은 외부 세계의 존재를 부정하지 않는다. 그가 부정하는 것은 우리 인식(우리 언어)과 외부 세계의 필연적이고 보편타당한 일치이다. 우리는 외부 세계를 반영하는 하나의 거울을 발명했다. 이것은 마치 우리가 외부 세계를 반영하는 하나의 수학, 또는 하나의 물리학을 발명한 것과 같다. 그러나 그것은 상대적인 것이다. 어쩌면 다른 언어 아니면 다른 표현 수단, 다른 수학, 다른 물리학에 우리 자신을 의탁할 수도 있을 것이다.

우리는 현존에 대한 해명을 원한다. 생물학적 현존에 대한 설명을 요구함으로써 창조론과 진화론이 생겨난 것처럼 외부 세계의 존재와 운행에 대한 계량적 요구가 물리학과 수학을 불렀다. 비트겐슈타인이 말하는 것은 우리 인식의 강렬한 요구에도 불구하고 우리 현존에 대한 인식은 우리 자신에 의해 창조된 것으로서 어떤 절대성도 가질 수 없다는 것이다.

유명론자들은 우리의 언어가 실체를 반영한다는 실재론자들의 순진하고 안일한 키치를 분쇄했다. 그러나 그들은 실체 자체의 존재나 실재reality를 볼 수 있는 우리의 능력을 의심하지는 않았다. 솔직하고 순수하게 우리 인식에 우리 자신을 일치시키면 우리는 적어도 개별적 실체들을 볼 수 있는 것이고 바로 거기서 추상 작용에 의하여 우리의 체계적 인식을 구성할 수 있다는 것이 유명론자들의 믿음이다.

그러나 비트겐슈타인은 우리가 체계적 인식이라고 믿는 것 역시도 하나의 인식일 뿐이고 그렇기 때문에 상대적 인식에 불과하다고 말한다. 아인슈타인은 우주의 절대 공간과 절대 시간이 있다는 것을 부정한다. 각각의 관성계는 고유의 시간과 공간을 지닌다. 이것은 정확히 비트겐슈타인의 철학이나 리만의 기하학과 일치한다.

의미 있는 예술가들의 첫째 임무는 자기 자신이 자신에게 부여하는바, 올바른 시지각의 도입이다. 그가 산을 그린다고 할 때 여러 가지 양식의 회화가 가능하다. 그러나 한 가지 분명한 것은 그가 산에 접근할 수도, 느낄 수도 없다는 것이다. 그에게 허용된 것은 원거리에서 산을 조망하는 일뿐이다. 그는 자기 눈에 비친 산을 그린다. 그가 그리는 것은 산에 대한 그의 감각이지 산 그 자체는 아니다. 멀리서 보았을 때 바위인지 죽은 나무인지 꽃인지 나뭇잎인지를 분간하는 것은 불가능하다. 그는 단지 결정할 뿐이다. 예술은 그러므로 하나의 결단이다. 다른 시대, 다른 공간에서는 어쩌면 또 다른 결단을 내릴 뿐.

비트겐슈타인이 그의 논리학을 통하여 내내 이야기하는 주제가 바로 이것이다. 우리에게 언어는 결단이지 필연은 아닌 것이다. 그렇지만 그것은 충분히 체계적이다. 단지 화가가 산을 만질 수도 느낄 수도 없는 것처럼 우리 언어는 실체에 닿을 수 없고 자체 내의 논리를 지닐 뿐이다. 아인슈타인 역시 우주를 일관하여 적용되는 절대적 법칙을 부정한다. 우리 관성계는 단지 우리의 시공간을 가질 뿐이고 각각의 관성계는 서로에 대하여 상대적 입장에 있게 된다.

소쉬르Ferdinand de Saussure는 새로운 언어학을 도입함으로써 비트겐슈타인의 입장에 서게 된다. 당시까지의 언어 연구는 언어의 생성과 변화를 다루는 역사적 혹은 통시적diachronistique인 것이었으나 그는 동시각에 존재하는 언어를 하나의 구조로 보아 언어의 의미 형성의 본질을 드러내 보인다. 그는 언어의 형성은 기껏해야 의미 상호간의 차연difference에 의한 것으로 전적으로 자의적인 것이며 실체와는 어떠한 연관도 맺지 않았다는 것을 밝혀낸다. 소쉬르 역시 실체와 진실의 자의성과 임의성 및 상대성을 폭로한 것이다.

레비 스트로스Claude Lévi-Strauss 역시 필연적이고 보편타당한 것처럼 보이는 문화현상 뒤에 숨어 있는 자의적 구조를 밝혀낸다. 이러한 여러 통찰들은 모두 진리의 절대성으로부터 상대성으로, 진리의 닫힌 체계로부터 열린 체계로, 감정이입으로부터 소격효과로, 환각주의로부터 정면성의 원리로의 방향 전환이었다.

이러한 세계관으로부터 비롯된 도덕관은 철두철미 개인주의적일 수밖에 없고 소극적일 수밖에 없다. 객관적이고 확고한 진실이 없는, 도대체 그 진실의 존재 자체를 믿을 수 없는 시대에, 거대 담론은 키치이며 이념은 거짓된 위안인 것이었다. 신은 죽었으며 객관적 진리는 붕괴한 이 시대에 일군의 예술가들은 논리와 이념 대신 개인의 도덕과 관념을 중시한다. 그들은 스스로를 통하지 않고는 사회로의 어떤 접근도 원하지 않았으며, 어디에도 감정을 두지 않고 차갑게 거리를 두기를 원했다. 증발된 실체와 객관적 진리 앞에 선 그들은 그들의 현실과 삶이 지극히 임의적인 것을 발견한다. 그들이 기댈 곳은 개인적 용기, 도덕뿐이다. 카뮈가 "반항과 자유와 정열"을 말한 것은 바로 이러한 심리적 동기에서 비롯된 것이다.

모더니즘 소설에서 저자는 등장인물에 관해 설명하지 않는다. 정의definition 역시도 하나의 키치이기 때문이다. 그들은 그들의 소설이 열린 것이기를 바란다. 바야흐로 "저자의 소멸"이 시작되며 "독자의 참여"가 시작되는 것이다. 이제 독자들은 등장인물들에 관해 알기 위해 저자에 기대기보다 등장인물들 각각에 주의를 기울여야 한다. 내용에 대한 파악에 있어서도 서술자에게 의존하던 전 시대의 소설과는 달리 등장인물들의 대화와 행동에 의존하게 된다. 독자는 자기 감정을 이입하기보다 먼저 거리 두기를 하여야 한다. 어떤 등장인물이 어떤 이야기를 한다면 먼저 다른 등장인물의 다른 이야기와 비교하여야 한다. 동일한 상황과 동일한 사건에 처한 등장인물들 제각각의 반응을 통해 등장인물들에 대하여 무엇인가를 포착해 나가는 것은 전적으로 독자의 몫이다. 저자는 자신의 평가와 해명을 드러내지 않는다. 그는 단지 상황과 대화를 제시할 뿐이며 소설로부터 거리를 둔다.

전통적인 소설은 작가가 전지전능한 입장에 있거나 자신이 주인공이 되어 독단적으로 전개해 가는 것으로 구성된다. 이러한 소설은 실체가 존재하며 자신이 실체를 포착하였다는 자신감에 기초한다. 그러나 이제 이것은 시대착오이다. 다시 말하지만 시대착오는 만약 그것이 진지하다면 키치이고 그렇지 않다면 통속예술이다. 신념이 무너지고 모든 구조가 자의적이며 우리 판단 자체가 지극히 상대적임을 봐온 예술가들은 상황만을 제시한다. 그것을 종합하여 의미를 만들어낼 때 여러 가지 해석이 가능하다는 것, 결론이 다양할 수 있다는 것 등은 저자에게 중요하지 않다. 저자에게 중요한 것은, 자기는 키치를 쓰지 않았으며 키치를 쓰지 않는 것이 예술가의 일차적 소임임을 말하는 것이다.

헤밍웨이가 가장 뛰어난 모더니스트 가운데 한 명이라는 사실은 의문의 여지가 없다. 그의 소설 형식은 감상도 설명도 심리묘사도 배제한, 그야말로 차갑게 거리를 둔 양식이다. 그의 문체는 엄격하고 간결하다. 그리고 그 분위기는 드라마틱하거나 끈적이기보다 밝고 깨끗하고 선명하다. 그는 등장인물들의 대사와 행동 이외의 모든 것을 그의 소설에서 배제한다. 그러나 이 짧은 대사들에 헤밍웨이 자신의 삶에 대한 고찰과 견해가 담겨 있으며, 아무렇지 않게 내뱉는 듯한 대사들의 이면은 매우 다층적이고, 그 도덕성은 강철 같을 뿐만 아니라 자못 비극적이다. 삶은 하나의 암시이고, 그 해석은 독자의 몫이다. 만약 실체가 절대적인 어떤 것이라면 그것을 설명할 수 있겠지만 그렇지 않을 경우에는 겉으로 드러나는 대화만이 기술 대상이고 나머지는 독자의 구성에 의존한다. 세상의 실체를 알 수 없을 때, 우리에게 남은 것은 그 속에서 어떻게 살아야 하는가 하는 물음이다. "왜"를 물을 수 없으므로 이제 "어떻게"만 남는 것이다. 헤밍웨이의 소설《해는 또다시 떠오른다》에서 주인공 제이크는 "언제, 어떻게 사느냐를 알게 되면 세상이 무엇인가도 알게 되리라"고 믿는다. 그러므로 모더니스트들에게 있어 도덕이란 어떤 규범이나 법이 아니고 — 왜냐하면 그것들 역시도 키치니까 — 스스로의 느낌에서 연유하는 좋은 감정이다. 무슨 일을 했을 때 스스로에게 역겨움을 느끼게 되면 그것이 부도덕이요, 좋은 느낌을 갖게 되면 그것이 도덕이다. 헤밍웨이는 "좋은 술에는 감정을 섞지 말라. 그것은 술의 풍미를 해친다"라고 말한다. 모더니스트들에게 있어서는 감정 과잉이나 의미부여가 가장 참을 수 없는 것이 된다. 왜 무의미한 이 우주에 거짓 의미를 불러들이려 하는가?

그러므로 모더니스트들은 우선 자기 자신이 될 것과 자기 자신에게 충실할 것을 말한다. 신과 의미를 잃은 세대가 할 수 있는 것은 자기 자신으로의 후퇴이며 자기 자신에 충실함으로써 모든 삶이 재건되기를 기대할 뿐이다. 사랑하는 투우사 로메오를 떠나보낸 브렛은 단지 그것이 옳은 결정이라는 내적인 느낌만으로 자기 도덕을 다한 것이 된다. 중요한 것은 우리 머리 위에 하늘이 아니라 바로 우리 마음인 것이다.

변기와 소음
("샘"과 "4분 33초")

만약 우리가 현대예술과 키치의 가장 노골적인 차이를 알고자 한
다면 뒤샹의 "샘"과 존 케이지의 "4분 33초"를 이해하는 것만큼 적확한
것이 없을 것이다. 키치는 누군가가 말한 "나머지는 소음이다."라는 종
류의 멋지지만 공허한 언명에 의해 본격화된다. 어떤 예술가 혹은 예술
철학자들은 여전히 어떠한 것이 예술이 되기 위해서는 그 예술이 내재
적인 차별성을 가져야 한다고 생각한다. 그러나 현대 예술의 입장에서
는 거기에 "내재적"인 것도 없고 "차별적"인 것도 없다. 예술이 어떤 차
별적 심오함에서 연역 된다는 생각 자체가 키치의 출발점이다. 실재의
포착과 이해는 사실상 근거 없는 것이 되고 말았다. 그러나 키치 예술가
들은 자신만이 차별적으로 그것을 포착했다고 믿는다. 그러나 말해진

바와 같이 키치는 정언적 신념과 오만을 토양으로 한다.

뒤샹과 케이지는 아마도 가장 극적인 예술을 대두시킴에 의해 예술은 내재적 실재의 심미적 연역이 아니라 단지 우연적 세계의 창조라고 말하고 있다. 이렇게 되어 그 두 예술가는 키치를 벗어난다. 이 둘이야말로 키치와 대결한 가장 훌륭한 모더니즘 예술가일 것이다. 존 케이지는 "나머지는 소음이다."라는 언명에 대해 "어떤 소음도 예술의 자격이 있다."고 대응했을 것이다.

우리가 현대예술에서 모더니즘 예술가들이 어떻게 키치와의 투쟁에 효과적으로 대응했는가를 탐구할 때, 모더니즘을 그 양식의 본래에 의미에 있어 현대가 처해 있는 상황을 가치중립적으로 묘사하는 이념이라고 정의하면(특히 헤밍웨이와 포크너에서 잘 드러나는바), 아마도 미술에 있어서의 뒤샹Marcel Duchamp과 음악에 있어서의 케이지John Cage만큼 정확하게 모더니즘 이념과 키치와의 투쟁을 구현한 예술가를 찾기는 어려울 것이다. 또한 그들만큼 많은 논란을 일으킨 현대예술가도 없을 것이다. 그들을 둘러싸고 일어난 논란 자체가 키치의 만연을 말한다.

그들에 의해 현대가 지닌 근대와의 차별성이 완전히 드러나게 되며 우리가 어떤 세계에 살고 있는지가 명백히 드러난다. 현대에 근대적 이념을 끌어들이는 것이 키치이다. 그것은 단지 오도된 신념이며 시대착오이다. 이 두 사람에 대한 이해가 현대와 현대예술과 키치의 정체를 이해하기 위한 초석이다. 현대예술에 대한 이해는 매우 심각하고 절망적인 상황과 외견 경박하고 방종하게 보이는 예술이 어떻게 결합하는가를 이해함에 의해 가능해진다. 키치는 경박하지 않다. 그것은 심각하고 진지하다. 그러나 이 두 사람은 현대의 성격을 단지 그들의 직관을 통해 날카롭게 포착했고 대담하고 혁신적으로 그들의 (경박한) 창조행위를 해 나갔다.

물론 뒤샹의 "변기(샘)"나 케이지의 "소음(4분 33초)"이 모더니즘 예술작품 그 자체는 아니다. 그들이 한 것은 예술활동이었지 예술작품의 창조는 아니었다. 엄밀한 의미에서, 모더니즘 예술은 하나의 사물 thing로서의 의의를 가지지는 않는다. 현대의 이념은 존재보다는 행동에, 의미보다는 가치에 중심을 놓는다. 이것은 비트겐슈타인이 철학을 하나의 과목이라기보다는 하나의 활동 — 그의 말로는 말해질 수 있는 것과 그렇지 않은 것을 구분하는, 즉 사유의 명료함을 기하는 — 이라고 정의한 바에 있어서 먼저 그렇다. 예술도 마찬가지이다. 창조행위만이 있지 그 결과물은 없다. 이것은 현대예술이 전통적인 예술 — 작품 그 자체에 착륙하는 — 과 차별되는 중요한 요소이다.

현대는 의미의 소멸, 즉 실재의 상실과 더불어 시작된다. 의미와 우리 사이의 소통은 우리 감각 인식의 벽에 의해 막히게 되었다. 우리가 알 수 있는 것은 기껏해야 우리 감각 인식과 거기에 뒤따르는 지성의 종합일 뿐이다. 이것이 흄에서 시작해 논리실증주의자들에게 이르는 인식론이다. 이러한 상황은 우리에게 사물의 내재적 의미의 추구를 포기하고 그 외연적 가치 체계에만 관심을 기울일 것을 요구하게 된다. 의미는 교환을 지칭하고, 가치는 비교를 지칭한다. 근대의 계몽서사들의 문제는 그것들이 교환에 의해 도입되는 의미에 대한 얘기를 했다는 데 있다. 우리의 보통명사는 이데아와 교환될 수 있고, 우리의 예배와 제사는 신의 기쁨과 교환될 수 있고, 우리의 과학명제는 필연적 인과율과 교환될 수 있었다. 의미와 현존은 유비에 의해 언제라도 서로 간에 소통했다. 의미와 현존 사이의 장벽은 교환을 불가능하게 만들고, 의미를 미지의 것으로 만들며, 동시에 현존이 그들만의 리그를 행하게 만든다. 이것이 이중진리설the doctrine of twofold truth이다. 각각이 서로를 차단한다.

90점의 수학 점수는 그 점수에 해당하는 수학 실력과 교환될 수 있고 이것이 90점의 의미라고 알려져 왔다. 역사상의 관념론자들은 언제나 교환되는 의미에 대해 생각했고, 그 이념에 따라 교육에 절대평가 제도가 도입되었다. 그러나 이러한 교환에 있어 우리가 알 수 있게 되는 것은 없다. 중학생이 초등학교 저학년의 수학 문제에 대해 90점을 얻었을 수도 있고, 다른 경우(드문 경우겠지만) 고등학교 고학년의 수학 문제에 대해 90점을 받았을 수도 있다. 절대 평가는 자기 위안과 헛된 이상주의에 기초하는 한편의 희극일 따름이다. 문제의 난이도가 함께 제시되지 않는다면 어떤 점수건 실력과의 교환이 유의미해지지 않는다. 우리가 관심을 기울이게 되는 것은 90점의 등수이다. 그것은 비교에 의해서만 드러나게 된다. 즉 75점, 80점, 90점, 95점 등과의 비교에 의해서만 비로소 그 점수의 등수가 드러날 뿐이다. 즉, 어떤 대상의 의의는 그것과 상이한 대상과의 "교환"에 의해서가 아니라 유사한 것들과의 "비교"에 의해 드러나게 된다.

근대 세계의 계몽적 실재론은 이를테면 90점이 어떤 수학 실력과 교환될 수 있다고 믿었다. 이것은 단지 점수에만 해당하지 않는다. 계몽적 근대는 모든 것들이 그것들과는 질적 차이를 가지는 것들과의 교환이 가능하고, 따라서 모든 것들이 거기에 내재한intrinsic 의미를 지닌다고 생각했다. 그러나 현대는 질적 차이에는 관심을 기울이지 않는다. 왜냐하면 그것은 알 수 없는 ― 90점의 수학 실력에 대한 것과 같이 ― 것이기 때문이다. 모든 것은 경험적 '값'을 가질 뿐이지, 선험적 '의미'를 지니지는 못한다. 어떤 대상에 대한 의미 추구는 곧 미궁에 빠지게 된다. 이때 여전히 계몽적 근대를 고집하는 것이 키치이다.

아마도 물질의 본래적인 의미를 찾고 있는 물리학자들은 앞으로도 계속 미궁에 빠질 것이다. 의미를 확정하기 위해서는 그 체계를 넘어서는 무엇인가를 불러들여야 하지만 이번에는 불러들여진 새로운 것의 의미를 다시 확정해야 하기 때문이다. 수학에 있어서도 마찬가지이다. 실수체계를 확정 짓기 위해서는 허수를 불러들여야 하지만, 이번에는 허수가 자기의 확정적 의미를 요구한다. 현대가 단지 가치에만 관심을 기울이는 이유는 그것 외엔 우리의 규약을 이끌어낼 어떤 기준도 없기 때문이다. 괴델의 불완전성과 윌리엄 제임스의 실용주의는 같은 동기 위에 있다. "쓸모없으면 의미 없다(비트겐슈타인)." 새장 밖에서 무엇인가를 끌어들이게 되면 결국 악순환에 처한다. 새장 속에서의 분투 외에 다른 윤리는 없다.

소, 말, 염소 등의 청각영상(혹은 음성 신호)을 가정하자. 그리고 각각의 음성 신호에 해당하는 개념 A, B, C를 동시에 가정하자. 하나의 어휘는 '소'라는 청각영상과 '소'라는 동물의 개념의 유착에 의해 비로소 존재를 얻는다. 그렇다고 해도 청각영상 '소'가 다른 청각영상, 즉 말이나 염소 등의 청각영상에 비해 개념으로서의 '소'에 대해 어떤 우월권을 가지고 있지는 않다. 소가 B와 결합하고, 말이 A와 결합한다 해도 언어 그 자체의 시스템에 어떤 문제가 발생하지는 않는다. 모든 것은 계약의 문제인 바, 우리는 우리의 세계를 '하나의 규약적 체계'라고 정의할 수 있다. 기표와 기의는 계약관계에 처해있다. 물론 누구도 그 계약을 임의적으로 파기할 수는 없다.

우리는 우리의 규약이라는 새장 안에 갇혀 있다. 새장에는 어떤 곳에도 외부로 향하는 문이 없다. 그리스인들은 새장 자체에 어떤 가치도 부여하지 않았고, 새장 안의 세계에 머무는 것이야말로 비천한 불구의 삶이라고 생각했다. 이것은 플라톤이 우아한 비유로 말하는바, 묶인 채로 그림자만 바라보고 사는 운명인 것이다. 우리는 새장을 벗어날 수 있고 또 벗어나야 했다. 오이디푸스의 비극은 닫힌 새장 때문에 발생한 것이 아니라 엉뚱한 곳에서 문을 찾았기 때문에 생긴 것이다. 새장을 벗어나면 거기에는 이데아의 세계가 있었고 지상 세계는 이데아를 닮으려 노력해야 했다. 이것이 소위 '유비의 원칙the doctrine of analogy'이다. 천상의 이데아와 지상의 감각적 세계는 비슷해야 했다.

새장 밖에 이데아가 아니라 신이 있다고 믿는 시대가 중세였다. 기독교 신학은 그리스 철학의 옷을 입은바, 이데아가 신으로 바뀌었을 뿐이다. 물론 플라톤은 이데아를 향할 수 있는 인간의 내재적 능력을 인정했지만, 중세의 신학자들은 신에게 맡겨진 존재로서의 타율적 신앙만을 인정했다는 점에 있어 고대와 중세는 완전히 다르다. 이러한 차이에도 불구하고 중세에도 역시 새장 문은 열려 있었고 새장 안의 세계와 밖의 세계는 소통할 수 있었다. 중세 교권계급의 우월권은 새장의 문의 열쇠를 자기네가 가지고 있다고 함에 의해 가능했다. 베드로가 예수에게서 받은 것은 이것이었다.

데카르트가 새로운 철학에 대해 말할 때 이것은 단지 존재에 대해서가 아니라 작동 양태에 대해 말한다는 점에서 고대 철학과 달랐을 뿐이지 실재와의 소통 가능성을 단호히 믿었다는 점에서는 역시 고대인들과 동일한 신념을 지니고 있었다. 데카르트 역시도 새장 문은 열릴 수 있다고 믿었고 그것은 인간의 수학적 지성의 역량에 의해서였다.

현대는 새장은 이미 닫혔고 새장을 벗어나려는 모든 시도는 결국 새장에 부딪혀 안쪽으로 튕겨질 뿐이라고 말함에 의해 근대와 차별된다. 우리는 우리의 감각 인식의 벽에 막혀 그 너머를 볼 수는 없고, 우리의 삶이란 감각 인식의 규약적agreemental 종합 이외에 아무것도 아니라는 이념이 현대가 과거와 결별한 경계선이었다. 이 규약은 존재에 대해 계약적 성격을 부여한다. 소, 말, 염소와 개념 A, B, C는 서로 결합하기로 계약을 맺었다. '소'라는 청각영상은 소의 본질(내재적 의미)에 대해 무엇도 말해주지 않는다. 그것은 단지 지칭을 위한 것으로서 기호sign의 의미밖에는 지니지 않는다. 그 청각영상에 결합되어 있는 개념으로서의 '소' 역시도 실재에 속한 것이라는 보증이 없다. 청각영상과 개념은 각각 음성과 거기에 합성된 감각인식인바 모두 우리에게 속하지 실재에 속한다는 보증은 없다.

우리가 세계the world라고 부를 때 그 세계는 반드시 '우리의'라는 제한적 형용사를 동반해야 한다. 우리로부터 독립하여 거기에 실재하는 세계에 대해 우리는 그 존재조차도 모른다. 물론 세계는 우리에게 선험적으로 주어진다. 물리적 총체로서의 세계는 과학이라는 명칭을 달고 우리에게 구속력을 행사하고, 사회적 행위의 가능한 총체는 법이라는 이름으로 우리에게 구속력을 행사한다. 그러나 이 구속력은 인간을 벗어나 있지는 않다. 그것은 마치 민법이 계약의 구속력을 행사하는 것과 같은 방식으로 우리에게 구속력을 행사한다. 민법은 '선험성'의 본래적인 의미에서의 '선험성'을 지니지는 않는다. 그러나 그것이 구속력을 지니는 만큼은 상대적인 선험성을 지닌다.

우리에게 세계는 이러한 종류의 규약적 계약으로서 우리에게 주어진다. 에드가 모렝Edgar Morin이 말하는 바와 같이 "인간은 하나의 행성을 떠맡았다." 그러나 누구도 이 행성에서 개별자로서의 무한대의 자유를 지닐 수는 없다. "개별자만이 존재한다"는 오컴의 금언은 "일반적인 규약조차 없다"(얼치기 무정부주의자들은 그렇게 해석하지만)는 말은 아니다. 만약 그렇다면 사회적 동물로서의 인간 자신이 사라지기 때문이다. 이 행성은 계약에 의해 운행된다. 그 계약은 인간의 계약이다. 신과 인간 사이의 맹약 따위는 어떤 실증적 근거도 지니지 않는다. 신앙이나 윤리는 더 이상 구속력을 행사하지 못한다. 그러나 이를테면 법과 같은 계약은 실증적 근거를 지닌다. 이것은 비준된 규약이기 때문이다.

현대에 이르러 우리 삶은 실재를 닮아야 한다는 의무에서 벗어났고 이제 우리 세계에는 무한대의 자유가 주어지게 되었다. 예술은 모방이 아니라 창조이다. 이것은 과학이란 단지 과학 교과서 외에 아무것도 아니란 사실과 같다. 과학 교과서는 세계가 아니라 우리의 얼굴을 닮았을 뿐이다. "과학은 사물에 대한 것이 아니라 그 관계에 대한 것이다.(푸앵카레)" 여기에 사물 간의 관계조차도 법칙으로서의 필연성을 지닌 것이 아니라 집합적 감각인식의 규약화된 믿음이라는 단서만 붙이면 그것이 현대과학에 대한 정확한 정의일 것이다. 우리는 자유를 얻으며 실재를 잃었다. 사르트르가 "우리에게는 (우리 스스로를 만들어 나갈) 자유가 있다."라고 말할 때의 뉘앙스는 실재의 손실에 대해 지나치게 슬퍼하지 말라는 것이다. 역사는 언제나 중립적이다. 그 자체로서 좋은 세계관도 나쁜 세계관도 없다. 무엇인가를 잃으면 무엇인가가 얻어진다. 카뮈는《이방인》에서는 잃은 것에 대해,《페스트》에서는 얻은 것에 대해 말한다.

이제 예술은 거기에 내재한 어떤 이유에 의해 예술이 되지는 않는다. 예술이 예술이 되는 것은 우리가 그것을 예술이라고 부름에 의해서이다. 이것은 마치 기표로서의 '소'가 기의로서의 '소'가 되는 것은 우리가 그것을 소라고 부르며 동시에 소라는 개념을 생각하기 때문인 것과 같다. '소'라는 청각영상과 개념 어디에도 소의 실재라고 할 만한 것은, 다시 말하면 내재적 의미로서의 소가 거기에 존재한다는 보증이 없다. 우리의 표현이 실재와의 관련을 끊을 때 세계는 우리가 만드는 바의 세계가 된다. 현대 예술에서 재현이 사라지는 이유는 여기에 있다. 재현의 소멸은 실재의 부재 — 실존주의 철학자들이 '부조리'라고 말하는 — 와 관계 맺는다.

세계가 기호화되는 것은 이것이 동기이다. 만약 우리의 세계가 실재를 닮을 이유가 없어진다면 세계에 대한 우리의 묘사는 형식유희적인 것이 된다. 그것은 단지 서로 간에 구별되는 요소에 의해 가치를 획득하게 된다. 90점이 수학 실력이라는 의미를 향하는 것이 아니라 단지 85점이나 95점이 아니라는 차별성에 의해서만 존재를 얻는 것처럼, 우리의 문화구조물의 요소들은 단지 주변 동료들과의 차이에 의해서만 가치를 획득하게 된다.

소라는 동물(우리가 그렇게 인식하는 바의)에 어떤 청각 영상이 결합하는 것은 완전히 자의적arbitrary이다. '소'라는 청각 영상은 어떤 내적 측면에 있어서 실재로서의 소라는 동물을 닮은 것은 아니기 때문이다.

전통적인 예술은 거기에 내재한 어떤 동기에 의해 예술 이어왔다. 레오나르도 다빈치의 성모는 자신의 아들에 대한 무한한 사랑과 안타까움을 잘 담아낸 그 아름다움으로 의미를 획득하고 있다. 그러나 현대는 성모의 모습도, 성모 자체의 존재도, 그리고 무엇보다도 인간 내면세계의 존재 양태조차도 알고 있다고 말할 수 없게 되었다. 우리는 내재적인 의미와 관련된 한 무엇도 알 수 없다. 알 수 없는 사실을 어떻게 표현하고 묘사할 수 있겠는가?

어떠한 것이 예술이 되고, 어떠한 것이 예술이 될 수 없는가는 완전히 자의적인 동기에 의해 결정된다. 예술이 되기 위한 동기는 하나뿐이다. 그것을 우리가 예술이라고 불러줌에 의해서이다. 예술 역시도 규약적 체계에 묶인다. 그것이 예술이 되기 위해서는 다른 예술동료들과 달라야 한다는 사실과 우리가 그것을 '예술'이라고 불러줘야 한다는 사실밖에는 없다. 예술이 예술인 것은 이와 같이 외재적 동기에 의한다.

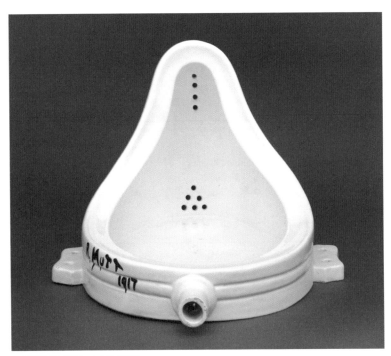

▲ 마르셀 뒤샹, [샘(Fountain)], 1917년

뒤샹은 "샘"이라는 이름을 붙여 변기를 갤러리에 전시한다. 제목은 아마도 앵그르의 작품에서 차용했을 것이다. 그것이 다른 변기와 다른 점은 거기에 그의 서명이 있다는 사실과 그것이 통념상 있지 말아야 할 장소에 있다는 사실 뿐이다. 그것은 야유도 냉소도 비난도 폭로도 아니다. 그것은 진지한 예술적 행위이다. 예술이 거기에 내재한 어떤 의미 때문에 특권을 누려왔지만 만약 그러한 것이 기만이라면, 그리고 어떤 것이 예술이 되는 것은 우리가 그것을 그렇게 부름에 의해서라면, 무엇도 일단 예술이 될 기회를 가질 수는 있다. 뒤샹은 변기에 그 기회를 주고 있다. 실재가 사라지며 의미와 재현도 사라진다. 이때 세계는 우리가 창조한 기호의 시스템이 된다. 기호는 하나의 구조로서 작동한다. 뒤샹은 예술이라는 기호의 집합에 하나의 요소를 더하고자 한다. 만약 그것을 우리가 예술이라고 불러준다면 이제 뒤샹의 변기는 예술이 된다.

실재의 소멸은 "예술을 위한 예술"을 부른다. 예술이 무엇인가를 닮을 필요가 없을 때, 그것은 거기에 있었던 다른 의미로부터 탈각되어 단지 선과 면과 색조의 유희로 변해 나간다. 예술을 위한 예술은 심미적 창조에 의해 세계를 표상한다. 그러나 이것은 그 예술이 고유의 의미를 가짐에 의하여는 아니다. 거기에 의미는 없다. 따라서 결국 예술은 없어지고 예술적 행위만이 남게 된다. 예술은 단지 하나의 예술적 행위일 뿐이다. 그것은 어떤 존재를 창조함에 의해 가치를 지니는 것이 아니라 창조 행위 자체에 의해 가치를 지니게 된다.

비트겐슈타인은 "철학은 더 이상 고유의 문제를 가진 학문은 아니다. 그것은 단지 말해질 수 있는 것과 말해질 수 없는 것을 가려내는 활동에 지나지 않는다."고 말할 때 예술가들 역시 거기에 내재한 고유한 의미에 의해 존재 가치를 지니는 작품을 창조함에 의해서가 아니라, 현대적 이념을 심미적으로 보여주는 예술 행위에 의해 존재 의의를 가진다. 전통적인 예술가들은 세계의 실재에 대한 심미적 표상물을 창조함에 의해 예술가일 수 있었다. 그러나 새로운 시대의 예술가들은 내면의 소리에 먼저 귀를 기울이며 거기에서 자발적으로 무엇인가를 창조한다. 이것은 더 이상 자연의 모방이 아니다. 이것은 오히려 자연을 대체한다. 우리가 만드는 세계가 전체 세계이다. 과학 명제의 한계가 물리적 세계의 한계인 것처럼 우리가 만든 예술이 심미적 세계 전체이다. 따라서 예술이 먼저 있고 자연은 거기에 준한다. 이것이 오스카 와일드가 말하는 바의 '예술을 닮은 자연'의 의미이다.

예술가들은 이제 예술 작품의 창조자로서의 예술가가 아니다. 예술가가 예술작품을 지칭할 수는 없고, 예술 작품이 실재를 지칭할 수도 없다. 이것은 과학자가 물리적 실재를 지칭할 수 없는 것과 같다. 새로운 시대의 과학자들은 물리적 실재를 구한다는 희망을 버려야 한다. 거기에 물리적 실재는 없다. 그들은 단지 세계에 대한 유효한 하나의 대체물을 만든다. 이것들이 과학자들의 전체적인 동의를 얻게 되면 하나의 과학으로서의 규약적 가치를 지니게 된다. 그러므로 과학적 명제들은 항상 하나의 가설로서의 가치 밖에는 지니지 못한다. 과학자들은 좀 더

그럼직한 가공의 물리적 세계를 창조하려는 '활동'에 의하여만 과학자이다. 거기에 존재가 없다면 행위만이 남는다. 이것이 실존적 이념이다. 실존적 이념은 경험론적 인식론이 세계에 팽배할 때마다 나타나는 스토이시즘Stoicism의 한 종류이다.

뒤샹은 물론 변기에 어떤 종류의 전통적인 미가 존재하기 때문에 그것이 예술이 될 수 있다고는 생각하지 않는다. 뒤샹은 단지 행위를 통해 무엇이 예술일 수 있는가를 보여줄 뿐이다. 무엇도 심미적 실재라는 보증이 없다면 무엇인들 심미적 대상이 될 수 없겠는가. 예술이 예술이 되는 것은 주장과 동의에 의해서이다. 현대 예술에 있어서의 걸작은 단지 전문가들의 동의에 의하여 결정될 뿐이다.

이 작품은 평론가들이 말하는바 대량생산시대에 부응하는 새로운 예술이라거나, 현대문명이 창조한 기술의 소산의 아름다움이라거나, 자체에 내재하는 변기 곡선의 아름다움 등과는 상관없다. 그렇다면 뒤샹은 대량생산된 것도 아닌 모나리자를 왜 주제로 삼겠는가? 뒤샹은 거기에 변기 대신에 돼지 한 마리를 갖다 놓을 수도 있었다. 그리고 그것을 예술로 승격시켜 달라고 요청할 수도 있었다. 물론 뒤샹은 항공기의 프로펠러의 아름다움에 대해 말한 적이 있다. 그러나 이렇게 말할 때 그는 아름다움이란 우리에게 달린 것이란 사실을 말할 뿐이다. 그는 현대문명에 매혹되지도 않았고, 그것을 저주하지도 않았다. 그는 무엇도 누구도 비난하지 않았다. 그가 말하고자 한 것은 단지, 모든 것은 우리에게 속하게 되었다는 사실 그리고 예술가의 의무는 우리 감각을 통한 실재는 없으며 예술가가 더 이상 우월적 예언자일 수는 없다는 사실이었다. 그는 그러한 세계를 거울처럼 비추고자 했을 뿐이다.

 악보가 음악이 되는 것은 거기에 있는 음악적 기호들이 실재의 음을 지칭해서는 아니다. 우리는 단지 어떤 음악적 기호에 어떤 음인가를 결합시킨다는 규약을 정했을 뿐이다. 음악에 실재를 부여했던 피타고라스는 따라서 음악과 관련하여 가장 어리석은 사람이었다. 그는 우주의 리듬과 악보를 일치시켰다. 그러나 음악에 그러한 것은 없다. 그것은 단지 음에 대한 규약적 '그림'일 뿐이다. 음악이 음의 실재와 소통한다고 말할 근거는 없다. 그것은 단지 악보를 매개로 한 우리 귀의 형식유희일 뿐이다.

 우리의 문화 구조물도 악보와 다르지 않다. 세계는 기호의 집합체로 대체된다. 인간이란 결국 기호를 창조하고 그것으로 세계를 대체하는 능력, 그리고 기호를 제어할 줄 아는 능력 외에 아무것도 아니다. 그러므로 인간은 거기에 붙은 모든 수식어를 떼어내고 단지 homo signus로 표현되기만 하면 된다. 이것으로 충분하다. 결국 "모든 예술은 음악을 지향한다."는 쇼펜하우어의 금언은 "모든 문명은 (순수한 기호라는 측면에서의) 음악적 형태를 지향한다."로 바뀌어도 괜찮다. 경험론적 인식론은 문화구조물을 기호의 형태로까지 밀고 와서야 끝난다. 기호학이 형이상학이 과거에 누렸던 영광을 빼앗게 된다. 실존이 본질에 앞서듯이 기호는 세계에 앞선다. 남아있는 영광은 기호학의 것이다. 세계는 우리가 창조한 바의 세계이고, 그 창조는 기호에 수렴된다. "태초에 기호가 있으라 하시매……"

케이지의 '4분 33초' 역시도 이러한 현대적 이념의 맥락하에 있다. 그는 어떤 소리가 그 내재적인 동기 때문에 음악이 되거나 소음이 될 이유는 없다고 생각한다. 음악은 음악적 실재를 반영한다고 말할 수는 없기 때문이다. 사실은 무엇이 음악적 실재인지를 알 수 없다고 말하는 것이 더 정확하다. 그것이 음악이 되느냐 그렇지 않느냐는 것은 매우 무차별적인 것이다.

세계가 기호로 대체되었을 때 기호 사이에는 서로 구별될 수 있어야 한다는 사실 외에 다른 어떤 우열의 기준도 개입될 수 없다. "어째서 붉은색이 녹색보다 낫고, 왼쪽이 오른쪽 보다, 큰 것이 작은 것보다 낫단 말인가?"라고 차라는 묻는다. 마찬가지로 어떤 것이 음악이 되는 것은 단지 우리가 그것을 음악이라고 부름에 의해서이다. 케이지는 청중들에게 4분 33초간의 소음을 듣기를 권하고 있다. 의자 끄는 소리, 헛기침 소리, 침 넘기는 소리, 늦은 청중들의 황급히 들어오는 소리 등등. 이러한 소리와 모차르트의 소나타의 소리는 물론 다르다. 그러나 그 차이는 하나는 음악이 아니고 하나는 음악이라는 차이에 의해서는 아니다. 그 소리의 내재적 측면에 있어서는 물론 차이가 있다. 모차르트의 음악에는 화성학적이고 대위법적인 내재적 기획이 있다. 그러나 내재성은 더 이상 유효하지 않다. 우리가 전통적으로 음악으로 알고 있었던 것은 단지 우리가 그것을 음악이라고 부름에 의해서였고, 그 동기는 그 음악이 지닌 내재적 기획에 의해서였다. 케이지는 '4분 33초'간 연주회장에서 생겨나는 소리들을 음악이라고 불러달라고 '요청demand'하고 있다. 만약 우리가 그것을 음악이라고 말해준다면 그것은 음악이 된다.

이것이 일반적으로 말해지는바 '소리의 해방the liberation of sound'의 의미일 것이다. 이제 어떤 소리도 소음이라는 오명 하에 압제당할 이유가 없다. 모든 것들이 언제라도 음악이 될 수 있다. 그것은 그것들이 음악이 될 수 있는 내재적 특질을 가져서가 아니라, 여태 음악이라고 알려져 있던 것들이 실재로서의 음악이라는 내재적 근거를 잃었기 때문이다. 민중이 해방되듯이 소음이 해방된다.

사회의 위계는 지성의 소유의 차별성에 의해, 다시 말하면 의미에의 접근 가능성에 의해 결정지어져 왔다. 그러나 민중이 의미에 접근할 수 없듯이 상층계급 역시도 그러했다. 누구도 의미에, 즉 실재에 접근할 수 없게 됨에 따라 누구도 지위와 무지 때문에 핍박받을 이유가 없게 되었다. 가치가 의미를 대신 하듯이 돈이 교양을 대신하게 되었다. 돈이 교양에 앞선다. 혹은 돈이 교양을 요청한다. 변기가 예술품이 될 수 있듯이 어떤 소음도 음악이 될 수 있다.

따라서 뒤샹과 케이지는 모더니즘을 대표하는 예술가들에 속하게 된다. 말해온 바와 같이 모더니즘은 먼저 재현을 지우고 세계를 추상화하여 사태의 표면에 머문다. 이 추상의 결과물이 학문에서는 기호라고 불린다. 모더니즘 예술가들은 다른 한편 현대의 이념에 대한 어떠한 종류의 가치 판단도 하지 않는다. 그들은 새로운 스토아주의자로서 그들에게 닥친 운명을 견고하고 초연한 의지로서 받아들인다. 그들은 잘 알고 있다. 자기들의 창조와 관련한 무한대의 자유는 실재의 손실의 대가라는 사실을.

　잭슨 폴락의 예술 역시도 위의 두 예술가의 작품처럼 현대 예술의 자의적 측면을 극단적으로 강조한, 그리고 행위로서의 예술을 극단적으로 강조한 하나의 혁명적 예시이다. 그는 현대 예술이 지니는 우연성에 집중한다. 예술이 단지 우연적인 것이며 예술은 없고 예술 행위만이 있다면, 또한 예술에서 의미를 배제해야 한다면 가장 우연적이기 때문에 우리의 지성이 우리를 기만할 여지가 없는 활동만이 예술이 되어야 한다고 그는 생각했던 것 같다. 그는 물감을 제멋대로 흩뿌린다. 그것이 어떠한 것이 될 것인가는 그의 관심사는 아니다. 그에게 있어 관심사는 무엇인가를 창조하고 있다는 사실 뿐이다. 질서가 세계라고 말할 근거는 없다. 질서는 기획이기 때문이고 기획은 실재에 대한 신념을 바탕으로 하기 때문이다. 어쩌면 혼돈이 하나의 세계일 터이다.

메타픽션 : 자기부정의 예술

모더니즘은, 만약 우리가 우리 인식과 도덕을 하나의 자의적인 체계로 인정하고 우리 자신에게로 후퇴시키면 적어도 잠정적인 것으로서 "만들어진 인식"은 가능하다고 가정한다. 이것은 플라톤의 우아한 우화를 뒤집어 놓은 것이다. 플라톤은 사슬을 풀고 동굴을 벗어나 이제 더 이상 그림자를 보지 말기를, 그리고 실체를 볼 것을 우리들에게 요구한다.

그러나 모더니즘은, 그림자밖에 볼 수 없는 것이 우리의 운명이고 오히려 이데아를 본다는 우리의 신념이야말로 오도된 착각이자 자만이라고 말한다. 비트겐슈타인은 선언한다. 우리의 실체는 거울 속에 존재한다고. 엄밀히 말하자면 거울 속에 우리가 실체라고 믿을 — 사실은 실체인지 아닌지 누구도 알 수 없지만 — 형상들이 존재한다는 것이다. 중요한 것은 이것이다. 우리는 거울만을 보도록 묶여있고 우리의 운명은 영원히 프로메테우스적 사슬을 벗어날 수 없다. 모더니스트들의 예술이 표면적인 초연함 밑에 자못 깊고 장엄한 비극성을 띠고 있는 이유가 여기 있다. 부조화와 소외를 삶의 조건으로 받아들일 때 다른 대안은 없는 것이다.

모더니즘이 바라보는 세계는 투명한 고정성을 그 본질로 한다. 거울 속의 형상들도 하나의 이데아이다. 질서정연하게 도열하여 완전한 논리적 구성을 이룬다. 단지 이러한 이데아들은 "건설하는 의미에서의 형상"(아리스토텔레스)이 아닐 뿐이다. 그 이데아들은 우리의 선택과 동의에 의한 거울 속 보편개념들이다. 즉, 실체적 개념이 아닌 것이다. 이 보편개념들은 하나의 투영도이며 설계도이긴 하지만 거기에 준하는 건물이 그 본질상 어떤 실체인지를 우리가 모를 뿐이다.

서양사에 있어서 물리적(자연 철학적) 탐구는 언제나 연장extension 과 운동movement의 문제에 관한 것이었다. 연장이란 일종의 존재론적 의미로, 그 존재 자체가 공간성을 지니는 것이고 운동은 공간성을 지니는 그 물질적 연장의 움직임과 변화에 관한 것이다. 연장과 운동에 대응하는 우리 인식이야말로 모든 인식의 기초로서, 그 객관성의 확보는 실재론에 있어 결정적인 국면이었다. 데이비드 흄이 외부세계에 존재한다고 믿어지는 모든 실체의 객관적인 인식 가능성을 부정했을 때, 이 충격적 선언에 부딪힌 칸트가 공간과 시간을 기초로 우리 인식의 초월적 객관성을 되살리려 애썼던 사실은, 바로 그러한 이유에서 플라톤 이래의 절대주의적 인식론과 존재론의 마지막 분투로 간주될 수 있는 것이다.

고대로부터 시작된 서양 철학은 존재와 운동이라는 두 개의 지향점을 반복해서 통과하는 일종의 진자 운동이었다. 그리스 철학자들이 구축한 세계는 투명한 이데아가 질서정연하게 도열한 종류의 것이었다. 이데아는 보편개념(이를테면 언어)을 의미하는 것으로 그 실재성에 대한 믿음이 그들의 우주와 삶을 완전하게 만들어주었다. 플라톤이 인간의 이성이 지닌 역량과 속성에서 발견한 것은 이 이데아를 인식하고 추구할 수 있는 생득적인 능력이었다. 중세인들의 세계상 역시 이성에 입각한 이데아의 세계가 신과 천사들, 교권계급과 보통 인간의 세계로 바뀐 것에 불과했다. 말하자면 신과 지상 세계에 이르는 보편관념들의 계층적인 위계질서가 세계를 구성한다는 것이다. 기독교의 이념이란 플라톤적 철학과 아리스토텔레스적 우주가 초기 교부들을 통해 중세로 계승된 것이었다. 천상에서 지상으로 걸치며, 빛에서 어두움으로, 그리고 선에서 악으로 걸치는 가치의 위계적 서열이 그들이 바라보는 세계였고 지상적 삶은 고결한 천상을 추구하는 것 외에 다른 목적이 없는 비천한 세계였다. 즉 천상은 질료가 없는, 오로지 이데아만 있는 세계이고 거기서부터 지상에 이르기까지 더해지는 질료와 감소되는 형상(이데아)의 위계적 질서가 세계를 구성했던 것이었다.

이러한 세계관 아래에서 변화와 운동이란 존재의 불완전성과 미성숙을 드러내는 것이었다. 모든 변화와 운동은 하위의 존재가 자기 자신의 완전성을 향하는 것이었고, 이것은 그 자체로 어떤 개선을 향하기보다는 오히려 결여의 한 증표로 여겨지는 것이다. 만약 어떤 존재가 완전하다면 스스로를 관조하는 정지된 것이어야 마땅하다. 이것이 아리스토텔레스의 "부동의 동자primum mobile immotum"라는 절대 개념이다. 어린아이의 변화는 어른이라는 이데아(완전성)를 향하는 것이고 날아가는 돌은 낙하지점이라는 엔텔레케이아(목적점)를 향하는 것이다. 유클리드의 기하학은 이러한 세계관을 반영한 것이었다. 그에게는 시시각각 변화하는 해석적 기하 같은 개념이 떠오를 수 없었던 것이다. 한 마디로 고정성과 확고부동함은 하나의 신이었고 변화와 운동은 "사랑하는 사람들 사이에 끼어든 의심"(베르그송)처럼 불안과 결여를 드러내는 것이었다.

변화 그 자체가 우주의 본래 모습이라는, 고여 있는 호수의 물보다 흐르는 강물이 물의 본연적인 모습이라는, 존재란 오히려 변화에 종속된 것이라는 이념이 새로 떠오르기 시작한 것은 데카르트가 좌표 평면을 도입하여 x축에 존재하는 독립변수에 따라 시시각각 변화하는 종속적 존재(연장)라는 새로운 세계관을 불러들였을 때였다. 이러한 경향은 그때 이후로 가차 없이 진행된다. 다윈은 최초 유기물에서 진화해 가는 시간축 위의 여러 종의 변화에 대해 말하고 마르크스는 하부구조의 변화에 따라 종속적으로 존재하는 상부구조(사적 유물론)에 대하여 말한다. 정지되어 고정된 존재는 본래 없던 것으로서 우리의 착각이 창조한 환영에 지나지 않는 것이고, 모든 존재는 시간이 창조한 일시적이고 가변적인 종속물이라는 것이다.

변화에 대한 이러한 관념은 모더니즘에 이르러 그 진자가 반대편으로 옮겨가게 된다. 비트겐슈타인이나 T. S. 엘리엇 등은 거울에 갇힌 우리 인식과 삶에 대해 말한다. 모더니스트들은 우리의 인식이 단지 상대적이고 자의적이긴 하지만 그 자체의 체계 내에서는 완벽하게 논리적인 구조를 지니기를 원한다. 내적 일관성과 통일성을 요구하는 것이다. 우리 인식은 선택의 책임을 져야 하는 것이고 그것은 거울 속에 고정된 갇힌 논리학이 된다. 비트겐슈타인의 인식론이나 엘리엇의 시, 헤밍웨이와 윌리엄 포크너의 소설들은 심층으로 들어가지 않는다. 왜냐하면 심층을 이야기하는 순간, 그들은 그들이 모르는 것에 대하여 말하는 것이 되기 때문이다. 그들은 표층에 머문다. 그러나 그 표층은 절대적인 표층이다. 우리가 어떤 표층인가를 선택한다면 그 표층에 제시된 여러 논리적 약속을 지켜야 한다. 비트겐슈타인의 철학 자체가 '논리−철학 논고'인 것이다. 이들의 여러 작업들이 지적이고 수학적인 느낌을 주는 것은 — 실제로 비트겐슈타인은 《수학의 본질에 관하여》라는 잠언록을 남겼다 — 이들 철학자와 예술가들이 그들의 거울 속에 인식을 가두어 놓고 유동적인 변화와 일탈을 거부하기 때문이다. 이것은 전적으로 하나의 기하학이며, 그것이 유클리드의 기하학과 그 내용을 달리한다 해도 그 형식과 관념은 철저히 유클리드적인 것이다.

이들의 세계는 일종의 이데아의 세계이다. 물론 그 이데아들은 실체를 지닌 것도 실체를 지향하는 것도 아니다. 그것들은 일종의 반사물로서, 단지 우리 인식 구조 내에서만 존재하는 이데아이고 얼음같이 차고 투명하고 귀족적인 세계의 구성물인 것이다. 어떤 질료도 그것을 채울 수 없다. 왜냐하면 그 이데아들은 단지 우리 인식에만 존재하는 '형식 논리학formal logic'이기 때문이다. 사케리—볼리아이—로바체프스키—리만으로 이어지는 일련의 기하학자들은 새로운 기하학을 도입한다. 그리하여 다른 '단순자the simples, (공리들)'들로부터 출발하여 전적으로 새로운 기하학을 만든다 해도 만약 우리가 동의와 약속만 해준다면 그 새로운 기하학 역시 하나의 수학적 체계로 훌륭히 기능할 수 있다는 것을 보여준다. 모더니스트들의 세계관은 이처럼 선택과 합의와 내적 일관성(논리)의 문제일 뿐이다.

플라톤을 비롯한 그리스 관념론자들에게 세계란, 마치 금화만 쥐고 있으면 잔돈푼이 스스로 쏟아지는 세계였다. 중요한 것은 이데아였다. 그들에게는 잔돈푼을 모아야 금화가 된다는 생각은 떠오르지 않았다. 금화와 잔돈은 단지 양의 문제가 아니라 질의 문제이기 때문이다. 가능태가 현실태에 선행하여 존재하듯 먼저 이데아가 존재하고, 나머지들은 거기에서 파생된 것이었다. 이것은 다윈이나 경험론자들이 제시하는 세계와는 전적으로 상반되는 세계이다. 경험론자들에게는 시간적 계기를 지니며 단순한 것에서부터 복잡한 것으로, 비천한 것에서부터 고귀한 것으로 전개되는 세계가 훨씬 더 논리적이고 타당성 있는 세계였다.

모더니스트들의 세계는 플라톤의 세계와 매우 닮았다. 단지 그들의 세계가 그리스 관념론자들의 세계와 다른 것은 "세계를 사물의 총체가 아닌 사건의 총체로 본다"는 점(비트겐슈타인), 모든 인식을 단지 우리의 내재적 조건으로 간주한다는 점, 그리고 무엇보다도 그 인식과 실체와의 일치를 세계가 반영한다는 순진한 믿음을 벗어난다는 점이다. 이 사실만 제외하면 모더니스트들의 세계는 전적으로 그리스 관념론자들과의 세계와 동일한 종류의 것이다.

변화 그 자체를 세계의 본질로 본 — 유명론의 대두 이래 꾸준히 진행되어 온 — 근대적 이념이 다시 한 번 선회하여 고정성과 투명성, 즉 존재 그 자체를 다시 세계의 본질로 보는 플라톤적 이념으로 되돌아간 것이다. 물론 이 고정성은 상대론적이라는 점에서 그리스적 고정성과 다르다. 그러나 어쨌든 최초의 단순자를 요청하기만 하면 잔돈푼들은 저절로 생겨나는 종류의 이념이다. 그리스인들은 순진하게도 최초의 단순자들이 자명self-evident한 것으로서 우리 인식에 스스로 맺히고 자연스럽게 형성되는 종류의 것이라고 생각하였다.

플라톤의 이념을 공유한 모더니스트들의 세계관은, 현대에 다시 한 번 방향을 바꾼다. 이 선회에 대해서는 아직도 모든 것이 밝혀지지 않았고, 더구나 이 선회가 아직까지 역사가 되지는 못했다. 이것은 우리가 일상적으로 대면하는 종류의 문제이고 우리 자신의 문제이기 때문이다. 중요한 것은 포스트모더니즘이라는 새로운 물결이 모더니즘 세계를 몰아냈다는 점이다.

소립자들의 입자-파동 이중성과 양자역학의 결론인 불확정성의 원리(긍정적인 표현으로는 '상보성의 원리')는 운동량 p와 위치 q를 동시에 측정하고자 할 때, 측정방식을 정교화한다거나 측정과정 중에 생겨날 수 있는 오차를 기술적으로 정밀하게 제거한다고 해도 정확성이 높아질 수 없으며, 오히려 원천적인 제한이 존재함을 말해준다. 여기에서 $\triangle p \cdot \triangle q é \geqq h$(h는 플랑크 상수)의 관계가 형성된다. 즉 운동량의 측정을 그 최소 단위($\lim\triangle p \rightarrow 0$)까지 밀고 나가게 되면 위치의 부정확성은 무한대($\lim\triangle q \rightarrow \infty$)까지 커질 수밖에 없다는 것이다. 다시 말하자면, 한쪽의 양을 보다 엄밀하게 측정하기 위해서는 다른 쪽 양이 그만큼 부정확하게 측정되는 것을 감수할 수밖에 없다는 가설이다.

어떤 소립자의 위치를 정확하게 계측하기 위해서는 이 소립자에 파장이 극도로 짧은 빛(강한 감마선)을 통과시켜야 한다. 그러나 모든 빛은 파동이며 동시에 '입자'이다. 입자는 그 자체의 운동량(즉 질량×가속도)을 지닌다. 여기에 투사된 소립자는 운동량이 바뀐다. 이 같은 상황을 피하기 위하여 파장이 긴 빛을 입사하면 소립자는 운동량에 의한 변화를 덜 받긴 하지만 위치는 불확정한 것이 된다.

고전물리학에서 어떤 입자의 상태를 정확하게 규정하기 위해서는 위치와 운동량에 대한 동시적 지식(초기 조건, 즉 초기 '단순자'에 대한 정밀한 인식)이 전제되어야 하므로 양자역학의 새로운 결론은 원자 영역에서의 현상들이 원리적으로 이러한 결정성을 지닌다는 것이었다. 이러한 탐구는 외부 세계에 대한 우리 인식에 있어 전적으로 새로운 영역으로 우리를 이끈다. 우리의 '바라봄' 자체가 그 대상의 변화를 일으킨다는 것이다. 우리가 무엇인가를 관찰하고자 하면 우리의 관찰 행위 자체가 피관찰체에 영향을 미치고 그 관찰에 의하여 변화된 대상을 다시 따라잡으면 피관찰체는 다시 변하게 된다는 것이다. 그러나 논의는 여기서 그치지 않는다. 피관찰 대상 역시도 그 반사에 의해 관찰자에게 영향을 미친다는 것이 상보성의 당연하고도 중요한 결론이다.

그렇기 때문에 모더니스트들은 최초의 단순자를 요청하고 들어간다. 그러나 이것조차도 사실은 무망한 시도이다. 최초의 단순자를, 요청에 의하여 고정되고 포착 가능한 어떤 것으로 가정한다고 해도 우리의 인식 자체가 계속 거울 속의 대상들에 영향을 미치고 그 대상들은 계속 우리의 확고함에 대한 요구를 벗어나는 것이다.

이제 우리에게 남은 것은 무엇일까? 어쩌면 인간이라는 종種이 낙원에서 나온 순간, 이 모든 희망(인식, 즉 선과 악을 알 수 있다는)이 무너지는 순간이라고 할 수 있다. 우리가 세계를 대자적인an sich 어떤 것으로 밀어낸 역사, 세계를 타자로 인식하는 모든 역사가 헛된 것이었다는 순간이 온 것이다. 우리 역시도 삶과 자연의 일부로 돌아가야 하는 때가 왔다. 우리의 인식 자체가 상황에 영향을 미치고 인식 대상이 우리에게 영향을 미치는 관계는 인식체계와 인식대상이 피드백 — 물리학적 용어로 '상보성' — 관계에 있게 만들고 우리의 어떤 행위는 새로운 행위에 의해 계속 부정되고 지워질 수밖에 없게 된다는 것을 말한다.

외부세계에 대한 우리의 인식은 잠정적이고 근사적인 것이 되고 우리가 본 것은 보았다고 믿어지는 우리 마음이거나 환영에 지나지 않게 되는 것이다. 포스트모더니즘의 소설들이 쓰면서 지워가는 소설이 된 것은 이러한 이유에서다. 또한 소설과 관련하여 '저자의 소멸'이 언급되는 것도 같은 이유다. 무엇인가 포착한다 해도 이미 그 포착된 대상은 포착 행위에 의해 우리 손아귀를 벗어나기 때문이다. 여기서 비트겐슈타인을 비롯한 모더니스트들이 구축한 세계가 무너지게 된다. 그들은 자신들이 구축한 거울 속 세계의 내적 일관성과 보편성을 믿지만 이제 양자역학 세계에서는 어떠한 종류의 고정성이나 보편성도 존재할 수 없는 것이다. 모더니스트들은 주관과 객관에 대해 말하지만 포스트모더니즘에서는 도대체 주체와 객체의 구분 자체가 무의미하다. 우리가 바라보는 것이 이번에는 우리에게 영향을 미칠 때, 저자가 어떤 상황을 창조한다고 해도 그 상황은 저자를 벗어나고 다시 귀환해 저자에게 영향을 미치게 된다. 그러므로 전능하고 사실주의적인 예술의 저자는 이제 더 이상 존재할 수 없는 것이다.

우리 삶을 지체시키는 예술은 키치이다. 데자 뷰déjà vu는 언제나 편안한 세계이다. 고전 음악을 지겹도록 많이 듣는 사람들도 기실 이러한 데자 뷰의 세계에 잠겨 있는 것이다. 익숙한 것은 편안한 세계이긴 하지만 그것이 우리의 현존에 어떤 호소력을 가지는 듯이 행사되면 바로 그 순간 그것은 키치이다. 우리에게는 우리 자신의 문제가 있고 우리는 그것을 탐구해야 한다. 팽팽하고 지적이고 뒤로 물러나는 듯한 세계, 차가우며 오만하고 강철 같은 세계, 부정의 세계, 무엇을 하기보다는 차라리 하지 않음을 통해 실수를 저지르지 않는 세계. 한 마디로 모더니즘의 세계가 우리 삶을 반영하지 못하는 시대가 온 것이다. 어떤 것도 진실일 수 없다는 모더니즘의 세계는, 그러므로 어떤 것도 잠정적인 진실로 믿을 수 있다는 세계로 갑자기 바뀌게 된다. 심층에 다가가지 않아도 된다. 흘러넘치는 세계를 즐기면 되는 것이다. 이 세계 역시 부조리가 극복되거나 무의미가 극복되는 시대는 아니다. 그러나 그 넘쳐흐르는 세계에 몸을 싣고 자포자기적인 유희를 즐기는 것은 얼마든지 가능하다. 아폴론만 의미 있는 신은 아니다. 디오니소스 역시 그에 못지않게 중요한 신이다. 이제 숨바꼭질이 시작되었다. 우리는 무언가를 추구한다. 그러나 그것은 우리 손아귀를 벗어나고 이제 오히려 우리를 변화시킨다. 그리하여 이제까지 우리의 추구는 헛된 것이 되고 만다. 이것은 중요하지 않다. 지워질 것을 전제한다면 어떤 추구인들 참인 것으로 가정해도 되지 않겠는가?

바로 이러한 이유로, 블라디미르 나보코프나 가브리엘 마르케스 등의 소설은 진행됨에 따라 계속 지워져 나간다. 즉 새로운 발견과 묘사에 의해 앞의 묘사가 헛된 것이 되고 앞의 사실들은 기껏해야 가능한 여러 사실 중 하나에 지나지 않음이 드러난다. 즉 쓰면서 지우는 소설이 되는 것이고, 자기부정의 예술이 되는 것이다. 심지어 소설 전체가 그 결론의 시점에서 부정되기도 한다.

《세바스찬 나이트의 참 인생》을 살펴보자. 세바스찬 나이트라는 영국으로 망명한 러시아 작가가 36세를 일기로 죽는다. 그의 이복동생 V는 형의 전기를 쓰기로 결심한다. 형의 매니저였던 굿맨이 쓴 전기가 잘못된 것임을 밝히고 싶다는 것이 한 가지 동기이고 형에 대한 사랑이 또 하나의 동기다. 소설의 화자인 V는 자신이 직접 겪은 형과 관련한 경험, 세바스찬의 저작들, 어머니로부터 들은 이야기를 하나의 근거로, 형이 알고 지내던 사람들을 탐색하여 형 주위에 있던 사람들을 직접 만나 이야기를 듣는 것을 또 다른 근거로 소설을 이끌어나간다. 망명 전 러시아에서 형과 보낸 어린 시절의 기억, 형의 유년 시절 스위스인 가정교사와 대학 친구들과의 면담, 굿맨에 대한 서술, 영국 여인 클레어와 나눈 사랑에 대한 탐색, 형이 사랑했던 러시아 여인에 대한 추적 등으로 전체 소설이 엮이는 것이다.

그러나 이러한 서술은 우리가 사실주의 소설이나 모더니즘 소설에서 보아 온 양식과 현저히 다르다. 서술은 쓰이는 동시에 지워진다. 가정교사와의 면담이 끝나는 순간, 여태 진행된 서술은 모조리 지워진다. 그 가정교사는 러시아에 체류할 때는 스위스를 그리워하며 스위스만을 마음에 품고 살고, 스위스에 돌아온 후로는 이내 러시아를 그리워한다. 결국 그녀는 막상 어디에도 뿌리를 내리지 못하는 사람인 것이다. 이런 사람의 회상록은 신뢰할 수 없으므로 그녀와의 면담은 서술이 끝나자마자 의심스러운 것이 된다. 더구나 그녀는 세바스찬의 전기를 동화로 만들려 한다. 절대로 동화는 되지 못할 비극적 인생에 대해 그렇게 말함으로써, 세바스찬에 대한 그녀의 통찰은 전혀 없다고 해도 좋은 것이 되고 만다. 형의 대학 동창과 면담이 끝나는 순간, 형의 대학 시절에 대한 화자의 서술이 또 지워진다. 그 동창은 그의 이야기가 세바스찬에 대한 전기에 들어갈 것을 알고, 전기라면 마땅히 갖추어야 할 여러 요소를 교활하게 구상한 것이고 그렇기 때문에 세바스찬의 참 인생에 대한 이야기를 한 것은 아니다. 이리하여 그의 이야기 역시 지워지고 마는 것이다.

V 스스로 "누가 세바스찬을 말하는가?" 하고 자문하는바, 나보코프는 V의 입을 빌려 케임브리지 동창의 발언을 무효화하는 것이다. 세바스찬의 첫사랑 역시 지워진다. 첫사랑의 오빠는 그 아름답고 슬픈 상처에 대하여 이렇게 말한다. "나타샤는 과거를 숭배합니다. 당신이 그 아이를 그 시절 모습 그대로 그려줄 것을 기대합니다." 그 역시 전기가 쓰일 것을 겨냥했고 결국 참된 이야기를 한 것은 아니다.

지워지는 것은 단지 타인에 의해 전달되는 정보만은 아니다. V의 형에 대한 경험과 형의 책으로부터 얻게 되는 서술 역시도 마지막에 한꺼번에 지워진다. 세바스찬의 고향, 가정, 유년 시절, 망명, 러시아 여인, 요양소로 형을 찾아 떠나는 여행 등이 화자의 직접 서술이다. 그러나 이 서술들 역시 맨 마지막 "나는 세바스찬이다. 아니 세바스찬이 나다. 아니 아마도 우리 둘은 자신들도 알지 못하는 어떤 사람인지 모른다"라는 수수께끼 같은 말과 함께 완전히 지워지고(이차적 지움) 만다. '자신들이 알지 못하는 어떤 사람'은 바로 저자 나보코프 자신이다. 나보코프는 V를 채용하고 V는 세바스찬을 채용하여 사실은 나보코프 자신이 자신의 이야기를 하는 것이다. 결국 V도 세바스찬도 모두 가공인물이라는 것이 밝혀지고 소설 전체는 환각적인 색채를 완전히 잃는다. 소설 전체가 사실은 꾸며진 이야기라는 나보코프의 마지막 선언인 셈이다. 즉 소설 전체가 지워지는 것이다.

예술의 양식에 대한 탐구는 매우 지적이고 형이상학적인 작업이다. 양식은 언제나 세계관과 맺어져 있기 때문이다. 그러나 양식과 미학적 가치가 분리되는 것은 아니다. 양식은 미학적 가치를 창출하기 위한 미학적 필요조건이다. 시대착오는 아름다움을 창조하지 못하고 키치를 조작해내고 만다. 이것은 예술가의 무딘 감각과 무지가 불러오는 상황이다. 그러나 양식만으로 아름다움이 창조되는 것은 아니다. 예술의 미학적 가치는 양식 속에서 예술가의 감수성과 역량에 의하여 발현되는 것이지 스스로 나타나는 것은 아니다.

《세바스찬 나이트의 참 인생》이 드러내는 감동과 미적 아름다움과 인간적 연민은 때때로 숨이 막힐 듯하다. 나보코프는 인간적 정서를 묘사함에 있어서 결코 엄숙하거나 비장하지 않고 또한 독자를 공감의 장으로 이끌려 애쓰지 않는다. 서술은 간결하며 때로는 장난기가 넘치고, 마치 독자와 게임을 즐기는 듯하다. 세바스찬의 인생이나 《롤리타》의 험버트의 운명은 비극이라고 할 만하다. 그러나 때로는 한 편의 희극을 보는 듯한 장면이 연출되기도 한다. 험버트가 마치 어린아이처럼 엉엉 울기도 한다. 세바스찬의 인생은 어떤 견지에서 보아도 개인적인 비극이다. 어머니로부터 물려받은 불치의 심장병, 이루지 못한 사랑 이야기, 어머니의 심장병과 방랑 생활, 아버지의 결투(어머니의 명예를 보호하기 위한), 어머니와 세바스찬의 마지막 해후, 작가로서 명성을 거머쥐는 순간 결국 발병하고 마는 레만 씨 병, 그 이후 겪는 방랑과 고독과 초조의 고통, 조국에 대한 향수, 성장 과정에서의 외로움, 첫사랑의 실연…….

그러나 작가는 이에 대해 구구절절 서술하지 않는다. 이 같은 세바스찬의 정서는 그것이 실제로 일어나지 않은 일인 것처럼 소설 여기저기에 마치 조각난 배의 파편들처럼 몽환적으로 묻혀 있을 뿐이다. 세바스찬의 죽음을 앞두고 얼마나 외로웠는지는 그가 〈도취된 정원〉이라는 영화를 세 번씩 보는 것, 지인이 아무도 없는 어느 저택의 파티에 가는 사건 등으로 간결하고 단편적으로 기술될 뿐이다. 그러나 이렇게 간접적이고 비사실적으로 묘사된 사건들이야말로 감동적이고 깊이 있는 공감을 우리에게 환기시켜준다. 이러한 묘사는 소설 전체에 일말의 감상주의도 배제하면서 — 모든 감상은 키치이고 역겨운 것이다 — 독자의 참여를 이끌고 독자 스스로 의미를 형성할 것을 촉구한다. 세바스찬은 죽음의 선고를 받고 의사 외에 누구에게도 자기의 병을 알리지 않는다. 그리고 완전한 외로움의 세계 속으로 들어가고 만다.

아는 사람이 한 명도 없는 어느 시골집 파티에 가는 것은 그의 삶에서 무엇을 말하겠는가? 독자는 이제 과거의 소설들과는 완전히 다른 종류의 감정이입을 하게 된다. 나라면 어땠을까? 그 파티에 참석한다는 것은 무엇이었을까? 어떤 독자는 별다른 감흥 없이 지나칠 부분일 수 있지만 어떤 독자는 그 사무치는 외로움을 짐작한다. 그러나 작가는 어떠한 설명도 없이 사건만 기술해놓을 뿐이다. 독자는 그 의미를 찾는다. 그러나 어떤 의미가 저자가 의도한 의미인지는 알 수 없다. 또한 독자 자신도 자신이 부여한 의미가 확고한 것인지 아닌지 모른다. 모든 의미는 부유하고 실체는 계속 변모해 나간다. 독자 역시도 그 의미에 있어 모호하고 그 실체에 있어 부유한다. 그러나 그렇기 때문에 독자가 부여한 의미는 독자 자신의 것이다.

포스트모더니즘 작가는 스스로 의미를 창조하지 않는다. 그는 여러 가지로 해석될 수 있고, 모르고 지나칠 수도 있는 단편적 장치들을 점점이 뿌려놓을 뿐이다. 독자는 그것이 의미 있는 장치인지 그렇지 않은지를 모른다. 모르면 모르는 대로 그것은 하나의 의미 있는 장치이다. 만약 독자가 그 장치들에 어떤 의미를 부여하고 거기서 스스로의 해석을 만들어낸다면 그것은 독자의 몫이고 독자의 창작이다.

그런 이유로 포스트모더니즘의 미학은 감동을 준다. 저자가 아니라 독자 스스로가 창조한 감동이기 때문이다. 독자는 거기에 발을 담그고, 그 순간 발에 자물쇠가 채워지는 것이다. 모더니즘 시대의 헤밍웨이나 피츠제럴드는 그 이전의 소설들에 비해 좀 더 간접적이고 간결하고 압축적인 기법을 사용하여 감상을 배제시키고 더 큰 공감을 유도한다. 포스트모더니즘은 이 간결한 사건 묘사와 대사를 더욱 조각낸다. 독자들은 이 조각들을 스스로 합성하여 의미를 찾아내야 하고 그 재합성에는 이제 독자의 자의성까지 개입한다. 하지만 독자 자신의 의미마저도 만들어내자마자 모호함으로 인하여 손가락 사이로 빠져나가고 만다. 그리하여 독자는 스스로 형성한 세바스찬의 인간적 아픔에서 벗어날 수가 없다. 그것은 바로 그 자신의 것이기 때문이다.

자연의 예술 모방

아리스토텔레스가 "예술은 자연을 모방한다"고 한 것은 예술을 우리 삶에 있어서 부차적이고 유희적인 것으로 바라본다는 의미였다. 자연은 천상의 이데아를 모방하고 예술은 다시 자연을 모방한다. 그러므로 예술은 경박한 유희(플라톤)거나 삶의 피치 못할 수단(아리스토텔레스)이 된다. 플라톤이 그의 《공화국》에서 음악을 제외한 모방적 예술을 모두 추방한 것이나 아리스토텔레스가 예술에 카타르시스라는 기능을 부여한 것은 이러한 동기에서다.

예술의 속성에 대한 이러한 정의는 순진한 실재론적 세계관 아래에서나 가능하다. 이때는 외부세계에 존재한다고 믿어지는 객관적 실재에 우리 인식이 대응하고 그 인식의 소산이 예술과 과학이 된다. 세계를 이렇게 잘 짜여진 것으로 바라볼 때는 학문과 예술이 유의미하게 존재하게 되고 우주와 우리 삶 전체가 확고하고 신뢰할 수 있는 어떤 질서 아래 존재하는 것이 되며 우리는 그 가운데서 자신의 역할과 의무를 부여받고 있는 것이 된다. 그러나 중세 유명론과 영국 경험론자로부터 시작된 세계의 해체는 이러한 것들로부터 모든 의미를 박탈한다. 학문은 하나의 기술로 전락하고 신앙은 개인적이고 경련적인 신비주의로 전락하며, 예술은 현실과 어떤 관계를 맺기보다는 우리 마음의 창작물이 되고 만다.

예술은 예술 이외의 어떤 것도, 예술을 넘어서는 어떤 것도 되지 않겠다고 작정하게 되고 먼저 모든 에토스와 파토스에 반기를 든다. 예술가들은 학문과 국가와 세계, 나아가 전체로서의 삶과 문화로부터 분리된다. 기존의 예술은 도덕률의 문제로부터 자유로울 수 없었다. 예술이 자연을 닮는 한, 우리 삶에 대하여 무언가를 말하는 것이고, 그러므로 윤리와 휴머니티라는 짐을 짊어져야 했다. 그러나 자연이 미지의 것으로 되돌아가고 우리가 보는 자연이란 단지 우리 인식에 지나지 않을 때, 예술에 남는 것은 당연히 자기 유희밖에 없게 되는 것이다. 화가의 경우 심지어 그가 고통스럽게 죽어가는 사람을 묘사한다고 해도 그 고통으로부터 분리되어 있어야 한다. 무심함 속에서 자신의 지각 기관만을 발동시키고 단지 '응시'만 하는 것이다. 그의 주의력은 어떤 비극성에도 집중해서는 안 되며, 어떤 감정이입에도 감염되어서는 안 된다. 그는 빛, 색상, 명암, 색조에만 관심을 집중해야 한다. 그는 '체험'해서는 안

되고 '관찰'만을 해야 한다.

　기존의 예술 — 현재의 예술도 그렇다고 이해하는 얼치기 예술가들이 대부분이지만 — 은 삶의 반영이었고, 작가의 필터를 통한 자연이었으며, 인간 운명의 표현이었고 플롯과 주제가 중요한 것이었으며, 무엇보다도 "자연을 모방"한 것이었다. 하지만 이것들은 사실주의 시대에나 가능한 환상이다. 새로운 예술은 그와는 상반되는 길을 걸어야 한다. 작가는 감상자들의 값싼 감정이입을 요구하며 감상자가 주인공들의 운명에 젖어들어 감정을 공유하도록 해서는 안 된다. 인간적 미덕의 동기와 불행의 공감을 요구해서는 안 되는 것이다. 작가는 작품 여기저기에 조각난 서술들만을 던져놓아야 하고 이제 의미 창조와 감정이입은 감상자의 몫인 것이다. 예술가는 감상을 위한 재료 — 음악가는 음 자체를, 화가는 색과 명암을, 소설가는 조각난 서술들을 — 만을 제시해야 한다. 그 이상의 것은 모두 이차적인 것이고 키치인 것이다.

　예술이 실체reality를 고유하게 지칭하지 못하고 따라서 예술이 현실을 모방할 수 없을 때, 소설은 거울 속에 자기 모습을 비추어 보는 자아 반사적 소설, 즉 소설에 관한 소설인 메타픽션이 된다. 19세기까지의 사실주의 소설은 우리(인식주체)가 어떻게 외부 대상과 관계를 맺고 그 관계의 가장 바람직한 양상은 어떤 것인가에 대해 말한다. 20세기 초의 모더니즘 소설은 미지의 벽에 갇힌 세계에 직면하여 — 그 부조리에도 불구하고 — 어떻게 굳센 자기 자신을 보존하느냐 하는 문제에 대해 말한다. 하지만 포스트모더니즘에서는 "실체"가 어떻게 굴절·변용·환치되어 허구적이 되고 마는가를 그 형식으로 보여주는 자아 반사적 픽션이 된다. 실체는 손에 잡히지 않는다. 저자는 어떤 실체를 암시적으로 제시하는 듯하지만, 다음 순간 그것은 기존의 묘사와 상반되는 방향으로 튀어 나가 버리고, 독자는 자신의 구성이 제대로 된 것인가 하고 의심하게 된다. 험버트는 끝없이 변모하는 롤리타를 추적하기를 단념하며 "환상 속의 롤리타가 실체보다 더 리얼하다"라고 말한다. 이 선언은 환상이 실체에 대한 가능태이며 결국 자연은 예술을 닮는다는 선언인 것이다.

많은 포스트모더니즘 소설은 게임이나 퍼즐과 같은 요소를 지니고 있다. 독자가 참여해 작가와 함께 문제를 풀어야 하는 독자 참여 소설이라는 독특한 성격을 담고 있는 것이다. 앞에서도 말한 바와 같이 포스트모더니스트들은 밝혀지지도 않고 미학적 가치도 없는 현실로부터 물러나 작품 속에서 스스로의 리얼리티를 창조한다. 나보코프는 어디에선가 "진실은 주관적이므로 인식의 차원에 따라 다르게 그 모습을 드러낸다. 거기에 가깝게 다가가는 것은 가능하지만 그 실체에 다다를 수는 없다"라고 말한다. 여기서 한 걸음 더 나간다면 포스트모더니즘에 육박한다. 즉 진실은 주관에조차 모습을 드러내지 않는다. 더 이상 진실을 포착할 수 없으므로 작가들은 현실을 작품 속에 담지 못한 채 지극히 모호하고 비현실적이고 몽환적인 이야기를 통해 자꾸만 자기 이야기를 하게 된다. 언어는 객관물을 지칭하지 못하고 자기의 마음속을 반영할 뿐이다. 따라서 포스트모더니즘 소설들은 현실을 묘사하기보다는 현실의 허구성을 응시하는 — 즉 현실이 어떻게 굴절되어 허구가 되고 허구가 어떻게 현실보다 더 박진감이 있는가를 드러내는 — 자기 반사적 픽션, 문학적 용어로 '메타픽션'이 되는 것이다. "예술적 독창성은 모방적 대상을 그 자체에서 찾는다"는 나보코프의 말은 "자연이 예술을 모방한다"는 오스카 와일드의 말과 정확히 일치하는 것이다.

다시 말하지만 외계 사물은 우리가 그것을 바라봄에 의해 변용을 겪는다. 즉 응시 자체가 대상에서 객관성을 제거하는 것이다. 이 경우 예술은 자기 응시가 사물을 어떻게 변화시키는가를 먼저 묘사해야 하는 것이다. 자기 응시의 양식과 그 응시에 의한 변용 과정의 기록 — 이것이 바로 메타픽션인 것이다. 이러한 해체의 초기 모습으로, 자아 반복적 소설의 언어는 실체를 반영하지 못하고 끝없이 언어적 구조 속을 맴도는 언어의 미로 현상을 보여주기 때문에 시작과 끝이 없다. 양자역학에서는 최초의 단순자조차 포착할 수 없다. 또 요청해도 소용없다. 왜냐하면 관찰 행위 자체가 관찰 결과에 영향을 미치기 때문이다. 포스트모더니즘은 이 같은 세계를 묘사한다. 거기에는 플롯도 주인공도 클라이맥스도 대단원도 없다. 거기서 우리가 얻는 메시지는 왜 전통적 소설을 쓸 수 없는가 하는 메시지이다. 이러한 해체의 초기 모습은 '패러디'로서, 작가들은 그 기법을 통하여 전형적 소설 구성이 어떻게 실체일 수 없는지를 폭로한다. 작가들은 과거의 동화 등을 해체하여 자기 나름의 동화를 다시 쓰지만 그것은 시작과 끝, 줄거리와 도덕률이 없는 와해된 동화이다. 바셀미Donald Barthelme는 《백설공주Snow White》라는 소설에서 종래의 동화를 패러디한다. 어떤 동화를 패러디 대상으로 삼아도 좋다. 단지 작가는 그 동화의 현대적 진면목을 보이는 것이 목적일 뿐이다. 거기에는 등장인물의 성격이 워낙 변화무쌍하고 순간적이어서 더 이상 선과 악을 나눌 수 없고 따라서 어떤 종류의 메시지도 없다. 시를 쓰고자 하는 백설공주는 한 번도 들어보지 못한 새로운 언어를 갈구한다. 왜냐하면 기존의 언어는 공허하기 때문이다. 시적 상상력이 부족한 그녀는 왕자가 나타나 모든 곤경을 해결해줄 것으로 기대하지만, 기대했던 그 사람은 사실 왕자다운 사람이 아니다. 이리하여 이 이야기는 끝을 맺지 못하고 원점으로 돌아가게 된다. 소설의 이러한 측면에서 보자면《백설공주》역시도 메타픽션이다. 《백설공주》는 우리의 존재 조건이 얼마나 무의미한지, 공허함과 불확실과 무의미 외에 삶에는 다른 어떤 것이 있을 수 있는지를 묻는 자아 반사적 픽션인 것이다.

네오리얼리즘

　　실체에 대한 인식이 벽에 막힐 때 모든 학문과 예술은 심층을 포기한다. 비트겐슈타인이 "언어의 한계가 세계의 한계"라고 말하거나 "과학이 사실을 발견하고 나면 철학이 할 일은 없다"고 말할 때에는 누구도 실체에 대해 말하기를 멈추라고 이야기하는 것과 같다. 인식 주체인 우리들은 외부로 향했던 우리 관심을 자기 자신에게로 거두어들인다. 해체와 후퇴와 수렴이 진행되는 것이다.

　　모더니즘은 부조리를 직시하고 강철 같은 견고함으로 자기 삶을 지키는 것을 모토로 삼게 되고 포스트모더니즘은 부유하는 삶을 조각난 서술로 묘사한다. 환영이나 환각이나마 손에 잡혀준다면 우리는 그 세계에 머물 수 있다. 그러나 양자역학은 이조차도 불가능하다고 말한다.

이때 예술가들이 할 수 있는 것은 우리 삶과 우리 인식이 어떻게 파탄에 이르는가를 드러내는 것이다. 다른 말로, 그들은 용감하게 상처를 드러내기를 원한다. 그것만이 키치를 벗어나는 길이기 때문이다. 그러나 일군의 예술가들은 다른 길을 택했다. "심층으로 다가갈 수 없다면 표층의 흘러넘침을 즐기자"는 것이 새로운 모토가 된다. 움베르토 에코, 존 파울즈, 블라디미르 나보코프, 가브리엘 마르케스, 파울로 코엘료 등, 이들 소설가는 새로운 리얼리즘의 길을 택한다. 즐기는 데에는 어떤 문제도 없다. 단지 그것이 표층에 지나지 않는다는 것만 잊지 않으면 된다. 잠시 키치 속에 잠길 것이지만 이내 모든 것을 지워버리면 된다. 즉, 새로운 리얼리즘이 대두한 것이다.

실험적 리얼리즘, 하이퍼 리얼리즘, 매직 리얼리즘이 새로운 리얼리즘의 주요 멤버들이다. 사무엘 베케트는 작가가 더 이상 세상에 대하여 말할 것을 지니고 있지 않다는 것을 《고도를 기다리며En attendant Godot》를 통하여 선언한다. 무의미와 부조리, 허구와 환영 외에는 작가가 다룰 것이 없으므로 그의 주인공들은 무의미한 말들 — 어떤 실재에도 닿을 수 없는 말들 — 을 계속 늘어놓으며 현실이 지닌 부조리를 밀어내는 수밖에 다른 삶의 양식을 가질 수 없다. 그러나 마르케스는 환영에 쌓인 삶을 지극히 사실주의적인 문체로 묘사한다. 지울 것을 가정한다면 모든 사실주의가 허용될 수 있는 것이다. 마르케스는 베케트 이후 소설가가 무엇을 할 수 있는가를 보여준 것이다.

리히텐슈타인이나 앤디 워홀 등은 평범하고 진부한 삶이 지닌 경이로운 측면을 그들 예술의 주제로 삼았다. 만화의 한 컷을 커다랗게 그려 액자 속에 넣으면 우리가 모르고 지나쳤던 많은 것들이 드러난다. 앤디 워홀의 수프 깡통이나 메릴린 먼로들도 마찬가지다. 앤 비티, 마거릿 애트우드, 앤 타일러 등의 소설가들은 심리적인 동기나 심층에 대하여 서술하지 않고 단지 표층에만 머문다. 움베르토 에코나 가브리엘 마르케스 등은 역사 그 자체가 이미 환상이므로 어떤 있을 수 없는 일이라도 일어날 수 있다고 말한다.

존 파울즈는 빅토리아조의 실존적 자의식이 강한 한 여성(사라 우드러프)을 완벽하게 환각주의적 기법으로 묘사하다가 갑자기 작가 스스로 모습을 드러내어 여태까지의 이야기가 실은 일어날 수 있는 어떤 사실을 가공적으로 만든 것이라고 암시한다.

이러한 여러 종류의 네오리얼리즘의 공통된 특징은, 그래도 언어는 현실을 반영하고 소설은 상황의 산물이고 역사는 존재한다는 것이다. 그러나 포스트모더니즘 시대의 사실주의는 19세기의 사실주의와 같을 수 없다. 왜냐하면 모두 지워질 것을 가정한 것이기 때문이다.

마르케스의 《백 년 동안의 고독One Hundred Years of Solitude》은 이야기의 백화점이다. 묘사는 매우 사실적이지만 그 이야기들은 과장과 풍자의 수법으로 현상, 우화, 신비들을 엮어낸다. 백 년에 걸친 한 집안의 이야기가 객관적인 서술에만 충실한 채 한없이 흘러넘친다. 인물들의 심리 묘사나 동기 추적 등은 없고 오로지 이야기만 있다. 부엔디아 집안의 그로테스크한 내력, 다시 부활하는 예언가 멜키아데스, 남자를 파멸로 몰아넣고 승천하는 미녀 레메디오스, 조카와 결혼하여 집안을 만드는 호세 부엔디아 등. 우리가 상상할 수 있는 모든 것뿐 아니라 상상할 수 없는 모든 것들이 이야기된다. 그러나 일어날 것 같지 않은 이 모든 이야기가 사실은 모두 우리 삶에서 일어나는 이야기들이다. 단지 표현이 과장되고 우화적이고 우스꽝스러울 뿐이다. 환상, 야심, 고집, 관음, 질투 등에 의해 모든 주인공들은 지독한 고독을 겪는다. 백 년간의 마콘도의 역사는 주인공들의 고독의 역사인 것이다.

부엔디아의 마지막 생존자이며 자유주의자인 아우렐리아노는 집시 멜키아데스의 예언을 해독하는 데 여생을 보내게 된다. 그리고 백 년이 흐르는 마콘도의 역사가 종말을 고할 마지막 순간에 암호는 해독된다.

그가 집안의 내력, 자신의 출생과 종말에 얽힌 비밀을 읽는 순간 "백 년 동안의 고독을 겪은 종족은 지상 세계에서 새로운 기회가 없다"라는 마지막 예언과 함께 모든 것은 사라지고 소설도 끝난다. 결국 마르케스는 마콘도의 역사를 쓰려고 하면서 지운 것이다. 새로운 리얼리즘은 결국 유희의 예술이다. 실존에 닿을 수 없다면 그것을 노려보기만 할 것이 아니라 넘쳐흐르는 표층을 즐기자는 것이다. 삶에는 진지할 것도 슬퍼할 것도 노여워할 것도 없다. 오히려 푸짐하고 다양한 즐길 거리가 있으며, 우리는 그것을 포식하면 된다. 단지 토해내기만 하면 되는 것 아닌가. 상상 속에서 무슨 일인들 일어나지 않겠는가?

《프랑스 중위의 여자The French Lieutenant's Woman》(존 파울즈)는 새로운 리얼리즘의 이념하에서 쓰인 소설 중 가장 풍부한 읽을거리와 의미심장함을 지니고 있다. 여주인공은 의미 있는 삶 ― 아니면 적어도 의미 없는 삶을 기피하는 삶 ― 을 원하는 강한 자의식을 지닌 하층 계급의 여인이다. 이 여인은 전통적인 귀족 집안의 매력적이지만 평범한 한 사내와 관능적 미혹을 겪지만, 결국 그 남자를 떠나 사라지고 만다. 사귀던 신흥 부잣집 딸에게 파혼당하고, 그 집안으로부터 모욕을 겪은 그 사내(찰스)는 자기가 사랑한다고 믿는 그 하층 계급의 여인(사라)을 찾아 헤매다 절망 가운데 방탕한 생활을 하고, 결국 미국으로 건너간다. 사라를 찾았다는 소식을 들은 찰스는 영국으로 돌아오고 두 사람은 대면하게 된다. 그러나 사라는 이미 원하는 삶 ― 사실 사라도 무엇을 원하는지조차 알지 못했지만 ― 을 찾았다. 사라가 원했던 것은 실존적 삶이었던 것이다.

존 파울즈는 이 소설을 엮어 가는 데 있어 소설가였다가 신이 되기도 하고 작품 속의 등장인물로 불쑥 나타나 신랄한 비평을 해대기도 한다. 그는 사창굴로 들어가는 찰스에 대하여 "약 10분 후에 우리의 이 친구가 페르프시코어에 들어가 손님이 되고자 했는데……"라고 묘사함으로써 진행되던 이야기에서 환각주의적 요소를 배제해버린다. 그는 독자가 이것이 꾸민 이야기라는 사실을 알고 있고 그러한 사실을 자신 또한 충분히 알고 있다는 것을 드러낸다. 이 소설의 45장에서는 더욱 노골적으로 소설가가 자기 자신을 드러낸다. "그리고 이제, 이 소설을 철저하게 전통적인 결말로 끌고 가기 위해서는 이전의 두 장에서 내가 묘사한 모든 일이 실제로 일어났음에도 불구하고 당신(독자)이 믿게 된 그런 식으로는 결코 일어나지 않았다는 사실을 설명하는 편이 더 나을 것이다."

그는 이런 식으로 앞의 두 장을 지우며 자기 자신을 드러내는 것이다. 그러나 이 모든 것보다 더한 것은 마지막 결론을 두 갈래로 다룬 것이다. 파울즈는 찰스와 사라의 운명에 대한 두 갈래의 해결책을 내놓고는 태연하게 자기 자신을 소개한다. 두 개의 결론 가운데 독자는 자기가 원하는 결론을 택할 수 있다. 그러나 그것은 가공적이고 자의적인 것이며 독자의 몫이다. "매혹적인 신비, 마술적이라 할 만큼 무한한 흥미와 매력과 인간애로 충만한 소설"(《뉴욕 타임즈》)은 결국 넘쳐나는 표층에 대한 이야기였던 것이다.

움베르토 에코는 "어차피 근원이 부재하다면 표층의 흘러넘침을 축복하자. 겹겹이 둘러친 환상의 차원을 충실히 재현하자"라고 말한다. 에코는 자신의 리얼리즘을 스스로 '하이퍼 리얼리즘'이라고 부른다. 그는 그의 대표작 《장미의 이름》에 긴 서문을 붙인다. 이 소설의 자료를 구한 과정과 그 자료가 어떻게 14세기부터 지금까지 전해왔는지 설명하는 것이다. 원래 14세기에 아드소가 라틴어로 쓴 이야기를 18세기 어느 수도사가 멜크 수도원에서 발견하여 필사한 후 주를 붙였다. 이 책을 입수한 내(움베르토 에코)가 이태리어로 번역했는데 이 과정에서 책이 분실되어 여러 가지 참고 문헌들을 찾아볼 수밖에 없었다, 운운.

이 소설은 시대에 따라 필자·편집자·번역자·주석자의 주관에 따라 적어도 네 번 이상 변용된다. 14세기에 쓰여 18세기에 발견되고, 다시 19세기에 편집되고 20세기에 이태리어로 번역되다가 분실되는 식으로. 그러나 가장 큰 굴절은 이미 14세기 당시에 있었다. 아드소가 서문에서 밝히듯 그 소설은 그가 늙은 후 젊은 시절을 회고하면서 쓴 것에 바탕을 두었기 때문이다. 실체가 인식에 의해 변용되는 '실체의 허구성'을 드러내는 과정은 다분히 모험적이다. 에코는 긴 서문을 붙임으로써 아예 쓰기도 전에 미리 지운다. 즉 이제 독자들이 읽게 될 소설은 실재가 아니며 실재일 가능성을 기대하지도 말라고 일러준다. 단지 즐기는 것 말고 더 무엇이 가능할지 묻는 것이다.

새로운 도덕률

포스트모더니즘의 도덕률은 '예술을 위한 예술'이라는 이념에 충실하다. 포스트모더니스트들은 예술이 도덕적 설교나 사회 개혁 같은 메시지를 전달해서는 안 된다고 말한다. 그들에게 의미 있는 것은 "미학적인 지복"(나보코프)일 뿐이다. 따라서 놀라움과 경이로움이라는 기쁨을 주기 위해 작가는 자료를 교묘히 배합하고, 변장과 요술을 통해 독자에게 수수께끼를 푸는 듯한 퍼즐을 제공하여 미학의 지복을 맛보게 해야한다는 것이다. 정보와 교훈을 얻기 위해 예술을 감상하는 것은 유치한노릇이다. 모더니스트들 역시 사회에 대한 이야기를 하기보다는 자기자신만을 보존하는 데 관심을 기울인다. 즉, 사회와 대립적인 입장에 선다. 포스트모더니스트들은 여기서 한 걸음 더 나아가 가공의 세계를 스스로 창조하고 또 그것을 향유한다.

비평가 에드먼드 윌슨은 《롤리타》에 대해 "읽은 것 중 가장 싫은 소설이다. 주제는 사악하고, 등장인물이나 상황은 개연적이지 않고, 비극적이기에는 우스꽝스럽고 재미있기에는 마음이 편치 않다"고 혹평한다. 그러나 포스트모더니즘에서 도덕적 토론은 무의미하다. 오직 공감의 문제가 중요한 것이지 선과 악을 판단해야 하는 도덕론은 무의미하다. 그들은 현실에 장막을 드리운 예술의 세계로 도피한다. 브라만 철학은 '마야의 베일'을 벗어나야 '진아眞我'에 다가간다고 말하지만 포스트모더니스트들은 진아가 없으므로 차라리 베일 안에서 가공적 세계를 끊임없이 구축하여 "유리알 유희"(헤르만 헤세)를 하겠다는 것이다.

《롤리타》는 전형적인 소설이 구축하는 여러 양식으로부터 멀리 벗어나 있다. 예를 들면 그 딸과 같이 있기 위해 그 딸의 어머니와 결혼한다거나, 오히려 롤리타가 먼저 유혹해 온다거나, 임신한 롤리타에게 변함없는 사랑을 바친다는 등 현실적이지 않은, 마치 만화를 보는 듯한 서술들로 소설은 전개된다.

이 소설의 어딘가 비현실적이고 희극적인 부분을 좀 더 살펴보자. 험버트는 롤리타 곁에 있기 위해 샬로트와 결혼했는데 오히려 샬로트는 롤리타가 험버트를 성가시게 한다고 딸을 방해물이라고 생각한다거나, 롤리타와의 첫날밤 험버트는 긴장하여 초조한 반면 롤리타는 아주 쉽게 해치우는 장면, 험버트가 울 때 마치 어린아이가 엉엉 우는 듯한 느낌 등이 이 소설로부터 어떤 진지함을 제거한다. 그러나 사실은 우리가 개연성과 진지성을 혼동하기 때문에 이러한 장면을 어색하게 느낄 뿐이다.

놓치지 말아야 할 것은 소설이 비현실적이라기보다 험버트가 삶을 비현실적인 것으로 바라본다는 사실이다. 어린아이에 대한 도착적 사랑이 삶의 전부인 험버트에게는 어떤 현실도 진지할 수가 없고, 또한 그는 일반적인 의미에서 성숙할 필요조차 없다. 그에게는 롤리타에 대한 사랑 외에 진지한 현실이란 없는 것이다. 일단 그런 견지에서 험버트를 바라보면 모든 것이 너무도 분명한 개연성과 박진감을 지니고 다가온다. 즉 우리는 현실에 발을 딛고 상식적으로 살고 있는 반면, 사랑을 위한 사랑 속에 사는 험버트는 어딘가 그로테스크한 삶을 살고 있는 것이 된다. 즉 우리가 나보코프의 서술이 어딘가 부자연스럽다고 느낀다면 우리는 아직도 과거에 살고 있다는 것을 의미하는 것이다. 신이 죽고 자연이 그 문을 닫았을 때 우리가 안다고 할 만한 것은 아무것도 남아 있지 않다. 우리는 우리 스스로가 창조한 세계 속에서 끝없이 가공적인 유희를 할 수밖에 없다. 이러한 것들이 비현실적으로 느껴진다면 오히려 그 감상자가 비현실적인 사람이다.

인간의 자연스러운 도덕은 마술처럼 불합리한 것이고 일반성, 대중성, 그리고 상식이 오히려 부도덕한 것이다. 각 시대를 수놓은 일반적인 이념이나 주장은 오히려 거짓이고 이에 반해 예술의 세계는 독창적 허구와 속임수 속에서 진실하다. 이야기를 꾸밀 수 있고 그렇기 때문에 이야기를 부정하는 작가들은 혼돈과 허무주의 속에서 몰락하지 않기 위해 상상력의 세계를 확장시킨다. 이렇게 창조된 세계는 인위적이고 가공적인 것이어서 도덕적 상대주의에 빠질 위험이 있다고 하지만 포스트모더니스트들은 이것이 더 큰 파괴와 혼돈을 막는다고 말한다. 즉 혼돈을 갖고 유희함에 의해 절대주의가 초래하는 가장 큰 위험을 피할 수 있다는 것이다.

19세기 중반의 사실주의 문학은 개인과 사회의 일정한 관계를 조망한다. 20세기 초의 모더니즘에 이르러 소설은 극기를 강조하는 자아문학적 경향을 띤다. 즉 작가의 음성이 표면에 덜 나타난다. 작가가 주도권을 쥐고 등장인물을 발전시켜 나가던 사실주의 소설의 서술형식은 등장인물의 의식의 흐름에 서술을 떠맡긴다거나 신화적 구조를 빌려오는 등의 난해한 형식을 띤다. 엘리엇의 객관 상관물 이론, 헤밍웨이의 절제되고 함축적인 표현법, 한 가지 사건을 여러 인물과 여러 상황을 통해 보여주는 포크너의 상대적 수법, 시간의 흐름을 무시하는 제임스 조이스의 의식의 흐름 수법 등은 작가가 주도적으로 서술을 이끌고 가기보다는 좀 더 많은 부분에서 독자의 참여를 요구하고 독자의 재구성을 요구한다.

그러나 나보코프의 《롤리타》에 이르면 밖으로 드러나는 작가의 음성은 전혀 존재하지 않는다. 《롤리타》의 주인공 험버트는 롤리타에 대한 사랑을 영원히 보존하고 이루지 못한 사랑의 고통을 이겨낼 단 하나의 길은 글자 맞추기로 도피하는 것이라고 말한다. 《롤리타》가 현실감이 희박하고 전통적인 도덕성이나 사회의식이 결여된 반면, 독자와 게임을 즐기고 몽상적인 느낌을 주는 소설인 것은 바로 그 때문이다. 사회와 개인에 대한 의미 있는 발언이 무효화된 세계, 문학에 있어 가장 중요한 전통적인 시도를 포기 당한 예술가들이 최선의 도피처로 택한 세계, 그것은 놀이의 세계이며 예술을 위한 예술의 세계였다.

이러한 경향은 바셀미에게서도 그대로 나타난다. 바셀미는 한 인터뷰에서 온전한 배 한 척보다 부서진 배의 조각이나 조개 파편이 창조의 가능성을 더 많이 부여한다고 말한다.

> 부서지고 조각난 배와 바위에 서식하는 삿갓조개들, 그 파편 하나에서 시작한다면 훨씬 멋지겠지요. 항해하는 배 한 척보다는 부서진 조각 하나를 갖겠습니다. 여러 가지들이 들러붙거든요. 이름 모를 물고기 등이 서식처를 마련하겠지요. 조금만 지나면 그곳이 얼마나 흥미진진한 장소로 바뀌는지……

바셀미에게 온전한 배 한 척이란 깔끔하고 정돈된 어떤 이념을 의미하는 것이고 부서진 조각들은 계속 증식 가능한 혼돈과 유희의 세상을 의미하는 것이다. 거대담론을 가지고 거짓된 허장성세를 부리기보다는 혼돈의 한 조각을 무한한 창조 행위의 새로운 원천으로 삼겠다는 바셀미의 이론은 무질서를 갖고 유희하는 것이 무질서를 이겨내는 유일한 길이라는 멋진 역설이다. 혼돈과 대적하는 길은 혼돈 그 자체가 되는 것, 아니 더 나아가 더 깊은 혼돈을 창조하는 것이다. 동시에 이것은 이 불가지의 세계에서 예술가가 누릴 수 있는 최대한의 즐거움이요, 자유이기도 하다. 그의 《도시의 삶》이라는 단편에 등장하는 여주인공 라모나는 처녀생식을 주장하며 세 남자의 이름을 세 가지 배합으로 배열한다. 절대적인 사랑이나 우정이 존재하지 않는 혼돈과 무질서에서 그녀가 살아갈 수 있는 방법은 그 수많은 파편 자체를 받아들여 자신을 확대시키는 것뿐이다. 주어진 조각으로 최대의 기쁨을 누리자는 것이다.

이러한 도덕률은 브라우티건Richard Brautigan의 경우도 마찬가지로 해당된다. 그의 단편집 《미국의 송어 낚시Trout Fishing in America》는 모더니즘으로부터 비교적 매끈한 연결이 있다. 헤밍웨이 자신도, 도망칠 수 없는 이 세계에서 유일하게 가능한 '삶'이라며 송어 낚시에 전념한 바 있다. 그러나 브라우티건은 여기서 한 걸음 더 나아간다. 이제 그 세대조차도 지나갔다는 것이다. 삶에서 받은 상처를 자연에 의지해 치유하려 했던 헤밍웨이에게 자연은 영원한 영웅이었다. 그러나 이제 헤밍웨이가 즐기던 송어 낚시터는 더 이상 없다. 포스트모던 시대에 때 묻지 않은 자연이란 하나의 키치인 것이다. 그의 단편집 가운데 《숲에의 노크knock on Wood》에는 저녁나절 먼 곳에서 바라본 하얀 폭포가 이튿날 아침에 보니 숲 속 어느 집으로 들어가는 흰 나무 계단이라는 이야기가 나온다. 이제 '숲 속의 깨끗한 폭포'는 한낱 꿈에 불과한 것이다.

포스모더니스트들의 도덕률이 기껏해야 환각과 유희를 통한 자기 구원임을 브라우티건처럼 잘 보여주는 작가도 없다. 《쿨 에이드 중독자》는 이 단편집 가운데 가장 뛰어난 것으로, 슬프고 아름답고 처연하기 짝이 없다. 주인공 시골 소년은 가족이 모두 일을 하러 나간 빈집에서 하루 종일 누워 지낸다. 탈장대를 살 돈도 없고 더구나 수술을 받을 수도 없기 때문이다. 너무나 가난해 한 번도 이불을 덮고 자본 적조차 없는 이 소년의 무의미한 삶은 5센트가 불러오는 유희로 치유된다. 자기 자신의 리얼리티를 쿨 에이드 주스로 해결하고 그걸로 만족할 줄 아는 것이다. 5센트로 한 봉지의 포도 주스 분말을 사서 몇 곱절의 물에 푸는 행위는 그에게 허용된 유일한 삶의 의식이자 유희이다. 그 주스를 마시며 하루를 살아가는 그 소년에게 삶은 살아갈 만한 것이 된다.

누가 포스트모더니즘의 도덕률이 부도덕하며 경박하다고 말하는가? 누가 그 예술가들에게 무책임하다는 비난을 퍼부을 수 있는가? 《쿨 에이드 중독자》의 소년처럼 우리 시대에 예술가들이 할 수 있는 것은 아무것도 없다. 인식의 가능성이 박탈된 이 시대에 그 사실을 의식하는 예술가들의 처지는 일반적인 행복의 가능성이 박탈된 그 소년과 같다. 소년이 주스를 만들며 위안과 환각에 빠지듯이 예술가들은 스스로 창조한 혼돈을 확장시키는 것이다.

포스트모더니즘에 있어서 삶과 우주의 의미는 객관적이거나 절대적인 어떤 것으로 존재하지 않는다. 우리에게 의미란 오직 우리 자신의 창조에 의해서만 근거할 수 있는 것이다. 그리하여 삶의 의지는 개인의 상상력과 초월 의지에 의하여 풍요로워진다. 포스트모더니즘이 전쟁, 폭력, 이기심, 어리석음, 자만 등 인간이 피할 수 없는 악을 고치려 하기보다는 — 왜냐하면 엄밀히 말할 때 무엇이 더 옳은가를 알 수는 없으므로 — 차라리 눈을 감고 고통과 분노를 품은 체념을 보인다는 점에서는 모더니즘의 연장이다. 그러나 단지 체념과 극기에 머무르는 것을 넘어 삶의 조각난 파편으로 최대의 기쁨을 누리고, 상상력으로 자신만의 실체를 창조한다는 점에서는 모더니즘으로부터 한 걸음 더 나아간 것이다. 포스트모더니즘의 작품이 그전 어느 시대보다 전통적 도덕에 무관심하게 보이는 것은 이러한 이유일 것이다. 그러나 모든 절대 이념이 근거 없는 허구로 드러나고 그것들이 오히려 엄청난 살육과 파괴를 불러왔다고 할 때, 이들 포스트모더니스트들을 부도덕하고 무책임하다고 비난할 수 있는가? 모든 예술과 학문이 사실은 우리 현존의 거울이라고 할 때, 고통스러운 것은 포스트모더니즘에 직면한 우리인가 아니면 우리 현존인가? 시대착오와 병적 행복을 키치라고 일렀을 때 누가 키치를 창조하는가?

누군가 포스트모더니즘의 소설에는 감동과 공감이 없다고 말한다면 오히려 그렇게 말하는 그 삶이 감동을 느낄 능력이 없다는 것을 드러낸다. 그는 아직까지도 전통적이고 구시대적인 세계관의 정서에 물들어 있기 때문이다. 만약 그가 포스트모던 소설이 비현실적이라고 느낀다면 그 사람이야말로 구세대라는 비현실 속에 머물러 있기 때문이다. 어떤 견지에서도 험버트의 사랑처럼 진실성과 개연성이 높은 사랑은 없다. 그것이야말로 진짜 사랑이다. 단지 포스트모더니스트들은 그 묘사에 감정을 싣기보다 몽환적이고 불가지한 느낌 속에서 자기감정을 던져놓을 뿐이다. 험버트가 이미 다른 남자의 아내가 된 임신한 롤리타에게 다시 돌아올 것을 눈물로 간청하는 장면은 과거 소설의 어떤 묘사보다도 진실성이 넘친다. 포스트모더니스트들은 축축한 감정을 짜내지 않는다. 어딘가 희극적인 느낌이 드는 말린 육포 같은 서술들을 여기저기 던져놓을 뿐이다. 그러나 그 육포는 전적으로 감상자의 소유이다. 왜냐하면 씹어서 즙을 내고 삼킬 수 있도록 만드는 것은 감상자 자신이기 때문이다.

V

현대예술,
철학으로 돌아보기

"현대예술이란 어떠해야 하는가?"라는 질문에 대한 답변은 궁극적으로 현대철학에 대한 탐구로 수렴된다. '포괄적인 양식적 개념으로서의 현대예술'이란 주제는 예술사상의 다른 양식과 마찬가지로 그것을 뒷받침하고 이끌었던 세계관에 대한 탐구 없이는 해명될 수 없는 문제이기 때문이다. "취미 판단에는 구속력이 없다"는 것은 근대의 위대한 철학자의 통찰이지만, 예술적 취향에 대한 주의 깊은 연구는 사실 이와 같지 않다는 것을 알려준다. 아마도 그 철학자는 자연과학이 지니는 필연성과 구속력에 예술이 지니는 임의성을 대비시키고자 했겠지만 자연과학이 필연성을 지니는 것도 예술이 자유로운 것도 아니다.

　　자연과학의 역사는 끊임없이 스스로 만든 법칙들을 버려온 역사다. 아리스토텔레스와 프톨레마이오스의 우주론은 코페르니쿠스와 케플러의 새로운 지동설로 대체되고 뉴턴의 절대 역학은 아인슈타인의 상대 역학에 의하여 구축되었다. 동시대의 세계관과 필연적으로 연결된다는 점에서 자연과학도 보편적 자유로움을 지니는 것은 아니다.

예술도 마찬가지다. 예술과 형이상학 중 어떤 것이 어떤 것의 원인을 이루는가 하는 문제는 더욱 어렵고 치밀한 탐구가 요청되는 것이다. 강조하건대 동시대를 같이 이루어나가는 이념에 대한 탐구는 가능하다. 많은 연구가 이루어졌거나 진행되고 있고 어떤 경우는 상당한 성취가 있었으므로 현대예술 역시 그러한 이념적 탐구가 있어야 한다는 것이다.

근대와 현대의 많은 문제들이 이미 고대에 그 탐구의 기원을 두고 있다. 모든 주제는 그리스 시대에 시작된 것이다. 그리고 중세 역시도 암흑시대는 아니었다. 근대의 경험론은 이미 중세의 절정기에 그 절정을 동시에 드러낸 바 있다. 이때에 처음으로 다루어졌던 문제들이 근대와 현대에 새로운 옷을 입고 나타날 뿐이다. 우리는 단지 우리에게 좀더 직접적인 시기인 근대에서 탐구를 시작할 뿐이다. 그리하여 우리의 간략한 예술사는 근대와 현대에 집중될 것이다.

그리스 고전주의 시대에 이미 확립된 적이 있었던 합리주의는 르네상스 시대에 새롭게 나타나서 17세기의 기계론과 결합하여 근대의 세계관을 구성한다. 그러나 이러한 기계론적 합리주의라는 이념은 경험론으로부터의 계속적인 공격과 결국 드러난 세계 해명에 대한 무능성 때문에 의심받고 버려지고 만다.

합리주의는 인간이 지닌 여러 인식도구 중 오로지 수학적 이성만이 유의미하다고 간주한다. 그리고 이성에 의해 우리에게 내재적으로 형성되는 관념은 당연히 외부세계의 실재를 선행하여 구현한다고 믿는다. 그러나 경험론은 이러한 관념이란 본래 없는 것이고, 그것의 현존을 우리 감각 인식의 대상으로부터 온 희미한 그림자라고 논증한다. 기존의 합리론은 우리 감각이 우리 지성에 준하지만 경험론은 우리 지성이 감각에 준하게 된 것이다. 이러한 경험론의 공격에 의해 합리론은 힘없이 와해되고, 인류는 이제 폐허와 더불어 사는 법을 익히거나 혹은 새로운 길을 찾아야 하는 입장에 처하게 된다.

17세기 대륙의 합리론은 자연의 모든 현상에서 질적質的이거나 생명적인 모든 요소를 박탈하고, 자연현상을 순수하게 양적으로 처리한다. 데카르트는 수학적 합리주의를 인간 지식 전체의 기반으로 삼고자 했으며, 인간 지식에 있어서 경험적 속성들을 제거하여 단지 "사유의 길이 진리의 길"이라는 것을 보이고자 했다. 그는 지각세계를 합리적으로 설명하는 데 필수적인 '인식의 자명성', 즉 정의는 불가능하지만 그 자체로서 명백한 인식론적 공리를 산출하는 기본 전제를 발견한다. 이것이 바로 "나는 생각하므로 존재한다"는 제1원칙이다. 모든 것을 부정한다 해도 내가 의심하고 있다는 사실마저 의심할 수는 없기 때문이다. 현대 철학과 과학에 있어서 그 실체가 확인되고 있지 않기 때문에 기껏해야 '요청demand'만으로 존재했던 제1원칙(단순자)은 합리주의에 있어서는 결국 자명성self-evidence이라는 표제로 나타나 있는 것이다.

그러므로 합리주의는 나의 의식의 명증성이 진리 인식의 표상이고 따라서 진리는 명석distinct하고 판명한clear 것이 된다. 궁극적으로 데카르트의 철학은 진리 발견의 방법, 즉 자명한 진리로부터 다른 진리로 이행해가는(수학적으로 표현하자면 공리로부터 정리로 진행되는) 방법론적 토대인 것이다. 따라서 데카르트 이후의 합리론적 철학은 모든 진리를 유클리드의 기하학 교과서의 방법론으로 전개되는 합리주의적 성격을 지니게 된다.

그러나 합리주의는 경험론의 공격에 의해 궁극적으로 와해된다. 경험론은 우리 인식을 오직 관찰, 측정, 실험과 일치시킨다. 이 경우 합리주의의 가장 결정적인 요소, 즉 선험적이고 보편적인 인식과 그 존재의 정당성이 분쇄된다. 데이비드 흄은 우리 마음에 제시되는 사물은 인상impression과 관념idea이라는 두 개의 범주로 구분되는 지각으로 이루어진다고 말한다. 우리가 사물을 지각할 때, 최초로 우리에게 다가오는 것은 어떤 인상들이고, 우리가 이러한 인상에 대해 생각할 때 관념을 갖게 되며, 그 관념들은 원래의 인상보다 덜 선명한 영상이 된다는 것이다. 흄의 이 말에 동의한다면 — 사실상 동의할 수밖에 없는바 — 우리가 진리로 알고 있는 것은 모두 인상뿐이라는 결론에 도달하게 된다. 인상은 우리 내부의 주관적 상태이기 때문에 외부 실재에 대한 분명한 증명이 되지 못한다. 그러므로 합리주의적 이성이 인식의 지적 기반일 수 없고, 우리의 관념이 보편적인 것도 아닌 것이 된다.

우리 시대를 특징짓는 두 경향 — 향락적이며 동시에 절망적인 —

은 이미 이 시대에 잉태되기 시작한다. 흄을 비롯한 일련의 경험론자들이 독단과 보편적 원리에 대한 의문을 보내며 개별적 대상과 그것에 대한 경험과 관찰을 인식의 기본적인 근거로 볼 때, 그 동시대의 어떤 예술가들(부세, 샤르댕, 프라고나르)은 거기에서 현실적인 삶의 선양과 그 안에서의 향락을 아무런 제한 없이 구해 나갈 수 있다고 믿는 한편, 다른 일군의 예술가들은 바로 그렇기 때문에 삶에 절망하고서는 그들의 예술에 깊은 비극적 색조를 부여한다. 와토와 랑크레와 모차르트는 그러한 비극성과 덧없음과 절망을 삶의 향락적 태도에 깊이 스며들게 했다는 점에서, 같은 로코코 예술가이면서 동시에 그들과의 양식적 공유를 뛰어넘는 미적 통찰을 보인 것이다.

와토의 1717년 작 〈시테르 섬의 순례〉는 화려한 옷을 입은 남녀들이 어울려 섬의 순례를 마치고 돌아가는 장면을 묘사하고 있는 작품이다. 연인들은 뒤를 돌아보며 향락에 대한 미련을 보여주고, 천사들의 움직임과 오른편의 비너스 상은 그러한 분위기를 고조시킨다. 그러나 이러한 세속적이고 향락적인 분위기에는 어떤 우수가 깃들어 있는데, 그것은 마치 현실 세계에서 실현 불가능한 장면처럼 느끼게 만든다. 향락과 우울을 동시에 표현하는 그의 이중성은 바로 흄의 철학과 맞닿아 있다. 보편원칙이 사라진 지금, 세속적이고 감각적인 현실 세계 속의 삶은 그 정당성을 부여받아 더욱 드러내 즐길 어떤 것이지만, 원칙 없이 살아야 하는 인간의 아득한 우수와 절망감을 지울 수는 없는 것이다.

▲ 와토, [시테르 섬의 순례], 1717년

　　진리로 믿어졌던 것이 필연적이지도, 보편적이지도, 선험적이지도 않다고 할 때, 서구인들의 지적 전통의 존속은 불가능하게 되었고 결국 회의주의로 이를 수밖에 없었다. 칸트의 철학은 과학이성을 구원하는 한편 서구 합리주의의 붕괴를 막아 보려는 노력이었다.

　　그는 합리주의적 지식이 어떻게 가능한가를 묻는 것으로부터 시작한다. 그는 지식의 원천이 선험적인 감성 형식과 오성 인식의 형식에 있다고 말한다. 즉 실재에 대한 우리 인식의 선험적 객관성은 우리 자신에게 내재한 인식의 틀에 의존한다는 것이다. 이때, 감성의 형식은 수학적인 것으로서 공간과 시간에 적용되고 오성의 형식은 자연과학적인 것으로서 범주로 향한다는 것이다. 그러므로 수학과 자연과학은 '선험적인 종합지식'을 줄 수 있다는 것이다.

그러나 여러 연구와 실험에 의해 칸트의 이러한 고투가 무의미하다는 것이 밝혀졌다. 버클리와 에른스트 마하의 '어린아이의 공간 실험'에서 밝혀진 바에 의하면 갓난아기들은 시공간에 대한 인식이 전혀 없다는 것이다. 따라서 칸트가 주장하는 선험적 인식의 존재는 부정되고 만다. 선험적 형식이란 없으며 모든 것은 경험으로부터 나온다는 사실이 부정할 수 없는 것으로 드러나게 되었고 결국 합리주의는 종말을 고하게 되었다.

합리주의의 붕괴는 지성의 위기를 불러왔다. 이성은 실재를 파악할 수 없으며, 감각은 혼연confusing한 것이므로 삶을 지탱할 수 없다. 결국 합리적 독단이냐 경험론적 회의주의냐의 선택 외에는 없는 것처럼 보였다. 그리고 사실주의 예술도 붕괴해 간다.

제3의 길이 있었다. 쇼펜하우어는 브라만 철학의 영향을 크게 받았고 베르그송의 철학은 어딘가 동양적인 냄새를 풍긴다. 이 새로운 철학은 비합리주의, 주관 관념론적 경향, 신비주의에의 도취, 방법상의 자의성과 의식적인 상대주의 등을 그 특징으로 한다. 생生철학자들은 과학 이성 대신에 직관intuition을 내세우며, 그것을 개념보다 우위에 놓는다.

생철학의 중심개념은 '체험으로서의 생' 즉 인간 스스로에 의해 영위된 삶이다. 생철학은 생을 물질에 비해 보다 높은 가치를 지닌 것으로 보고 물질과 뚜렷이 대립시킨다. 베르그송은 실재를 두 영역으로 구분한다. 하나는 공간적 표상의 토대가 되는 기계론적 법칙들에 의해 지배되는 '물질'의 영역이고, 다른 하나는 시간적 표상의 토대가 되는 운동하는 '생'과 지속하는 '의식'의 영역이다. 생명을 인식하는 것은 비합리적 직관이며, 직관을 통해 획득된 인식들은 오성적 인식과는 달리 명석 판명성을 향하는 것이 아니라, 주관과 대상의 거리를 일거에 극복해내는 일치이며 '공감'이다.

딜타이 역시 베르그송과 마찬가지로 정신과학을 자연과학과 대립시키고, 이 양자가 상이한 객관적 연관과 상이한 인식 방법을 갖고 있다고 주장한다. 정신세계는 사유되는 것이 아니라 체험되는 것이므로, 이것은 과학적이거나 합리적 방법으로는 인식되지 않는다. 이러한 비합리적 견해는 계몽적이고 고전적인 합리주의와의 결별을 뜻하는 것으로, 이 귀결은 결국 깊은 염세주의이다. 그는 인간 존재에 대한 분석은 결국 자기 인식을 무력감과 고통과 암흑으로 채운다고 말하며 모든 인식은 상대주의적일 뿐, 우리에게 보편적으로 가능한 합리적 이성은 없다고 말한다.

생철학에서 인식은 생명에 대한 직접적인 내적 경험에서 출발한다. 이것은 논증적·합리적 사유가 우리에게 주어진 유일하게 가능한 인식이라는 전통적 형이상학을 포기하는 것을 의미한다. 결국 생철학의 내재적 체험이라는 입장은 전통적인 합리주의와는 뚜렷이 구별되는 것이다.

이러한 생철학은 그 예술적 대응물로서 인상주의와 후기 인상주의와 표현주의로 나아가는 일련의 경향을 대변한다. 인상주의와 표현주의 예술가들도 직관만을 인식적 도구로 삼아 대상에 대한 어떠한 종류의 합리주의적 종합도 저버린 채 오로지 직관, 즉 생명 현상의 본질을 파악하기 위한 도구로 우리 존재를 밀어붙이는 생명의 약동을 찾아볼 것을 촉구한다. 이같이 새로운 예술가들 역시 대상을 향하여 종합하고자 하는 어떤 지적 활동도 배제함으로써, 그리고 외부를 향하는 그의 지각을 그의 내면에 흐르는 직관적 인식에 수렴함으로써 인식적 직접성만을 묘사하고 지성이 구축한 외부대상을 해체해 나간다.

제임스 조이스, 버지니아 울프, 프루스트 등의 소설들은 전통적인 소설이 지니는 모든 인식적 종합을 포기한 채 자기 인식의 직접성만을 묘사한다. 그들의 소설이 어떠한 종합적 전개도 없이 단지 파편화된 자기인식의 흐름만을 따라감으로써 예술의 건축적 구도를 소멸시키고, 따라서 하나의 단일한 구조물로서의 예술작품을 포기한 형태가 된 것은 그러한 경향에서 비롯된 결과이다. 그렇기 때문에 이 소설들은 처음부터 읽을 필요가 없다. 어떤 곳을 펼쳐 읽어도 어디에서나 피가 흐르는 것이다.

세계가 합리적으로 해석될 수 없다는 것은 동시에 우리 존재의 의미도 규정되지 않는다는 것을 의미한다. 우리의 현존을 가치 있게 만들어주는 여러 문화 구조물들은, 우주에는 어떠한 질서가 있으며 그것을 우리가 이해할 수 있다는 전제 아래서 의미를 지닌다. 그러나 우주와 거기에 연결된 인간의 운명을 지적으로 설명해 왔던 합리주의는 경험론의 공격과 회의주의에 의해 재기 불능의 타격을 입었다. 이제 우주는 갑자기 낯선 것이 된 것이다. 실존주의자는 세계에 대해 의미를 요구했지만, 세계는 그의 이러한 요구에 대해 무심했다. 즉 부조리의 근거는 의미에 대한 인간의 요구와 그러한 요구에 대한 세계의 침묵이 대립하는 데에 있다. 카뮈는《시시포스의 신화》에서 다음과 같이 말한다.

> 나는 세계가 부조리하다고 말했다. 그러나 그러한 말을 했을 때, 나는 너무 성급했었다. 사실 내가 말할 수 있는 전부는 단지 세계는 그 자체에 있어 합리적이지 않다는 것이다. 부조리는 세계의 이러한 불합리성과 인간의 마음속에서 메아리치는 명료함에 대한 거친 갈망이 대립하고 있는 데서 생긴다. 따라서 부조리는 세계만큼이나 인간에게도 근거하고 있다.

이 같은 실존주의의 기본적 문제에 부딪힐 때, 부조리부터 탈출하기 위해서는 물음을 제기하는 인간과 침묵하는 세계를 대립시키는 상황에서 탈출해야 한다.

네 가지 길이 있다. 추상형식주의와 추상표현주의와 모더니즘과 키치. 먼저 추상형식주의자는 세계를 지운다. 그들은 세계와의 교섭을 끊고 무한대의 자유 속에서 스스로의 세계를 고안한다. 추상형식주의는 어떠한 재현적 요소도 지니지 않은 채 예술가의 마음속에서 고안된 세계이다. 예술가들은 더 이상 세계의 노예가 아니라 세계의 창조자이며,

세계를 마음대로 다루는 폭군이다. 문화의 존재 자체가 세계에 의미가 있고 우리는 어떠한 질서 속에 속해 있으며 삶은 하나의 의무라는 환상을 입증해주는 것이다. 그러나 세계에 궁극적 목적이 없다고 할 때, 세계는 인간에 대해서도 인간이 무엇을 하는지에 대해서도 무심하다고 할 수 있는 것이다. 이때 추상형식주의자들은 세계를 지움에 의해 절대적 자유를 지니게 된다. 그러나 인간이 외부 세계와의 교섭을 시도한다면 그 자유는 즉시 소멸한다. 그러므로 재현적 요소는 사라져야 한다.

삶이 의미 있고 자신이 어떠한 질서에 속해 있다고 믿을 때, 예술가들은 유한한 시간적 존재로서의 자기 운명에 대해 긍정적이며 삶과 자연을 재현하는 예술에 즐거이 자신을 바친다. 그러나 세계에 전체적 의미가 없고 자아란 단지 우연의 소산이며, 모든 것은 우연적으로 해체되어 그 이상은 아무것도 없다는 세계관 하에서 재현적 예술은 설 땅을 잃고 만다. 이러한 세계에서 흘러가는 시간이란 모든 것을 파괴하는 폭군이 되는 것이다. 이때 예술가들은 시간의 파괴력을 견뎌내는 — 시간으로부터 자유로운 — 견고함을 창조하려고 시도한다. 즉 시간적 계기를 철폐하고 공간적 영속성을 창조하여 시간을 거기에 가두고자 하는 것이다. 생성과 변화의 자연세계는 부정되어야 할 어떤 것이 되고 유일하게 가능한 예술이란 견고하고 변화 없는 형식주의적인 것이 된다.

현대추상예술의 근거는 버림받았다는 실존적 문제로부터 나오는 실향의 감정이다. 다시 말하면 추상예술의 근거는 세계에 대해 제대로 대처할 수 없다는 절망감과 무능성으로부터 자기 자신의 세계 속으로

▲ 레제, [카드놀이 하는 병사들], 1917년

도피하는 것이다. 이것은 전통적으로 실재의 가치를 차지하고 있던 합리주의적 세계관을 스스로의 창조물인 대리 실재로 바꾸는 것이 된다.

　　예술가는 기하학적 추상으로 세계를 대체함에 의해 세계로부터 그 유기성을 구축해낸다. 현대 미술가들의 세계가 스테인리스 스틸이나 주석으로 만들어진 추상성 위에 입각하게 되고(레제), 유희로 만들어진 인위적 도시가 되고(파이닝거), 정신이 창조한 기하학에 의해 자연이 쫓겨나는 국면(피카소)이 된 것은 결국 필연적 귀결이다.

　　예술은 이제 상징주의로 바뀐다. 아르튀르 랭보, 말라르메, 발레리, 클로델, 보들레르 등이 구축한 시 세계는 그 단어가 상기시키는 이면의 감성에 의해서가 아니라 단어 자체가 지니는 견고성과 확고함에 기초하는 것이다. 그들의 시는 시적 갈등의 문제가 아니라 단어 그 자체에 의존하는 것이 된다.

세계는 다시 한 번 선회하여 신석기 시대나 그리스 고전주의의 플라톤적 세계로 돌아간 것이다. 그러나 실존주의로부터 구축된 새로운 추상의 세계는 과거의 추상이 우리 감각인식의 미망을 벗어나 진정한 세계의 실체에 접근한다는 추상이었던 데 반해 자기 내면의 관념으로부터 무한한 변주를 해대는 환상적 구조물을 구하여 그것으로 실재를 대

▼ 파이닝거, [오버바이마르], 1921년

체한다는 점, 즉 현대의 추상형식주의자들은 자유로운 정신의 구성물 속에서 대리 실재를 찾는다는 점, 그리고 이것이 한낱 환상에 지나지 않는다는 사실을 그들은 누구보다도 잘 알고 있다는 점에서 과거의 추상과는 다른 것이다.

추상표현주의자들은 이와 다른 방향을 취한다. 그들 역시도 일상적인 실재는 오염되었다고 생각한다. 그러나 이것은 자신의 고안물로 끝없이 대치시키기보다는 '물자체'로 직접 들어가려는 시도를 한다. 그들은 우선 인간이 이해관계에 묶여 있기 때문에 실재를 볼 수 없다고 생각한다. 즉 인간 지성은 의지를 위한 봉사라고 생각하는 것이다. 실재를 보기 위해서는 인간이 되기를 거부해야 한다. 차라리 인간이 아닌 동물의 눈으로 사물을 보는 것이 훨씬 낫다. 왜냐하면 인습적 지각은 실재를 감추기 때문이다.

예술가는 가상계의 이면에 있는 '물자체'를 그려야 한다. 서구의 전통적인 합리주의자는 물자체의 세계를 그 인식의 출발점으로부터 포기하기를 권한다. 칸트가 세계를 현상과 물자체의 세계로 나누고 우리의 선험적이고 합리적인 인식은 단지 현상계에서만 의미를 가진다고 말할 때 그가 한 것은, 합리주의의 구원은 동시에 물자체의 세계에 대한 탐구의 포기를 의미한다는 사실을 보여준 것이었다. 그러나 추상표현주의는 그 출발점에서부터 물자체 속에서 그것과 하나가 되기를 원한다. 비합리와 충동과 명상에 의해 지성이라는 '마야의 베일'을 찢고 그 이면의 물자체와 하나가 될 수 있다는 것이 그들 이념의 출발점이었다. 사실상 생철학자들이 요구했던 것도 이와 같은 것이었다. 추상표현주의자들 역시 철두철미 실존주의적 기반, 즉 신이 없는 인간의 불행으로부터 출발하여 오히려 내재적 신을 구하여 우주와 일체가 되기를 원한 것이다. 그리고 앙리 마티스, 조르주 루오, 스트린드베리 등의 세계는 여기에 일치하는 것이다.

비트겐슈타인은 중세의 오컴이 논리학에서 한 것과 근세의 흄이 인식론에서 한 것을 언어철학에서 재현한다. 그의 철학은 경험론적 전통하에 있으며 거기에 현대적인 옷을 입힘으로써 현대적 사유에 이를 데 없는 영향력을 미친다. 철학이 다른 학문과 차별되는 한 가지 특이한 점이 있다면, 그것은 바로 자신의 영역과 질문, 그리고 임무와 방법론 자체의 탐구가 동시에 탐구의 주체를 이룬다는 것이다. 다시 말하자면 철학의 모든 혁신은 철학 그 자체의 개념을 본질적으로 바꾼 것이다. "보편자가 어떻게 개별자가 되느냐는 물음 자체가 잘못된 것"이라고 오컴이 말하고, 흄은 "탐구되어야 하는 것은 인식 대상이 아니라 우리 자신의 인식적 역량"이라고 말하는 것처럼 비트겐슈타인도 "우리는 하지 말아야 할 질문을 하고 있다"고 말한다. 그 역시 철학사에서 새로운 혁신을 이룬 것이다. 그러나 그는 더 나아가 철학뿐만 아니라 자연과학, 예술에도 엄청난 영향력을 끼치게 된다.

4차 방정식의 일반해를 구하려는 대수적 시도나 자와 컴퍼스만으로 각을 3등분하려는 오랜 시도의 해결은, 그것들은 본래적으로 가능하지 않은 시도였다는 것을 증명함으로써 가능했던 것이다. 그들이 하고

자 했고 얻고자 했던 것은 사실상 다른 것이었다 해도 이 불가능성의 입증이야말로 그 질문에 대한 궁극적인 해결책이었던 것이다. 이 경우 그 질문은 '해결된' 것이 아니라 '해소된' 것이다.

여기서 중요한 것은, 우리는 얻을 수 없는 것을 얻고자 했고, 무의미한 질문을 계속 했으므로 우리 물음 자체에 대한 체계적인 물음이 있어야 한다는 것이었다. 비트겐슈타인은 언어의 논리가 올바르게 이해된다면 이러한 비과학적 질문들은 해소될 것이라고 믿는다. 즉 그의 철학적 사유의 목적은 더 이상 철학적 사유를 하지 않으려는 데 있는 것이다. 비트겐슈타인은 사유에 한계를 그음으로써, 더 정확히 말하자면 사유를 표현하는 언어에 한계를 그음으로써 그것을 성취하고자 한다.

비트겐슈타인은 언어의 구조는 논리학에 의해 밝혀지며 언어의 본래적인 기능은 세계를 묘사하거나 서술하는 것이라고 가정한다. 우리는 세계에 관해 생각하고 말하기 때문에 언어와 세계에는 공통되는 그 무엇이 있어야 하고, 한쪽의 구조를 안다면 다른 쪽의 구조도 알 수 있다는 것이다. 논리는 언어의 구조를 밝혀주었으므로 또한 세계의 구조도 밝혀줄 것이다. 이같이 비트겐슈타인의 탐구 순서는 논리의 본성에서 언어의 본성으로, 그리고 세계의 본성으로 진행한다. 즉 언어는 명제들의 총체이므로 명제들은 세계와 어떻게 관련되는가를 알아야 하고 명제들 사이에 어떤 관계가 있는가를 알아야 하며, 따라서 그 명제들의 진위는 다른 명제들에 의해서가 아니라 세계에 의해 결정된다. 그는 이것들을 '요소명제'라고 부른다. 그리고 이 요소 명제는 '이름'들로 구성된다. 여기서 이름은 대상을 직접 지시하는 원초적 기호이다. 만일 하나의 요소명제가 그것이 묘사하는 원자적 사실과 합치된다면 참이지만 그렇지 않을 경우 거짓이 된다. 그러나 하나의 명제를 이해하기 위해 실재와 비교할 필요는 없다. 왜냐하면 그것은 '실재의 그림a picture of reality'이기 때문이다. 하나의 요소명제는 그것이 실재와 비교될 수 있는 그림이라는 점에서 무엇인가를 말해준다. 요소명제란 원자적 사실과 대응하는지 여부에 따라 참이거나 거짓일 수 있는 것일 뿐, 선험적으로 참이거나 거짓일 수는 없는 것이다.

결국 비트겐슈타인의 언어철학은 다음과 같이 요약될 수 있다. 언어는 명제로 이루어져 있고, 명제는 요소명제로 분석될 수 있으며 요소명제의 진리함수이다. 요소명제들은 직접 대상을 지시하는 이름들의 직접적인 결합체이며 동시에 대상들의 직접적인 결합인 원자적 사실들의 논리적 그림이다. 원자적 사실들은 결합되어서 다양한 복합 사실들을 구성하며, 이 복합 사실들이 세계를 구성한다. 그러므로 언어는 진리 탐구적으로 구성되어 있으며, 그것의 본질적인 기능은 세계를 서술하는 것이다. 여기서 우리는 언어의 한계를 갖게 되며, 결국 같은 말이지만 세계의 한계를 갖게 되는 것이다.

그의 언어 이론에 따르면 언어는 서술적descriptive 언어와 동일하며 어떤 것을 말하는 것은 어떤 것을 서술하는 것과 동일하다. 그리하여 참인 명제의 총체는 자연과학 전체이며 말해질 수 있는 것what can be said은 자연과학의 명제들, 혹은 경험적 명제들과 동일하다. 그렇다면 윤리학, 미학, 형이상학의 명제들은 아무것도 말하지 않는 것이 된다. 그 것들은 서술적이 아니라 정언적categorical이기 때문이다. 그것들은 언어 속에서 언어의 한계를 초월하고자 하며, 그리하여 세계를 초월하고 있기 때문에 무의미senseless하거나 혹은 헛소리nonsensical라는 것이다.

> 철학적 저술에 기반을 두고 있는 대부분의 명제들과 물음들은 거짓이 아니라 말도 안 되는 헛소리들이다. 결론적으로 우리는 이러한 종류의 물음에 어떤 답변도 할 수 없다. 단지 그것들이 말도 안 된다는 것을 입증할 수 있을 뿐이다. 대부분의 명제들과 물음들은 우리 언어의 논리를 이해하지 못하는 상태에서 나타나고 있다.
>
> — 비트겐슈타인, 《논고》

철학이나 미학의 명제들은 거짓된 것이 아니다. 단지 그것들은 엄밀한 의미에서 명제가 아닐 뿐이다. 세계를 초월한 것에 대하여 언급한 것은 헛소리가 된다. 사이비 명제인 것이다. 이제 예술은 어떠한 것이 되어야 하는가? 만약 예술이 세계를 재현한 것이라면 그것은 사실 진술적인 것이므로 과학이 되고, 그것이 세계에 당위를 부여한 것이라면 그것은 헛소리가 된다. 사실상 "수천 년간 예언자로 자처해온 예술가들에 대한 혐오"를 차라가 토해냈을 때, 그는 이미 예술에 있어서 비트겐슈타인을 선취한 것이다. 이 경우 추상형식주의자들은 "우린 기껏 유희를 한 것이었다. 우리를 지나치게 진지하게 받아들이지 말라"라며 지나치고,

표현주의자들은 "만약 언어의 한계가 세계의 한계라면 우리는 언어 자체의 폐기를 원한다. 우리는 삶의 심연을 들여다보고 싶고 우리 삶의 진지한 국면을 그냥 지나칠 수는 없다"라고 말할 것이다. 마르크가 유럽인의 눈은 세계에 해독을 끼쳤으므로 동물의 눈으로 사물을 보는 것이 낫다고 말했을 때 의미했던 바는 이 같은 것이다.

모더니즘 이후의 현대예술이 부딪힌 문제는 이와 같은 것이었다. 언어는 실체를 지칭할 수 없다는 것, 자연과학적 서술 이외에 다른 언어는 무의미하다는 것, 어떠한 종류의 저자의 주장도 — 결국은 정언적인 것이므로 — 헛소리가 된다는 것 등이 현대문학의 제 문제였고, 여기서 '문학의 죽음'과 '앙띠 로망anti-roman'등이 대두하게 된다. 사무엘 베케트의 주인공들이 계속해서 무의미한 말을 해대고, 마르케스의 사건들이 단지 푸짐한 이야깃거리 외에 아무것도 아니고, 나보코프의 험버트는 어쩐지 현실이 아닌 세계에 존재하는 듯이 느껴지고, 세바스찬 나이트에 대한 회상이 결국 지워지게 되는 것은 이렇듯 문학에서의 진지함과 정언성을 구축해야 하는 현대적 세계관의 필연적인 귀결이었다.

현대예술의 전례 없는 형식들은 농담도 장난도 아니다. 모든 기지의 이념들이 헛된nonsensical 것으로 버려진 시대의 예술이 다른 어떤 것이 될 수 없었기 때문이다. 물론 형식만으로 예술이 되는 것은 아니다. 거기에는 미학적 요소가 있어야 한다. 그러나 형식은 하나의 필요조건이고 매우 중요한 지적 토대이다. 이것이 없다면 일단 현대예술은 아닌 것이다.

키치, 달콤한 독약

1판 2쇄 펴냄 2021년 2월 25일

지 은 이 조중걸
펴 낸 이 정현순
편   집 오승원
디 자 인 이용희

펴 낸 곳 ㈜북핀
등   록 제2016-000041호(2016. 6. 3)
주   소 서울시 광진구 천호대로 109길 59
전   화 02-6401-5510 / **팩스** 02-6969-9737

ISBN 978-89-94886-43-5 03100
값 30,000원